2012年度国家社会科学基金教育学青年课题"学校制度文化的育人机制研究"（CFA120121）

学校制度文化育人论

Xuexiao Zhidu Wenhua Yurenlun

冯永刚 著

中国社会科学出版社

图书在版编目（CIP）数据

学校制度文化育人论／冯永刚著 . —北京：中国社会科学出版社，2021.1
ISBN 978-7-5203-7353-1（2023.3 重印）

Ⅰ.①学⋯ Ⅱ.①冯⋯ Ⅲ.①教育制度—研究 Ⅳ.①G512

中国版本图书馆 CIP 数据核字（2020）第 186802 号

出 版 人	赵剑英
责任编辑	刘　艳
责任校对	陈　晨
责任印制	戴　宽

出　　版	中国社会科学出版社
社　　址	北京鼓楼西大街甲 158 号
邮　　编	100720
网　　址	http://www.csspw.cn
发 行 部	010-84083685
门 市 部	010-84029450
经　　销	新华书店及其他书店
印　　刷	北京明恒达印务有限公司
装　　订	廊坊市广阳区广增装订厂
版　　次	2021 年 1 月第 1 版
印　　次	2023 年 3 月第 2 次印刷
开　　本	710×1000　1/16
印　　张	19.5
插　　页	2
字　　数	282 千字
定　　价	108.00 元

凡购买中国社会科学出版社图书，如有质量问题请与本社营销中心联系调换
电话：010-84083683
版权所有　侵权必究

目　录

导　论 …………………………………………………………（1）

**第一章　学校制度文化：学生道德成长不能遗失的
　　　　　基本向度** ………………………………………（10）
　　第一节　学校制度文化之于学生道德认知之提升 ………（10）
　　第二节　学校制度文化之于学生道德情感之陶冶 ………（16）
　　第三节　学校制度文化之于学生道德意志之砥砺 ………（26）
　　第四节　学校制度文化之于学生道德行为之养成 ………（34）

第二章　学校制度文化概述 ………………………………（41）
　　第一节　文化及学校文化 …………………………………（43）
　　第二节　制度与学校制度文化 ……………………………（51）
　　第三节　学校制度文化的结构 ……………………………（63）
　　第四节　学校制度文化的育人机制 ………………………（67）

第三章　学校制度文化育人的依据 ………………………（72）
　　第一节　学校制度文化育人的理论基础 …………………（73）
　　第二节　学校制度文化育人的现实依据 …………………（95）

第四章　学校制度文化育人的表现 ………………………（110）
　　第一节　价值引领：筑牢精神家园 ………………………（112）
　　第二节　利益增进：推进道德自由 ………………………（121）

第三节　制度激励：激发道德活力 …………………………（130）
第四节　信息整合：节约道德成本 …………………………（141）
第五节　行为预期：营造道德秩序 …………………………（151）

第五章　现行学校制度文化育人的困境 ………………………（161）
第一节　正式学校制度文化育人的偏失 ……………………（164）
第二节　非正式学校制度文化育人的乏力 …………………（180）
第三节　学校制度文化育人实施机制的疲软 ………………（199）

第六章　学校制度文化育人的桎梏因素探析 …………………（210）
第一节　学校管理行政化 ……………………………………（211）
第二节　工具理性的宰割 ……………………………………（218）
第三节　市侩主义的侵蚀 ……………………………………（230）
第四节　制度认同的困厄 ……………………………………（244）

第七章　推进学校制度文化育人的路径 ………………………（255）
第一节　学校制度文化育人的基本原则 ……………………（256）
第二节　学校制度文化育人的基本举措 ……………………（264）

余　论 ……………………………………………………………（284）

参考文献 …………………………………………………………（286）

附录一　受访者基本情况 …………………………………………（296）
附录二　教师访谈提纲 ……………………………………………（301）
附录三　校长访谈提纲 ……………………………………………（302）
附录四　学生访谈提纲 ……………………………………………（303）

后　记 ……………………………………………………………（304）

导　论

　　我们切莫忘记，仅凭知识和技巧，并不能给人类的生活带来幸福和尊严。人类完全有理由把高尚的道德标准和价值观的宣道士置于客观真理的发现者之上。

　　　　　　　　　　　　——爱因斯坦：《爱因斯坦谈人生》

　　学校是进德修业的专门机构。学校教育是一种有目的、有组织、有系统的培养人的社会实践活动。学校以培养人才为己任，是"以文育人""以文砺人""以文化人"的专门教育机构。究其存在与表现形式而言，学校并非自然而生，而是教育制度化、形式化教育和文化发展的产物。学校所具有的存继、传播、交流与创新文化的功用，以及学校所肩负的育人职责，将制度、文化与道德紧密联系在一起。学校制度、学校制度文化、学校道德教育及其关系由此进入研究者的视域，成为学校教育的有机组成。这种内在关联，不仅使学校的育人活动无法也不可能脱离制度文化的保障和引领，而且勾勒出学校制度文化和育人活动所具有的合作联动机制与共生效应，将二者紧密地衔接起来。

一

　　重视育人工作是我国学校教育的悠久传统。自学校产生以来，对学校文化育人功能的探讨一直是研究者的不懈追求和努力方向。孟子首次提出了学校教育的目的是"明人伦"的道德伦常教育。"夏曰校，殷曰序，周曰庠，学则三代共之：皆所以明人伦也。"（《孟子·滕文公上》）这一思想深深地影响了两千多年我国古代社会的育人标准和育人要求。历朝历代的统治阶级尤为重视道德教育，并将其与选官制度紧密结合起来。无论是汉朝的"察举制"，还是魏晋南北朝的"九品中正制"，以及始自隋唐直至清末的"科举制"等人才选拔制度，均注重对考生的"孝""悌""仁""义""勇"等内容的考查，均把道德及道德教育放在了突出地位。即使是在明清时期，科举制日益腐朽和没落，但出题范围仍然集中于人伦道德范畴。尽管我国古代社会的学校育人活动具有历史与时代的局限性，但积累的一些精华如上善若水、诲人不倦、理想人格、立志笃行、知行合一等，对于今天依旧有巨大的借鉴价值。中华人民共和国成立以来，尽管党和国家不遗余力地强调道德教育工作的重要性，各级各类学校也在全面加强道德教育工作中作出了积极的安排与部署，取得的成绩是不容置疑的，但也暴露出种种隐忧。对此，南京师范大学鲁洁教授指出，尽管我们如此关注学校道德教育，但效果却不尽人意，一个不可争辩的事实是，当前学校教育中最令人担忧、令人棘手的恰恰也是学校的育人工作。造成这种窘况的原因是多样的，既有学校外部的因素，如全球化带来的价值多元化和市场经济负面因素等的冲击，也有学校内部的原因，如思想认识不到位、贯彻落实不得力、激励机制不健全、保障体系不完善等的缺陷，更多的是内外因素相互交织后酿造的"苦果"。为了扭转这一不良现象，我国的教育界尤其是道德教育理论工作者依据自己的价值判断和研究主题，从理念、内容、方法、途径、手段和评价等方面均作了积极的探索，为提升学校育人质量作出了应有的贡献，其成绩有目共睹。然而，统揽这些研究，对规范、维系和引领育人活动深入发展的制度文化却关注不够。这不能不说是学校文化建设和德育工作的一大漏洞或瑕疵。之所以从制度文化的角度来探讨育人的困境，一个重要的原因是学校本身就是由各种制度架构起来的特殊的社会组织。离开了制度维系与支撑，学校便会陷入无序和混沌之中，育人作用自是无从谈起。鲁洁教授在《德育社会学》一书中也明确指出，由于教育自身就属于制度性的活动，因此，"作为教育一个组成部分的德育，自然也是制度性的活动"①。在学校制度性的道德教育活动中，制度文化是人们创设各种制度的价值指南，直接决定着制度设计的优劣及人们对制度文化的认同心理及实施效果。"制度文化是制度的灵魂"②，是人们认同与接纳制度的认知阈限。缺失了制度文化建设，实质上等于斩断了他律道德向自律道德升华的纽带，势必造成断裂和紊乱的不良格局，形成一个巨大"裂谷"，严重地腐蚀着青少年学生良好道德品质的生成。

社会体制转轨、多元文化时代的到来，密切和加深了学校文化与道德教育的关系。学校文化育人效应的发掘与彰显，不仅需要物质文化的奠基和支撑，而且需要精神文化的浸润和滋补，更需要制度文化的引领和保障。学校制度文化是维系学校正常运转和可持续发展的必要条件与基本保障。对制度文化的认识、理解和执行不到位，必然牵绊制度更新的步伐，学校的道德教育工作便难以有序进行，何谈与时俱进，学校育人目标的达成自是困难重重。

在现代社会，文化的不可或缺性日趋得到众多有识之士的共识，学校文化也日益受到社会各界尤其是学校自身的认肯与高度关注。学校文化是一个学校综合实力的表征，是学校的价值追求与灵魂所在，映射着学校的办学传统、办学优势和社会声誉。学校之间的竞争与合作，实质是文化的较量。为了提升学校的办学质量，各学校着手文化建设，不遗余力地打造属于自己的、独特的学校文化风格。在这个过程中，学校制度文化的人文精神与道德价值日渐凸显。

中国的文化博大深邃，源远流长。中华民族具有悠久的道德文化传统，以倡德、崇德、尚德而著称于世。在五千年的文明史中，中华民族凝心聚力，蓄积了深厚的文化传统。学校肩负着传承丰富多彩、光辉灿烂、广博精深的优秀传统文化的重任。在长期的历史发展过程中，为了把传统文化中蕴含的丰厚伦理道德质料发扬光大，学校通过

---

① 鲁洁：《德育社会学》，福建教育出版社1998年版，第223页。
② 车洪波、郑俊田：《中国当代制度文化建设》，中国商务出版社2004年版，第130页。

制度的形式将其稳定下来，在血脉中传承，并引领和规范青少年学生的行为，促使他们胸怀善念，砥砺善行，在学校中过一种积极向上的、有意义的生活，是青少年学生道德成长的宝贵的教育资源。所有的这一切，均向我们昭明着一个无可争辩的事实：在塑造个体良好道德人格上，学校制度文化功不可没。循此思路，学校通过制度文化培养具有良好美德的学生，不仅能够落实"立德树人"道德目标，推进学校道德教育工作的有序开展，也可创新学校制度文化安排，为学校制度文化建设开辟一片新的天地，互补效应显著，这岂不是一个两全其美、合作共赢的良方，何乐而不为！

　　然而，当飞速前进的历史车轮驶过20世纪的旅程之后，21世纪以降，这是一个全球化、数字化、智能化、多元化共生乃至相互摩擦并激烈碰撞的时代，知识信息呈现出几何级井喷式增长状态，社会的转型和时代的变迁引发经济结构、政治民主和科技文化的深层变革，已是锐不可当的时代潮流，其覆盖范围不断扩大，并呈现出明显的加速扩张、持续蔓延的态势，已经渗透到人们日常生活的每一个环节。其进展之速、威力之大、范畴之广、意义之深，是以往任何一个时代所难以比拟的。这种变化，使我们享受到了科学技术创造巨大物质财富和更好地满足人们需求的便利，为我国经济的稳步增长和飞速发展奠定了扎实的基础，加速了人类走向文明和幸福之路的发展进程。

二

　　但是，在享受现代文明的同时，我们倍感惊恐，因为科技的发展无法规避现代性的危机，尤其是无法帮助人们摆脱极端世俗的囚锁和精神世界的空虚。人们不得不承受被英国社会学家安东尼·吉登斯（Anthony Giddens）称为"现代性"的代价。作为传统的对立物，现代性在某种意义上是以反传统的面目出现的，尤其是要打破传统并建立一种新的制度体制和道德文化格局。按照吉登斯的说法，现代性是一种制度化的秩序，因而应从制度的维度认识和把握现代性，即"对现代性作出一种制度性的分析"①。制度的基本作用是形成秩序。任何一种制度的出台,均直接或间接地指向秩序。现代性所标榜的工具理性以及抛离传统秩序所造成的断裂,以异常激烈的方式,从不同的角度和层面对传统学校教育展开了攻击,并逐渐瓦解、蚕食、击破传统的道德体系和文化认同范式,将其撕裂与肢解为"文明的碎片"。碎片取代了完好,部分取代了整体,致使各种不和谐音符与日俱增,文化冲突与道德失序自是难免。

诚然,以科技为动力的现代性大大地激发了人的内在潜力与创造精神,但同时也导致了其任意妄为的偏执,在"理性""自由""解放"的幌子下诱发了人们无所顾忌、无畏无惧的偏激行径,遮蔽与荒芜了精神家园。现代社会被马丁·海德格尔(Martin Heidegger)称为"无家可归的社会"。面对现代性引发的冲突与失序,需要人类利用道德理智、人文精神予以唤醒与观照。倘若一味地听之任之或应对不力,则会腐蚀人的精神支柱与理性信念,刺激他们无限的贪欲和追名逐利的行为,助长技术至上、物质至上、消费至上、享乐至上的恣意横行,导致信仰虚无和道德迷失。如果没有得到应有的欢娱,"人就要暗自反省:'我哪儿做错啦?'……'在过去,满足违禁的欲望令人产生负罪感。在今天,如果未能得到欢乐,就会降低人们的自尊心'"②。聚焦于学校道德教育领域,现代性的"脱域"刺激了学生自我放纵、盲目攀比、空虚浮躁的心态,助长了他们的失信、违规、忘义、斗殴甚至犯罪等种种非道德行为和反道德行为,加剧了社会不良风气的蔓延,导致了社会道德水准滑坡。

现代性的发展使人异化为贫乏的怪物。"人类患下了'分裂症'。在物质方面人类已达到造物主的水平,几乎已经可以无所不能,无所不为;但是在精神和道德发育方面,在自我认识、自我把握等方面,却是如此的发育不良,水平低劣。有人说得好:当代的人有太多的小

---

① [英]安东尼·吉登斯:《现代性的后果》,田禾译,译林出版社2000年版,第1页。

② [美]丹尼尔·贝尔:《资本主义文化矛盾》,赵一凡等译,生活·读书·新知三联书店1989年版,第119页。

聪明，却没有大智慧。"① 在一定程度上，现代性引发了人们丧失本体性安全感所导致的种种不适，给人们的思想造成了极大的冲击。这与学校重教书而轻育人的不良现状是难以割舍的。被誉为"英国20世纪影响最大的诗人"的托马斯·艾略特（Thomas Stearns Eliot）认为，现代学校教育越来越偏离了自身运行的轨道，被功利所俘获和主宰，遗失了存在的本体价值和意义，具体表现为，个人接受学校教育不是为了修身养性并促进人的全面发展，而是为了生计，为了能在求职择业、岗位竞聘、公开选拔等环节中脱颖而出，捞取更多的"资本"；一个阶级接受更高级别的学校教育，如攻读研究生学位、做博士后研究人员、做访问学者等不是为了促进本阶层人员教育水准的提升，而是处心积虑地谋求在竞争中立于不败之地的良方，进而战胜其他阶层；一个国家高度重视学校教育，不是为了提升国民的综合素养，而是为了在教育领域中占有制高点，获得教育话语霸权，进而提升本国在国际上的影响力和震慑力。如此，人们接受教育不再指向内在的自身完善，而是指向外在的工具目的。这意味着，一个人、一个阶级、一个国家之所以愿意接受更多的和更高级别的教育，与他们谋求功名利禄的急迫心态是紧密相关的。倘若教育与个人的经济利益无关，与个人找一份体面的、待遇优厚的工作无关，与驾驭和支配其他人或阶层的权利无涉，与提高自身的名望和地位无干，那么接受教育的人就会是凤毛麟角了。"按照我们的社会科学，我们在所有第二等重要的事情上都可以是聪明的，或者可以变得聪明起来，可是在头等重要的事情上，我们就得退回到全然无知的地步。我们对于我们据以做出选择的最终原则、对于它们是否健全一无所知；我们最终的原则除却我们任意而盲目的喜好之外并无别的根据可言。我们落到了这样的地位：在小事上理智而冷静，在面对大事时却像个疯子在赌博；我们零售的是理智，批发的是疯狂。"② 此种思想严重地冲击着学校的

---

① 鲁洁：《当代德育基本理论探讨》，江苏教育出版社2003年版，第154页。
② [美] 列奥·施特劳斯：《自然权利与历史》，彭刚译，生活·读书·新知三联书店2003年版，第4页。

办学方向和育人标准，进而影响到人才培养的质量，与社会的稳定和国家的长治久安休戚与共。这为肩负育人重任的学校教育提出新的甚或无以预料的巨大挑战，势必影响或左右学校制度文化在育人活动中的取舍及其有效运作，成为学校教育无可回避的严峻课题。

三

在实际的道德教育活动中，充斥现代性的学校教育用得失的精确性考量僭越了善恶的界限，自身日渐暴露出诸多不足与缺陷，尤其是在制度文化建设上的不当或漏洞，难以使制度文化中的育人标准植根于学生成长与发展的沃土中，落实在具体的实践活动中，与社会公众对学校制度文化育人的期许相差甚远。不少学校在育人活动过程中不同程度地存在着正式制度文化育人的偏失、非正式制度文化育人的乏力、制度文化实施机构育人的疲软等问题，严重地影响了育人的质量。审理与剖析当前我国学校管理的现状，不难发现，很多学校没有科学合理地制定或执行制度，将制度建设和文化建设人为地割裂开来，引发了"有制度无文化""有知识无道德""有文化无道德"的不良情形。这意味着，不少学校既不是从学校文化建设的角度做出制度安排，也不是从制度育人的角度出发制定制度，而是为了学校需要制度这个大前提而进行制度设计，执着于功利主义情结之中乐此不疲，导致学校制度文化建设走向了反面。

在现实中，一些学校的师生员工对学校文化建设没有明确的概念，也不愿了解、讨论或追问学校文化建设的目标究竟是什么。一些学校不仅缺乏凝聚全体师生的共同认可或追求的育人目标，而且也没有依据本校的实际情况，有效凝练学校的办学特色或学校文化。我们对于没有明确的学校制度文化建设目标深感担忧。这是因为，缺失了目标导向，行动的有效性就大打折扣。美国著名学者约翰·I. 古得莱得（John I. Goodlad）在其专著《一个称作学校的地方》中旗帜鲜明地指出，在对多所学校进行实地调研的过程中，不难发现，不少学校的教育目标和学校实际提供的实现教育目标的条件之间存在着明显的差距或不同。① 在急功近利思想的驱使下，学校进行制度文化建设只重结果，轻视过程；只重数量，轻视质量；只重约束，轻视内化。为了求得当前一时之效而将育人的持续性和连贯性抛到九霄云外，此种做法与学校制度文化希冀的育人的终极追求形成了强烈的反差。"人在物质和技术的压抑下，也在物欲的冲击下，变成只讲物欲，不求精神，只顾现实，不讲将来，只按技术合理性行为，不要批判性和创造性，不求对终极价值的追索和生存意义的反思。"② 学校教育功能的扭曲、育人价值的遗失、功利主义的施虐，导致道德教育被科技理性和实用主义所宰割，使得学校教育不堪重负，这是多么令人触目惊心的事实。此种学校教育是残缺不全的教育，拔高了实用性而损害了人性的品质，其对个体、对国家、对世界的精神摧残与毒害无穷。一如吕型伟先生所言，进入 21 世纪，人类面临的最大残缺是心灵的残缺，循此思路，威胁人类的最大灾难不是核云盖顶，而是在于心灵的残疾、精神的贫乏、道德的沉沦。由此，他提出了响亮的口号：道德教育是 21 世纪学校教育的核心和灵魂。因此，革除学校制度文化建设中的诸多弊端，优化教育资源的配置、组合和运用，充分发挥学校制度文化的育人功能，将学生培养成为具有良好道德品质的社会有用之才，既是学校制度文化理论研究的重任，也是学校道德教育的现实吁求。

此外，学校制度文化的僵化和形式化运作，导致学校管理者或教师以指令甚或高压的范式控制学生的言行，使得不少青少年学生感到学校道德教育的无聊、空寂甚或无助。尽管学校制度文化明文规定要调动师生员工参与学校制度文化建设的积极性，奢谈民主、自由、能动的参与方式，然而在实际操作中却峰回路转或大相径庭，并没有按照既定的要求去切实贯彻落实，这体现出极大的虚伪性或欺骗性。③ 这种脱节现象的存在，便是"有令不行""阳奉阴违""巧言令色"

---

① John I. Goodlad, *A Place Called School*, New York: McGraw-Hill, 1984, p. 280.
② 鲁洁：《当代德育基本理论探讨》，江苏教育出版社 2003 年版，第 20 页。
③ John I. Goodlad, *A Place Called School*, New York: McGraw-Hill, 1984, p. 241.

的表征，势必落入文化育人的怀疑主义或虚无主义的沼泽中难以自拔。"虚无主义意味着什么——意味着最高价值的自行贬值。没有目的，没有对目的的回答。"① 其危害性是不言而喻的，不仅浪费了学校有限的道德教育资源，而且会助长学校部门的不正之风，污染和吞噬师生的灵魂，尤其是对青少年学生道德价值观的侵蚀和毒害，更是罄竹难书。

当前，学校制度文化运行和发展中暴露出的流弊已经成为桎梏学校育人工作的一大顽疾，严重制约了学校教育"立德树人"的发展步伐。无论是从理论维度而言，还是从实践层面分析，学校制度文化的育人机制尚未引起研究者足够的重视，尚处于起步阶段和摸索状态之中，这在一定程度上钳制了学校制度文化育人功效的发挥，延缓或羁绊了育人的步伐，影响了学校道德教育体系的完善与成熟。为此，培育积极向上的学校制度文化，将学校制度文化与道德教育整合起来，深入探寻学校制度文化育人的原则和策略，发掘育人价值，探索育人规律，拓宽育人途径，使学校教育沿着完善人格的轨道稳步前行，开辟道德教育理论与实践的新视景，方可为学校制度文化建设注入新的血液和活力，稳定有序地提升道德教育质量或育人水准。

---

① ［德］弗里德里希·尼采：《看哪这人：尼采自述》，张念东、凌素心译，中央编译出版社2000年版，第280页。

第一章　学校制度文化：学生道德成长不能遗失的基本向度

个体道德发展是从他律到自律的动态转化过程。作为个体道德发展的外在手段和他律形式，制度安排在学生道德成长中的作用不容忽视。文化赋予人之存在的道德意义与伦理价值，个体道德提升和社会道德进步为文化建设开辟了广阔的空间。学校制度文化与促进学生道德成长的育人活动相辅相成，互为砥砺，难以割舍。学生思想品德的心理结构是一个完整的、系统的、有机的体系，涵盖了道德认知、道德情感、道德意志和道德行为等方面的内容要素。学校制度文化之于学生道德成长的功能或作用，在于促进学生的道德认知、充盈学生的道德情感、磨砺学生的道德意志与培养学生良好的道德行为习惯。

第一节　学校制度文化之于学生道德认知之提升

道德认知亦被称为道德认识，是按照一定的社会要求对道德现象、道德关系和道德规则及其执行意义的知觉，包括道德的定义、经验、价值、范式或命题等。道德认知是个体良好道德品质形成的前提条件和重要基础。孔子曰："知者不惑。"唯有"知之深"，方可"爱之切"，进而"行之坚"。缺失了正确而深刻的道德认知，就难以使人萌生强烈的道德体验以及表现良好道德行为，因而在育人工作中的地位是不容置疑的。

一 加深学生对道德知识的掌握和理解

道德本身所具有的复杂性和抽象性,加之受认知能力所限,学生对道德概念与行为价值标准的认识,有赖于制度文化的规范与引导。制度文化"不仅告诉人们不能做什么,同时也告诉人们可以自由选择地去做什么。广义而言,制度既包括正式的、理性化的、系统化的、形诸于文字的行为规范,如法律;也包括非正式的、非理性化的、非系统化的、不成文的行为规范,如道德、观念、习惯、风俗等"[①]。这意味着,制度文化是学生道德行为的指示器和调节器。制度文化中所包摄的必要的道德规范与行为守则,以其简明扼要、通俗易懂的表述形式,对学生的饮食起居、言谈举止、为人处世等都做了详细的条文规定,明确地告知学生哪些行为值得提倡,哪些行为必须杜绝,何者为善,何者为恶,什么是道德举止,什么是非道德行径等,可使学生获得形象的、直观的、丰富的感性经验,明是非、辨美丑,掌握道德的准则及其执行意义,加深对道德知识的理解,直至掌握综合的、抽象的和概括性的道德概念,形成正确的道德观念和行为标准。加之,在学校制度文化实施和落实的过程中,通过师长晓之以理的教育,也有利于学生补充新的道德知识,发展道德思维能力,加深对道德概念的理解,进而提升道德认识水平。

在促进学生道德认知发展的过程中,认知失调是桎梏学生道德概念掌握和道德知识吸收的一大障碍。促进学生"知德致行",是学校制度文化预防或消除学生道德认知失调的重要表现。不管学校教育工作者是否承认,也不管他们是否愿意接受,知识经济时代已真实地来到人们的身边。知识经济时代的到来犹如一把双刃剑,虽然加速了知识的生产,满足了人们日益增长的知识需求,但面对铺天盖地的知识,极易导致个体在新旧知识冲突和知识筛选时的困惑,导致认知失调。认知失调理论首次由利昂·费斯廷格(Leon Festinger)提出,用以说明个体前后认知相互矛盾、不相兼容所引起的不适体验。认知失

[①] 杜时忠:《制度德性与制度德育》,《教育研究与实验》2002年第1期。

调是"一种不愉快的内部状态,当个体觉察到两种或多种态度之间,以及态度与行为之间存在不一致时所产生的不愉快状态"[①]。由于学生对道德知识的掌握是从不知到知的循序渐进的过程,因此,当原有的道德知识影响新道德知识接受时,认知失调便发生了。加之,当前知识经济时代的知识呈几何状递增,借助互联网的传播,学生每天可接触到来自世界各地的知识和信息,微博、微信和博客等传播途径大大便利了学生的道德知识学习,但来自各方面的知识并不总是正向的,而是良莠不齐的,鱼龙混杂,泥沙俱下,强烈地冲击着学生的道德价值观。如果缺乏正确的道德指引,被不良信息所诱导,很容易将学生卷入知识海洋的旋涡中。何以走出知识旋涡,如何摆脱道德认知失调?

按照发生认识论的创始者让·皮亚杰(Jean Piaget)的解释,在学生掌握道德知识的过程中,要通过同化、顺应和平衡的互动消除分歧,促进新旧知识的融会贯通,将学生的道德认识推向新的层次。在这个过程中,学校制度文化发挥了至关重要的作用。在同化的过程中,学生需要将新的道德知识纳入原有的知识结构中,成为自身品德结构的有机组成,实现知识的增长。在皮亚杰看来,学生同化道德知识,要以理解道德知识和信息为前提。学生"要接受信息,他必须具有一个使他能同化这种信息的结构"[②]。如果没有学校制度文化对善恶和是非的预先规定,学生在同化过程中就会迷失在"道德"与"非道德"的两难选择中,不仅难以过滤掉无关的、干扰的或不良的知识,而且无法利用原有知识图式对新知识进行改造,自然无法建立新旧道德知识之间的联系,知识同化势必困难重重;在顺应过程中,由于学校制度文化建立了一整套协调机制,"提供了一种固定的思想和行动范型,提出了解决反复出现的问题和满足社会生活需要的方法"[③],因

[①] [美] R. A. 巴伦、D. 伯恩:《社会心理学》,黄敏儿、王飞雪等译,华东师范大学出版社2004年版,第182页。

[②] [瑞士] 皮亚杰:《皮亚杰教育论著选》,卢濬选译,人民教育出版社1990年版,第23页。

[③] [美] 伊恩·罗伯逊:《社会学》,黄育馥译,商务印书馆1990年版,第109页。

而会引导对原有的认知结构进行修改或重建，将彼此的认知冲突降到最低限度，不断生成与发展新的道德认知结构；平衡是认知发展的根本动力，是同化和顺应之间的均衡状态，是学生通过自我调节机制从不平衡过渡到平衡、从一种平衡状态向另一种更高层次的平衡跃进的过程。一如皮亚杰所说，"平衡，据我的理解，就是这样一个主动的过程。它是一个自我调节的过程。我认为，这个调节过程就是发展的根本因素"①。作为人类的发明与创造，学校制度文化也将随着学校的不断发展而发展，只有革故鼎新的学校制度文化方可经久不衰。学校制度文化所具有的动态平衡的特性，为学生开辟新的动力机制并主动建构道德知识提供了制度保障，能够引导学生按照不断发展的制度文化中规定的道德标准调节同化与顺应之间的关系，自主地选择个人应坚守或改变的道德价值取向以及应遵循或摈弃的道德规则，防止二者截然对立或无序发展，使之日渐趋近或相互适应，就是平衡的过程，就是协调认知冲突并推动学生道德认知超越式发展的过程。

二 促进学生道德判断能力的发展

道德判断是道德认知的有机组成。道德判断能力的重要性，在法国启蒙思想家让－雅克·卢梭（Jean-Jacques Rousseau）那里得到了很好的体现。卢梭指出，我们切莫忘记，对于个人的生存发展而言，重要的不是获得多少知识，而是是否拥有判断能力。按照美国道德心理学家劳伦斯·柯尔伯格（Lawrence Kohlberg）的观点，儿童的道德判断能力经历了前习俗、习俗和后习俗三个发展阶段，是一个从外在到内在、从片面到全面、从低级到高级的发展过程。借助学校制度文化，可为学生在复杂多变的道德情景中识别和处理道德问题提供依据，促进他们的道德判断、推理和评价能力不断提升。

其一，明辨是非，由人及己。学生的道德判断包括不可分割的两个部分，一是学生对他人行为进行的价值判断，二是学生对自己行为

---

① ［瑞士］皮亚杰：《皮亚杰教育论著选》，卢濬选译，人民教育出版社1990年版，第24页。

的价值判断。学生的道德评价经历了从评价他人到评价自己的发展过程。依据制度文化中的道德规则，小学低年级的学生对他人的对错、是非做出判断，表现出应有的道德鉴别能力，这个阶段的学生虽注重别人对自己的评价，希望得到来自师长的夸奖，争做成人心目中的"好孩子"或"好学生"，但尚不具备独立的自我评价能力。随着自我意识的发展，初中阶段的学生逐渐从在意别人的评价转向自己评价自己。随着制度文化引领功能的充分发挥，大部分高中阶段的学生已经能够运用综合与概括的品质，从自己内心所确定的道德标准来衡量自己的道德行为。尤其是在对自己与他人的行为进行道德评价时，既能宽容别人的缺点与过失，也能正视自己的不足与失误，并能虚心接受批评和勇于改正过错，"是是、非非谓之知，非是、是非谓之愚"（《荀子·修身》），凝聚成一股强大的精神力量，趋善避恶，推动学生的道德判断螺旋上升。

其二，志功结合，由效果到意向。动机和效果是个体作出是非善恶的道德判断时不能回避的两大问题域。我国古代墨家的创始人墨翟首次提出了"志"与"功"这两个概念。据史书记载，鲁国的国君有两个儿子，一个勤奋好学，一个乐善好施，究竟选谁为太子，鲁国国君感到非常棘手，于是请教墨子。墨子给出的解答是，不要被他们的外表所迷惑，而要结合他们的内在动机进行考察后方可决定。"未可知也，或所为赏与为是也。钓者之恭，非为鱼赐也；饵鼠以虫，非爱之也。吾愿主君之合其志功而观焉。"（《墨子·鲁问》）这里的"志"，指的就是内在的意向或动机，"功"指的是外在的行为或效果。墨子"志""功"一致的主张，合乎学校制度文化促进学生道德判断能力发展的轨迹，其合理性毋庸置疑。"如果好心肠、善良意图和主观信念被宣布为行为的价值所由来，那么什么伪善和邪恶都没有了，一个人不论做什么，他都可通过对善良意图和动机的反思而知道在做某种善的东西，而且通过他的信念的环节，他所做的事也就成为善的了。"[1] 小学低年级的学生在进行道德判断时，往往依据制度文化中制

---

[1] ［德］黑格尔：《法哲学原理》，范扬、张企泰译，商务印书馆2016年版，第175页。

第一章 学校制度文化：学生道德成长不能遗失的基本向度

度文本的行为规范——是否按照制度的要求表现出相应的行为来进行评价，如他们认为一个给祖父倒水的孩子不小心打碎多个杯子的行为要比另一个偷吃果酱的孩子摔坏一个杯子的行为更为糟糕。而在中学阶段的学生做出道德评价时能够依据学校制度文化中文化的认识导向功能来辨别是非好坏，不再以效果作为主要的甚或唯一的衡量标准，而是逐渐将效果和意向结合起来进行权衡。"好心办坏事"和"坏心办好事"由此进入学生的认识范畴。由于意向和效果之间关系的复杂性，二者并非一种线性关系，而是呈现出复杂多变的样态，即不良的意向既可以导致积极的效果，也可以酿造消极的结果，甚或善恶并存。同样，道德的动机也可能产生道德的、非道德以及反道德的行为。在此种错综复杂的关系中，学校制度文化的规范和保障作用有助于学生在进行道德判断时将动机和结果统一起来。"善就是进一步被规定了的理念，也就是意志概念和特殊意志的统一。善不是某种抽象法的东西，而是某种其实质由法和福利构成的、内容充实的东西。"[1]

其三，注重整体，由片面到全面。依据柯尔伯格及我国心理学的研究成果，学生道德评价经历了从单一到多维的发展过程。一般而言，小学低年级的学生在评价别人时往往会爱屋及乌，以偏概全。他们对人的评价往往停留在一种绝对肯定或绝对否定的二元对立范畴内，要么是好的，要么是坏的，没有第三种可能。有时会抓住一个优点无限地扩大，有时也会揪住一个缺陷不依不饶，具有典型的"刻板印象"，或是"一好遮百丑"，或是"千功不抵一过"，妨碍正确的道德认知和判断能力的发展。此时的学校制度文化对他们而言仅是一种外在的存现，不能有效地领会其中的基本道德含蕴。随着年龄的增长，中学阶段的学生逐渐理解并掌握了学校制度文化具有的偏差修正与整合协调功能，逐渐学会客观地认识和评价他人和自己，逐步摆脱片面的、错误的逻辑思维形式，从行为的偶然与一贯、成绩与错误、主要和次要、主观与客观等相结合的整体角度做出较为全面的评价，促进学生道德水平不断深化发展，从而获得道德上的进步。"制度文

---

[1] ［德］黑格尔：《法哲学原理》，范扬、张企泰译，商务印书馆2016年版，第151页。

化偏重于强调制度的文化层面与规则层面的内在统一性和一致性,即强调制度的文化精神、价值观、思想意识与制度的习惯、规范、规则和秩序的内在统一性和一致性。"①

其四,表里兼修,由他律到自律。在个体道德认知与道德判断的发展中,他律道德是自律道德的基本前提与条件保障,自律道德是他律道德的拓展延伸与凝练升华。按照皮亚杰和柯尔伯格的观点,对正处于道德发展之他律阶段的学生而言,其道德判断要受他自身以外的道德标准和价值体系所支配,这决定了学校制度文化在学生道德判断力发展中的不可或缺性。在推动学生道德判断发展中,作为他律道德的体现和表征,学校制度文化为学生提供了评价他人的道德标准和基本尺度,并以遵守学校的规章制度获得了自身行为的合道德性。离开了制度他律的保障和促进,学生的自律是无力的,也难以有效达成。随着学生年龄的增长和阅历的增加,学校制度文化增强了学生在面临复杂道德情景下的判断能力和选择能力,有助于他们走出盲从或他律的道德束缚,促使道德发展水平逐步提高。"动物只是按照它所属的那个种的尺度和需要来建造,而人却懂得按照任何一个种的尺度来进行生产,并且懂得怎样处处都把内在的尺度运用到对象上去"②。尤其是正义或公正的学校制度文化,可引领学生将善念和善行根植心底,拥有公正感、正义感和自由意志,能够按照内在的道德标准对自身行为进行鉴别和自主判断,内外兼修,表里如一,内得于己,外施于人,逐步实现道德自主,塑造主体性的道德人格。

第二节 学校制度文化之于学生道德情感之陶冶

个体的道德行为既受理智的支配,也受情感的驱使。古人云:"感人心者,莫先乎情。"(《与元九书》)作为个体的一种内心体验,道德

---

① 曾小华:《文化·制度与社会变革》,中国经济出版社2004年版,第240—241页。
② 《马克思恩格斯全集》第42卷,人民出版社1979年版,第97页。

第一章　学校制度文化：学生道德成长不能遗失的基本向度

情感是人有别于动物、人之为人的基本特质，既是人类所独有的高级社会情感，也是人类特有的把握世界的情绪表达方式。通情才能达理。道德情感搭建了道德认知和道德行为之间的桥梁，是个体内化道德知识并表现道德行为的推动力。苏霍姆林斯基（B. A. Cyxomjnhcknn）尤为重视道德情感在学生健康成长中的重要作用与价值。他认为道德情感具有滋养心智、净化灵魂、塑造品格之效，是推动学生不断地将道德知识内化为自身品德素养的原动力。按照苏霍姆林斯基的说法，道德情感与道德知识水乳交融，唯当道德情感的血液在道德知识这个活动的机体中流淌不息和奔涌向前，才能推动道德知识深入人的灵魂深处，成为个体内心世界的有机组成。通过情感共鸣而实现育人目的，是古今中外前辈先哲、仁人志士所积累下的弥足珍贵的经验和财富。中国的思想家、教育家孔子、孟子、朱熹和王守仁等人，西方学者亚里士多德（Aristotle）、卢梭和弗里德里希·威廉·奥古斯特·福禄培尔（Friedrich Wilhelm August Fröbel）等人，都极为注重道德情感在深化道德认识、陶冶性情和健全人格中的积极功能。国内外的道德教育经验证明，在学校道德教育过程中，引导儿童习得一定的道德知识是不可或缺的，但道德情感的作用似乎更为重要。道德情感的发展水平直接左右或决定着学生的道德辨识、道德理解、道德行为采择能力，尤其是社会适应性行为。遗失了道德情感，道德教育就味同嚼蜡。一如苏霍姆林斯基所言，道德情感是道德教育的内核与灵魂，没有情感的道德教育无法引起和激发学生道德学习的兴趣，无法使学生体验道德成就感与愉悦感，这种失缺魅力与活力的道德教育必定行之不远。

由是，重视学生的道德情感培养，是学校道德教育的一项重要任务。学生道德情感的发展需要制度文化予以滋养。这是由制度文化内在的特性所决定的。在学校道德教育工作中，制度文化中蕴含着丰富而厚重的情感元素。制度文化所具有的褒善贬恶、扬善抑恶的评价机制，契合学生情感的可塑性、自然流露、充满活力、丰富而热烈、朝气蓬勃等特征，为学生认可并内化道德规范注入动力和活力之源。当学生按照制度文化所规定的要求而遵纪守法，表现出与之相适应的道德纪律或道德行为时，便会得到师长的认可，尤其是按照奖励制度对学生遵守规章制度的行为或积极进取行为进行褒奖时，会使获奖学生的情绪情感得到极大的丰富和满足，促进他们道德情感的萌生与发展，激发健康向上的、正向的情绪，培养道德理智感。对于其他同学而言，也会受到感染和熏陶，产生辐射效应，使之产生仰慕心理，激起他们遵守秩序或做好事的道德动机和愿望，进而表现出效仿行为；当学生的言行背离了制度文化所蕴含的道德规则，制度文化惩戒制度的否定性评价也会使学生体验惭愧、内疚、自责的负面情绪，进而纠正失误，扬长避短，改过迁善。[①] 通过学校制度文化建设，搭建情感交流的平台，寓道德教育工作于情感沟通之中，以情引趣，以情化人，以情育人，引导学生在避免惩戒和追求赞扬的情绪体验中，时刻督促自己，"激励自己不断追求"[②]，疏导消极情绪，增强积极情绪，培养健康的、正当的、高尚的道德情操。因此，重视并挖掘制度文化所具有的情感效应，有益于提升学校制度文化的育人效果。

一　强化学生的道德敬畏感

培养学生的道德敬畏感是情感教育的重要目标，也是学校制度文化育人在学生道德意向上的表征。顾名思义，作为一种普遍的、真实存在的、崇高的道德情感，道德敬畏感包括"敬"与"畏"两个方面，即敬仰与畏怯，是个体对事物运行规律、善的法则所具有的尊崇或敬仰以及忌惮或惧怕的双重体验。道德敬畏感不是与生俱来的，需要后天的培育。在康德（Immanuel Kant）看来，人并非始终按照理性的标准支配自己的行为，从根本上讲，敬畏感是一种理性的道德情感。个体所具有的丰富情绪情感表明人是一种有限的理性存在者。于学生而言，直观的、表象的、具体的情感如偏好或欲念可能使他们更愿意按照自己的喜好行事，无法完全凭借理性法则采取行动。学校制度文化是理性设计的产物，其所具有的规范性和引导性功能，可弥补

[①] 冯永刚：《刍议制度文化在道德教育中的功效》，《教育研究》2012年第3期。
[②] 朱小蔓：《情感教育论纲》，人民出版社2008年版，第109页。

学生感性禀好的弊端和有限理性的欠缺，引领学生在服从道德纪律、敬畏道德规则、向往道德的基础上不断实现自我超越与自我提升。"道德法则对于绝对完美的存在者的意志是一条神圣性法则，但对于每一个有限的理性存在者的意志则是一条职责法则，一条道德强制性的法则，一条通过对法则的敬重以及出于对其职责的敬畏而决定有限的理性存在者的行为的法则。"[1]

在学校道德教育过程中，道德敬畏是学生良好道德品质生成的重要情感因素。在皮亚杰看来，学生认同、掌握并内化道德规则包括难以割舍的两个部分。一是来自外在的制度规范。尤其是在由各种各样制度架构起来的学校教育中，制度提供了师生共同遵守的行为准则，对师生的行为具有规范和引领之用。尤其是在引导学生遵守纪律和培养德性方面，制度的作用尤为明显。"纪律本身是教育自成一类的因素。道德特性的某些本质要素，只能被赋予纪律。只有通过或凭借这种道德特性，我们才能教给儿童们怎样按捺住他的欲望，并为他的各种各样的渴望确定限度，限制并借助这种限制来确定他的各种活动目标。这种限制是幸福和道德健康的条件。"[2] 二是来自学生对道德的仰慕或尊崇。学生心理学的研究成果表明，在智力水平相当的前提下，较情绪调节水平低的学生而言，调节水平高的学生更易产生自我净化、自尊自爱的积极道德体验，进而作出成熟的道德抉择，激发道德敬畏感。缺乏道德敬畏感的学生是不会主动追求和向往道德的，由此，学校的育人工作势必困难重重。

获得别人的赞赏是人性的深层需要和基本原则。尤其是对处于成长与发展中的学生而言，他们更希望得到来自师长的鼓励、关爱和赞扬。没有爱就没有道德教育。作为道德教育工作者，最大的过失莫过于对学生缺乏心灵上的关爱和精神上的呵护。倘若师长一味打压学生，冷嘲热讽，横加指责，久而久之便会窒息学生道德学习的激情和

---

[1] ［德］伊曼努尔·康德：《实践理性批判》，韩水法译，商务印书馆1999年版，第89页。
[2] ［法］爱弥尔·涂尔干：《道德教育》，陈光金等译，上海人民出版社2006年版，第35页。

信心，长期被紧张、焦躁、自卑、恐惧的消极情绪所困扰，沉重的思想包袱和精神上的创伤引发、助推了学生对道德教育的厌倦心理和抵牾情结。因此，在学校道德教育工作中激发学生积极的道德情感势在必行！一个拥有豁达、开朗、热诚和积极进取等情绪品质的人，一定是一个富有爱心的人。而爱是最基本的道德品质。积极情感在学校道德教育中的独特功效，按照德国教育家第斯多惠（Friedrich Adolph Wilhelm Diesterweg）的洞悉，学生的道德是感染而来的，道德教育工作的卓有成效，不能以拥有道德知识的多少来衡量，而在于激发、鼓励与鞭策。这意味着，衡量道德教育效果的标准并不完全在于学生道德认知的提升，而很大程度上在于学生道德体验的深度，尤其是学生是否对道德及道德教育怀有敬畏感。在学校立德树人工作中，能否快速解除学生的负面情绪，能否激发学生的正向情绪情感，能否使学生心怀道德敬畏之心，在很大程度上影响和决定着他们能否将道德规范有效地整合到自身的品德心理结构中。遵循学生道德认知和情感发展规律的学校制度文化建设，按照不同年龄阶段、不同年级学生的道德发展水平，充分考虑他们的情感特点与情感需求，有计划、有系统、有组织地推进情感教育，努力挖掘学生的情感因素和潜能，通过制度文化的奖惩制度安排，该奖则奖，该罚则罚，以能够触动学生心灵的方式影响他们，让情感充盈心灵，增强道德吸引力，强化道德感染力，稳步提升学生的道德敬畏感，引导学生把道德敬畏感转变为自我教育和自我提升的道德情感，逐步形成比较稳定而深刻的情感定式和道德品质，促进学生快乐幸福地成长和发展。

二 提升学生的自尊感

自尊是一种高级的社会情感，是个体具有的一种自我体认与自我尊重的内在的、积极的心理体验。自尊心是得到他人认可及自我悦纳的综合反映，是指引个体锐意进取并不断完善道德品质的内驱力。学校道德教育"使人成人"的一个重要表现，就是将学生培养成为具有自尊品质的人。英国哲学家休谟（David Hume）在《道德原理探究》一书中写道："道德概念本身要求一种人类情感……这种情感使某一对象受到普遍的称赞……甚至使最遥远的人的行为也成为道德上赞成或反对的对象。"① 没有自尊心的人，如同行尸走肉，一切似乎都无关紧要，无所谓赞颂或抵制，既不在乎来自社会的评价，也不能关注自身的道德进步。一个缺失自尊心的学生，既不懂得尊重自己的人格，自然也不懂得如何尊重他人，也就无法产生强烈的道德责任心与道德义务感，往往会自暴自弃。用苏霍姆林斯基的话来讲，没有自尊自爱的人，便没有道德的纯洁性，自是不能心甘情愿接受与内化道德，因而无以表现出与维护自我尊严相适应的行为。

自尊心是个体拥有美德的前提。在英国哲学家罗素（Bertrand Arthur William Russell）看来，自尊是人通过自我批评精神、改善自我形象而获得的一种德性。自尊是个体力求完善的推动力。当学生面临道德问题或道德冲突时，需要学生以坚强的毅力克服困难，进而实现预期的道德目标。倘若学生意志薄弱，且无法体验到道德的魅力，便会知难而退，不求上进，自轻自贱，失去自尊。一个缺乏或失去自尊的学生是不能直面道德困境的，容易产生畏难、沮丧和失落的心理，并将道德学习视作一种精神负担和额外累赘。与之相反，拥有自尊心的学生在道德困难或冲突面前充分相信自己，相信奋斗的力量，不断进取，不断赶超自我。学校制度文化的情感激励之于学生而言，是一种心灵寄托，可培养学生的自尊心，引导他们以积极乐观的态度面对逆境并进行自我调节，在不断战胜道德困难的过程中变得更加自重、自爱和自信，自觉培养高尚道德情操，最终实现寓理于情、情理融通的自然升华。

在学校道德教育工作中，制度文化是引领和推动学生趋善的基础支撑，指引学生力求上进。也正是在这个不断进取的过程中，学生的自尊心得到了有效的保护和培养。当学生的行为得到来自学校制度文化的褒奖时，他们不仅会倍加珍惜自己的荣誉，捍卫自己的人格，表现出既尊重自己又尊重他人的良好道德品质，而且可激发学生更高层次的精神追求，这是推动学生自主、自信、自强的动力机制。学校制

---

① 周辅成：《西方著名伦理学家评传》，上海人民出版社1987年版，第365页。

度文化中的奖励制度，引导着学生的乐学、进取和自我完善，搭建了师生情感交流的平台。教师利用自信、自爱和自强的制度文化激励学生，可使学生充分信任自己的能力，在探求真知中情绪愉快、态度积极、兴致极高、乐在其中，情感能获得最大的浸润或充盈。在积极情感的驱动下，学生在道德教育过程中态度积极，情绪饱满而高涨，高雅的生活情趣由此萌生，趋达寓教于乐、情理交融的理想状态，通过理智型的道德情感自觉维护自己与他人的人格尊严，久而久之养成良好的品德和行为习惯，取得事半功倍的道德效果。一如美国教育家布卢姆（Benjamin Bloom）的洞识，一个带着乐观、热情、自信等正向情绪参与教育活动的学生，应当比某些没有情趣和兴致的学生，抑或比一些对教育影响感到焦躁、恐慌和逃匿的学生，学习得更加愉悦、自如与高效，进而赢得自尊，不亢不卑。这种自尊或真正自信是"一种具有文化意义的经验，一种在活动中感到愉悦的经验，一种具有社会声誉的经验；因此，它是确立自尊的一块基石。这种自尊，由于在每个重要危机结束时得到了进一步的证实，所以使人逐渐确信：自己正在学会有效地走向明确的未来，正在自己所理解的社会现实中形成一种明确的个性"[①]。

三　推进学生的移情体验

作为关系范畴的一种体现，道德是协调人与人、人与社会以及人与自然之间关系的基本准则。也即意味着，只有建立起自我与他者之间共同遵循的行为准则，道德才能得以体现。在面对不同或相同的道德情景时，当事者之间、局外人之间，以及当事者和局外人从各自的视角出发看待问题，其情绪体验或内心感受是不尽相同的，倘若观点分歧或截然对立，是无助于解决道德问题的，因此，在知觉自我的基础上理解他人，才能作出道德行为的定向。这是一个移情的过程。"移情"一词，最初由德国心理学家利普斯（Lipps）提出，意指对他人内在心理状态的感知与觉察，即"自我客观化"。之后，美国心理

---

① 瞿葆奎：《教育学文集·德育》，人民教育出版社1989年版，第651—652页。

学家爱德华·布雷福德·铁钦纳（Edward Bradford Titchener）发展了利普斯的观点，将移情视作主体间产生同感的一种情绪状态。聚焦于道德教育领域，移情是个体在觉知他人意图和行为的基础上引起的与之相同或相似的情感反应。如我国先哲孔子的"仁爱之心"、孟子的"恻隐之心"均是移情的典型体现。"我们确实可以看到怜悯之情作为人类最原始和最纯正的一种道德情感，对于使人们履行最起码和最基本的道德义务，使社会不致长久堕入野蛮的巨大意义。"[1] 这种最纯正的道德情感是底限伦理的防线，是培养个体高尚道德情操的基本前提，是人类和平发展的精神维系。需要指出的是，道德教育中的移情并非总是正向的。移情既可以使学生产生亲社会的体验，如公正、关怀、向往、善良、同情和怜悯等，"老吾老以及人之老，幼吾幼以及人之幼"（《孟子》）。也可以诱发不良的情绪反应，如焦虑、忧伤、痛苦、冷漠、愤慨、怀恨与攻击等所谓的"移情忧伤"。由于学校制度文化提供了一整套稳定的道德原则和秩序系统，将移情嵌入具有稳固性的道德原则之中，因而可减少移情偏见，不断地内化道德规范。当出现道德冲突或纪律分歧的时候，受个人情绪的支配，"一个人会对此进行思考和推理，尤其是在和同伴争论时，一个人可能会对它们进行分析、解释、比较和对比，并接受和拒绝它们，从而将建构起一个人自己的一套普遍的、在一定程度上是抽象的，尽管也是受情绪控制的道德原则"[2]。

《国家中长期教育改革与发展规划纲要（2010—2020年）》指出，要进一步完善激励机制，优化制度管理，完善以提高育人质量为导向的工作机制，不断拓展管理育人的渠道与途径。学校制度文化中情感激励或情感管理注重不同学生之间的情感需求，倡导师生之间的平等交往与和谐共生，是一种以人为本的管理，能够使学生在处理自我和他人的关系时进行换位思考，推进移情训练，将心比心，对道德行为

---

[1] 何怀宏：《伦理学是什么》，北京大学出版社2002年版，第142页。
[2] ［美］马丁·L.霍夫曼：《移情与道德发展：关爱和公正的内涵》，杨韶刚等译，黑龙江人民出版社2003年版，第21页。

进行调节，实现"去自我中心化"，发展助人为乐的情绪品质，引导他们内化道德并付诸实施。

孔子教导我们，"己所不欲，勿施于人"（《论语·颜渊》）。教育是由教师的教和学生的学组成的双边活动。任何一方的缺失，均是不完整的，也极易导致教育的低效。这就要求师生双方密切合作，互通有无。只有在师生之间开展换位思考，方能消除误解，增加师生之间的情感默契，产生强烈的情感共鸣，起到"此时无声胜有声"的良好效果。移情是教师和学生进行心灵沟通和道德互动的情感基础。聚焦于学校德育工作中，学校制度文化中的情感管理，可培养学生换位思考的意识和能力，借助积极情感的滋润，学生不仅能够积极领会制度文化中的道德要求，而且能够正确地领悟来自师长的道德期望，进而身体力行，在理解、体谅和宽容的人际交往中不断提升自己的道德发展水平。在移情训练中，教师要创设各种问题场景或教育条件，引导学生站在教师、家长、同学或公众的位置上推己及人地考虑道德问题，体验他人的道德认识、道德情感和道德态度，体验道德互惠的要旨，不断反省自己，促进谦让、同情、分享等亲社会行为的培养，这将对学生良好道德品质的塑造和健全人格的养成产生持久而深远的影响。"若是他对别人底痛苦灾难很是同情，那就是表明他底心有如那出药疗他人之伤而自己受割的珍贵的树木。"[1]

在促进学生移情能力的发展过程中，通过制度文化，可促进学生以下能力的发展，一是上进心。通过制度文化构筑轻松愉快的教育空间，可陶冶学生的情操，激发学生的道德动机，放飞学生道德生命的羽翼，充分感受遵守道德及表现道德行为的自豪感、成就感与愉悦感，获得精神上的富足与享受。同时，制度文化的规制作用，也会使学生对他人的违规行为和自身的过失产生强烈的耻感体验，内化为改过迁善的强大动力，逐渐培养起丰富的、健康的道德情操。二是同情心。按照亚当·斯密（Adam Smith）的解释，同情是善解人意的表现，是人们对任何一种强烈情感的共同感受。借助制度文化中对人与

---

[1] ［英］弗·培根：《培根论说文集》，水天同译，商务印书馆1983年版，第46页。

人之间行为关系的规定，可引导学生分享他人的经历，从避免伤害他人的角度产生谅解、关心、助人的情绪体验。"虽然亲子、师生、伙伴间的安全、依恋与爱集体、爱祖国等高级社会性情操在内容、境界层次上不同，但他们有相近的心理结构，其所引起的爱的感情在脑神经加工方式，在感受状态方面也是相近的。我们完全可以在安全感的基础上发展人的同情心、仁爱、关心、责任感等情感品质，发展人的道德积极性和创造性。"① 三是自信心。在实际情景中，由于学习压力、疾病痛苦以及失败经历等的存在，很容易引发学生焦虑或自卑的情结。学校制度文化中的人性化管理，有助于营造和谐、民主、宽松的教育环境，使学生受伤的心灵得到宽慰，将消极、负向的情绪体悟转化为积极、正向的情感态度，尤其是学校制度文化模范执行者的榜样作用，更是激发学生努力向上、奋发图强、锐意进取的拼搏精神，努力培养与提升学生面对困难时的自信、豁达、奋发的情感品质，从而产生"我能行""别人能办到的，我也一定能办到"的磁场效应，将学校的育人活动推向新的层次和境界。

综上所述，情感是道德教育的灵魂，具有净化心灵、怡情养性、完善人格之效，是学生道德学习的原动力和道德素质形成的催化剂。真正的道德教育必须有灵魂的参与。正如雅斯贝尔斯（Karl Theodor Jaspers）在《什么是教育》一书中所指出："教育是人的灵魂的教育，而非理智知识和认识的堆积。"② 以情感教育的视域与维度为基点，道德教育就是以情感人、以情动人和真情育人的活动过程。因此，挖掘和领悟情感的教育价值，积极探索和充分利用学校制度文化中的情感育人的手段和方式，促使道德情感得以深化，将之切实融入学生良好道德品质培养之中，达到以情育人的效果，让期望、赞美和赏识成为学生追求和实践道德的不竭动力，便成为学校育人工作不容忽视的重要议题之一。

---

① 鲁洁、王逢贤：《德育新论》，江苏教育出版社1994年版，第79页。
② ［德］雅斯贝尔斯：《什么是教育》，邹进译，生活·读书·新知三联书店1991年版，第4页。

第三节　学校制度文化之于学生道德意志之砥砺

在学校道德教育活动中，学生掌握了一定的道德知识，也产生了丰富的道德情感，但对于学生道德品质的塑造还是不够的，唯有具备顽强的道德意志，方可抵制外界的各种干扰，将道德认知转化为道德行为。道德意志是指个体按照道德的标准和要求，自觉克服困难与排除障碍，以充沛的精力与坚韧的毅力战胜非道德的动机，趋达既定道德目标所表现出来的恒心与毅力。

坚韧的意志品质是个体成德成业的力量源泉，得到了前辈先哲的无尽思考与广泛赞誉。孔子"三军可夺帅也，匹夫不可夺志也"（《论语·子罕》）的主张，是道德意志作为实践精神并成就德性的鲜明体现。孟子提出的理想人格——"得志，与民由之，不得志，独行其道，富贵不能淫，贫贱不能移，威武不能屈，此之谓大丈夫"（《孟子·滕文公下》）的观点，也是孟子捍卫人格独立并恪守道德的真实写照。明代著名的思想家王守仁也尤为重视克制在修身养性中的重要价值。他指出："省察克治之功，则无时而可间，如去盗贼，须有个扫除廓清之意。无事时，将好色、好货、好名等私，逐一追究搜寻出来，定要拔去病根，永不复起，方始为快。常如猫之捕鼠，一眼看着，一耳听着，才有一念萌动，即与克去，斩钉截铁，不可姑容，与他方便，不可窝藏，不可放他出路，方是真实用功，方能扫除廓清。"（《传习录》）

道德意志在人类道德进步过程中的重要性，用法国人道主义代表人物维克多·雨果（Victor Hugo）的话来讲，阻碍人类大踏步进入人道主义社会的并非世人的气力，而在于缺乏毅力。为实现人生理想而战斗一生的硬汉——英国的乔治·戈登·拜伦（George Gordon Byron）认为意志是人类的一种美德，并高度评价了道德意志在追求文明和通往真理之路的重要性。他认为，困难只能使懦夫望而却步，相反，在逆境中奋起，是每一个成功者勇于攀登并到达真理的一条门路。在康德看来，意志自由一种向善的意志，是人达到道德自律的基本条件。

第一章　学校制度文化：学生道德成长不能遗失的基本向度

没有意志自由，便不会存在真实的道德。"道德是发自意志的行为，因此康德的道德哲学首先奠立的是意志自由这一基础，以便能够从学理上解释道德立法与道德自律的问题。"①

学校制度文化为学生提供了在制度框架内认识与改造世界的基本参照。"制度通过为个人设定行为模式和行为规范，影响个人心理，形成特定的观念和价值判断"②，进而推进良好道德意志品质的培养。学生通过学习、领会和践行学校制度文化中的道德规则，获得指导自身行动的价值指南和行为范式，不断磨炼道德意志，并将道德意志转化为自己克服道德困难、摆脱道德逆境的强大动力，形成坚毅的性格和良好的意志品质。学校制度文化在学生道德意志品质培养过程中的作用，主要表现为对学生道德意志的坚持性、果断性、自觉性与自制性等方面的发展和促进上。

一　培养学生崇尚美德的坚持性

道德意志的坚持性是指个体在实现道德任务的过程中，不被挫折与困难吓倒，能够以坚强的勇气与百折不挠的精神攻坚克难，提高行动的持久性。学生道德意志品质的培养是一个长期积累的过程，是一个持之以恒、坚定不移地向善的过程。"积土成山，风雨兴焉；积水成渊，蛟龙生焉；积善成德，而神明自得，圣心备焉。"（《荀子·劝学》）学校制度文化引领道德自由的目的性原则，时刻鞭策和鼓舞学生，有助于培养他们的善良意志。人无完人，在现实生活中不难发现，逃避惩罚、寻找借口、推卸责任等现象在每个人身上或多或少地存现着。"假如不以善良意志为出发点，这些特性就可能变成最大的恶。一个恶棍的沉着会使他更加危险，并且在人们眼里，比起没有这一特性更为可憎。"③

---

① 陈嘉明等：《现代性与后现代性》，人民出版社2001年版，第94页。
② 许和隆：《冲突与互动：转型社会政治发展中的制度与文化》，中山大学出版社2007年版，第91页。
③ ［德］伊曼努尔·康德：《道德行而上学原理》，苗力田译，上海人民出版社2005年版，第9页。

在康德看来，善良意志是一种无条件的善，因而是无以复加的。"德性就是意志的一种道德力量。且不去说一个神圣的、超人的东西，因为在他那里没有和理性意志相违反的欲念，所以他可以随心所欲而行不逾矩，无往不与规律相符合，他也就无需这种道德力量了。德性只是在责任的恪守中人的意志的道德力量。"① 由于康德将善良意志绝对化，因而遭到了马克思（Karl Heinrich Marx）、黑格尔（Georg Wilhelm Friedrich Hegel）等人的批评。他们认为，康德善良意志的局限性在于忽视了意志发生作用的外在条件，将人的道德活生生地从社会实践中剥离出来，因而是难以发挥应有作用的。但我们不能否认的是，尽管康德的善良意志具有脱离社会实践的倾向，但他所强调的善良意志是意愿善，是基于纯粹理性基础上构建起来的一种道德责任，是对道德法则的敬畏和崇尚。也正基于此，道德的光芒才能照亮未来，永不褪色。同样，通过制度文化培养学生向善和趋善的意愿，学生才能体验到信守道德规范的合理性和永恒性，毫不动摇，锲而不舍，自觉克服困难或障碍，风雨无阻地朝着既定的道德目标不断迈进，让美德常驻心间，让美德在内心精神世界中展翅翱翔。

当然，在履行道德义务这个过程中，一些学生前期"豪情万丈"，干劲十足，有一种不达目的决不罢休的恒心，但当遇到道德困难时就感到无助，甚至退缩，加之受外界不良诱惑的怂恿，逐渐丧失了道德追求，很可能产生动摇心理，放弃初衷，半途而废，虎头蛇尾。当学校制度文化以坚持道德规范的秩序性原则，构成了一种无法抗衡的强制性约束，使得偏离道德航向的学生不得不放弃或改变错误的思想或做法，审时度势，孕育美好的心灵，进而肩负起道德责任，逐步培养学生坚韧不拔的精神，善始善终，提升追求美德的坚定性和一贯性。

二 增强学生道德选择的果断性

道德意志的果断性是指个体在面临众多选择中当机立断，快速地

---

① ［德］伊曼努尔·康德：《道德行而上学原理》，苗力田译，上海人民出版社2005年版，代序，第3—4页。

做出选择和执行决定的品质。价值澄清学派认为，教会学生自主选择是道德教育的重要任务。按照价值澄清学派的代表路易斯·拉思斯（Louis E. Raths）的洞见，只有通过个人自由选择得来的道德决定或道德判断，才是真正的道德价值与道德主张，因而会倍加珍爱与珍视，才能有效地指导个人的道德生活。但个体进行自由选择并不是个人一厢情愿地、完全按照自己的主观爱好进行的任意发挥，否则，就会陷入道德相对主义的沼泽中无法挣脱。这也是饱受人们质疑和批评的地方。因此，学生自由而果敢地做出选择的前提是要明是非、知善恶，在进行道德抉择时果敢坚决，当机立断。在学校道德教育中，制度文化规定了道德与非道德的边界，为学生深刻地认识和理解道德提供了文本。良好的制度文化落实在日常的学习和活动过程中，能使学生将责任、爱心、奉献、公正、合作等内化于心，逐渐形成良好的行为定向。因此，在道德冲突面前，他们敢作敢为，既能够按照道德要求迅速而坚决地作出决定，也能为自己的选择负责，甚至不惜牺牲自己的利益。不少学生在危险来临时将逃生机会让给别人、将困难留给自己的做法，以及他们接受采访时所讲的"这是我的基本职责""这是我应该做的""我绝不后悔我的选择，因为这是做人的基本条件"等话语，便是具有道德意志果敢性的鲜明表征。

在实际的育人过程中也不难发现，一些学生患得患失，无法保证道德信息吸收和巩固的质量，在道德行为选择中产生了动摇，缺乏积极的自我调节和自我认同。一旦遇到问题就缩头缩脑，听之任之，被动接受。他们瞻前顾后，既怕得罪同伴和老师，又担心自己的利益遭到损害，因而陷于摇摆不定的顾虑中，长此以往，对学生的道德成长极为不利，极易诱发他们形成盲从或偏信的不良人格特征。学校制度文化形成的科学、合理和规范的运行机制，有助于引导学生利用与组织已有的道德经验，逐步学会对道德问题作出合理的权衡与判断，改变踌躇不前的优柔寡断。此外，学校制度文化将学校特有的传统习俗、人文底蕴、文化精神融于其中，进而形成极富学校个性特征的制度文化，指引着学生以崭新的姿态和有为的方式对此作出明确的回应，成为学生自我管理和自我调节的坐标，表现出与师长期望相符的道德要求和行为反应。

三 提升学生克服困难的自觉性

自觉性是个体意志品质发展的重要体现，是道德品质形成的关键。雅典执政官梭伦（Solon）认为，作恶可使人不劳而获，成为富人，而行善者不计较个人得失，往往成为穷人，但一些仁人志士之所以不愿用道德与他们的财富做交易，是因为财富在人们的手中不停地变换，而道德却始终是永恒的。道德之所以能够成为道德，就在于个体能够理解并自觉坚信道德这一深层次的意义。作为一种自觉的精神力量，个体的道德意志具有明确的目的性。正是凭借目的的指引和激励作用，个体才能在自觉自愿地履行道德义务的行动中表现出过人的胆识与气魄，以坚韧的毅力扫除一个个障碍，逐步趋达成功的彼岸，成为有自觉性的人。

"宝剑锋从磨砺出，梅花香自苦寒来。"自觉性是道德意志产生的源泉和动力，是锤炼个体良好道德人格的精神力量。"故天将降大任于斯人也，必先苦其心志，劳其筋骨，饿其体肤，空乏其身，行拂乱其所为，所以动心忍性，曾益其所不能。"（《孟子·告子下》）这充分说明，个体道德理想的实现与自觉性的道德意志是互为一体、难以分割的。道德教育的长期性、艰巨性和曲折性的特性，也呼唤个体的自觉的精神与思维与之相适应。否则，很容易使人在各种道德矛盾和道德善恶选择中迷失自己。"善或恶任何时候都意味着与意志的关系。"[1] 投射于学校育人活动中，尽管学生通过道德判断的方式决定善恶的取向，但最终导致学生行善还是行恶的实际结果，却是学生是否具备道德意志，精确地讲，是道德意志的自觉性是否发挥了应有的作用。倘若学生仅是从思想上确定了过一种道德生活的意向，但丧失自信，缺乏行动的执行力，也于事无补，美好的愿望势必落空。

学生的意志品质是一个逐步培养和提高的过程，是一个从不自觉

---

[1] 杨祖陶、邓晓芒：《康德三大批判精粹》，人民出版社2001年版，第327页。

到自觉的发展的过程，是一个不断提升和发展的过程。学校制度文化有益于规范学生的言行，促使他们在遵守纪律、明辨是非曲直的基础上形成向往美德的自觉性。学校制度文化作为师生员工共同遵守的道德观念、价值取向与行为规则，以支配与规约的形式存现于学校教育的育人活动中，总是在直接或间接的情形下引领着学生道德思维的发展，经历了从认识、了解、怡然地认可并乐于恪守与奉行的发展过程，不断增强他们克服困难与调控自己行为的积极性、主动性和自主性，坚定道德理想与人生信念，成为主体性道德人格提升的巨大推动力量，变得更加自尊、自强与自立。按照柯尔伯格的观点，处于他律阶段的儿童缺乏主见，易受暗示，偏信盲从，尚不能自主地作出道德判断，其言行主要受制于制度文化中的纪律予以规范和保障。但随着儿童年龄的增长，他们履职尽责的自觉性不断增强，能够按照学校制度文化规定的道德标准严格要求自己，用毅力或恒心迎接并应对诸种尤其是来自外部的挑战，萌发积极进取的精神面貌与主动躬行道德的坚定性，成为内在的精神自觉。"道德意志（moral will）：人们在履行道德义务或决定道德行为的过程中自觉地作出抉择、克服困难的顽强力量和坚持精神，是个性道德品质的重要因素之一。主要表现在克服内外部障碍，坚决执行由道德动机作出的决定，用正确的观念战胜不正确的观念，从而完成一定的道德行为，履行一定的道德义务。"[①]质言之，学生正是通过外在的规范与自觉的道德追求实现道德成长的。学生将制度文化中的价值标准和道德指向扎根于思想道德意识之中，克服道德发展过程中的一切障碍，在道德反思与执行决定中表现出高度的行为自觉性，经过艰难困苦的磨炼，形成自主、自信或自觉的意志品质。

四 强化学生克制欲念的自制性

自制性是衡量个体道德意志发展水平的重要标准。在托马斯·霍布斯（Thomas Hobbes）看来，如果个人完全凭借自己的主观愿望去

[①] 冯契：《哲学大辞典》，上海辞书出版社1992年版，第1615页。

自由行事，则容易引发人际关系的不畅、紧张甚或敌对状态。"因为只要每个人都保有凭自己喜好做任何事情的权利，人们就永远在战争状态之中。"① 按照精神分析学派的鼻祖西格蒙德·弗洛伊德（Sigmund Freud）的观点，个体道德的发展经历了本我、自我和超我三个阶段。在本我阶段，个体以追求快乐与避免痛苦为原动力，不加约束地需求各种欲望和本能冲动得到满足的手段，对公平、正义、舆论等不闻不问，一无所知，以"快乐"为定向；在自我阶段，个体逐渐认识到人与人之间错综复杂的关系，为了适应社会环境不再将欲望的满足视为自身发展的迫切需求，逐渐学会从他人的角度上看问题，并克制自己不合理的愿望，以"现实"为定向；在超我阶段，个体就能够摆脱各种欲望的困扰，乐于遏制私心杂念和欲望，完全按照至善的原则指导自己的行为，尤其是在促进人格完善的过程中得到了明确的体现。三个发展阶段的依次更替是一个从无意识过渡到有意识的过程，是个体从生理上克制欲望到心理上坚守道义的发展过程。这一观点的合理性被学校道德教育的实践不断证实。尤其是对学生进行规范化管理的《学生日常行为规范》《学生守则》《学校日常安全管理制度》《家校合作制度》《学校奖惩制度》等制度文化，可引导学生有效地控制自己的情感，克制欲望，约束言行，逐步克服懒散、狭隘、自私等心态，避免非道德动机与之撷抗而增设选择的障碍，提高控制自己感性情绪的自觉性，主动拥护道德规范，在自我约束的基础上推进良好道德品质的自主养成。

节制自己的欲望是一切德性的根本。亚里士多德认为，个体的选择与德性是密切联系的，并据此阐释了欲望与自制的关系，按照他的说法："不能自制者的行为是出自于欲望的，而不是出于选择的。与此相反，自制者的行为则是出自于选择的，而不是出自欲望的。"② 对于儿童而言，他们可能按照自己的欲望采取相应的行动，但这不是

---

① 北京大学哲学系外国哲学史教研室：《西方哲学原著选读》（上卷），商务印书馆 1981 年版，第 398 页。

② ［古希腊］亚里士多德：《尼各马可伦理学》，廖申白译注，商务印书馆 2003 年版，第 65 页。

第一章 学校制度文化：学生道德成长不能遗失的基本向度

选择。因为欲望是令人愉快或悲伤的情绪体验，而选择是对自己力所能及的以及将来可能实现的事情的一种态度倾向。相较于成人而言，未成年的青少年学生的道德坚持性不强、自觉性比较低、自制性能力较弱，道德意志品质还未定型。由于学生的道德发展是分阶段的，因而学校制度文化在引导学生控制不良情绪和抵抗外界诱惑时所起的作用也不尽相同。尤其是对处于"争做好孩子"道德定向阶段的学生而言，学校制度文化的引领与规范作用是极为明显的。在这一阶段的学生认为，不管后果如何，只要满足老师的期望、维持既定秩序、按照规章制度行事的学生就是好学生。质言之，道德行为就是按照老师意愿、遵守制度规则以及与人和谐相处的行为。据此，通过遵守制度规章而获得老师的称赞，是这一阶段学生的普遍心理状态。在实际过程中，他们也会严格要求自己，不断锤炼自己的意志品质，增强自己克服道德困扰的信心、决心与恒心，强化对嫉妒、自私、固执等不当需求的自我克制能力，表现出与学校制度文化相一致或所期望的道德行为，并增强道德行为的稳定性和持久性。此时制度文化发挥的仅仅是一种规范的作用，学生战胜非道德动机，表现出合乎制度规范的行为停留在逃避惩罚和得到承认赞赏的基础上。在以"普遍的伦理"为道德定向阶段的学生认为，依据善良或正义做出的决定一定是正确的，因而在道德活动中就会防微杜渐，预防、矫正、消除一切有悖学校制度文化或道德标准的不良行为，矢志不渝，表现出克制自身欲望的持续性和坚定性，发展道德潜力，逐步实现道德意志的自主。"说意志是被决定的，是在它有统一的前提，它不是任性和无规律的而是有规律的意义上说的。意志在它不为任何它外面的东西强制的意义上是自由的。"[1] 这与康德所言及的自律意志是相吻合的。学校制度文化在育人活动中的一个重要贡献，就在于对学生自律意志培养及强化上的积极作为。

---

[1] [美]弗兰克·梯利：《伦理学导论》，何意译，广西师范大学出版社2002年版，第213页。

第四节　学校制度文化之于学生道德行为之养成

道德行为一直是研究者密切关注的议题。人的道德行为究竟由何而来？柯尔伯格从认知的角度出发，认为道德认知是道德行为产生的前提条件；休谟从情感的角度出发，认为道德情感是促使道德行为的催化剂；康德从意志的角度出发，认为善良意志是道德行为形成的关键。这些观点具有一定的合理性，从不同的角度阐释了道德行为产生的条件。但道德行为产生的原因是复杂的，既可能是由某一个方面，或认知、或情绪、或信仰等引起，也可能是由多种因素相互作用的结果，更多的是道德认知、道德情感、道德意志等因素综合作用的产物。道德行为是个体履行道德责任时道德意愿和道德动机的外部表现，是行为主体表现出的利他或利己的行为。

黑格尔高度评价道德行为的重要性。他认为，人就是由其一整套道德行为构成的有机体。道德行为是衡量个体道德品质的重要尺度，其地位举足轻重。没有外在道德行为，人就无法和动物区别开来，就会陷入一种不可知论。尽管我们可以从多个维度去评价学生的品德，但无论何种情况，道德行为均不能缺席，否则，不仅无法准确认识与判断学生道德品质的发展程度，而且助长了"口号式"道德教育的滋生与泛滥，其弊端不言而喻。"制度是人的行为方式，记录着这种行为所达及的领域和程度。"[1] 学生良好道德品质的养成离不开学校制度文化的规范、保障和促进。在塑造学生良好道德行为的过程中，越来越多的教育工作者已经认识到了学校制度文化在引领学生主动实践道德行为中的重要性，通过建章立制、行为预期、规范运作、指引发展等活动推进学校道德教育工作，为学生文明行为习惯的养成提供发展方向和行动指南。

---

[1]　王海传：《人的发展的制度安排》，华中师范大学出版社2007年版，第73页。

一 促使学生掌握一定的道德行为方式

学生道德行为的产生与表现，要以掌握一定的道德行为方式为基本条件。在许多情况下，并不是学生不愿意遵守道德，而是缺乏得当的行为方式，因而表现出一些不合理甚或并非有意为之的偏激行为。如把扰乱课堂秩序当作"勇敢"，把顶撞师长视为"英雄气概"，把帮别人打群架看作"讲义气"，等等。学校制度文化划定了学生自由行动的范围和界限，构成了引导或规范学生行为的指示系统。"制度是稳定地组合在一起的一套价值标准、规范、地位、角色和群体……它提供了一种固定的思想和行动范型，提出了解决反复出现的问题和满足社会生活需要的方法。"① 聚焦于学校立德树人活动中，学校制度文化通过显性的制度条文，将学生的进退之节、处世之道、立身之本以明确的条款方式呈现出来，成为学生共同遵守和严格执行的行为规范，指引和规范着他们的言行举止，使学生的生活作息、日常学习、游学交友、考核评定等都有章可循，这对于学生基础文明行为的养成是大有益处的。

学校制度文化是对师生员工行为方式的刻画与描述，是对他们的交往行为和活动规则的整体性记录。有效地利用制度文化传递的信息，为学生感知、理解、巩固、运用道德规则提供了保障与预期，可规范学生行为，其在学生认识和掌握道德行为方式中的意义自是毋庸讳言。享有"现代教育之父"之称的捷克教育家扬·阿姆斯·夸美纽斯（Johan Amos Comenius）特别重视行为规则或纪律在学生掌握正确道德行为中的作用，提出了许多促使学生实现动机的行为方式。他认为，倘若学校中没有规范学生行为的各种纪律，必将导致道德的无序或混乱。因此，"要经常地、高度警惕地维护准则。否则没有任何规章和有章不循这两者之间就没有区别了"②。这在法国人

---

① ［美］伊恩·罗伯逊：《社会学》，黄育馥译，商务印书馆1990年版，第109页。
② ［捷］夸美纽斯：《夸美纽斯教育论著选》，任钟印选编，任宝祥等译，人民教育出版社2005年版，第347页。

类学家爱弥尔·涂尔干（Émile Durkheim）的《道德教育》一书中也得到了体现。"社会生活不过是各种有组织的生活形式中的一种而已，所有现存的组织都以某些明确规范为前提，倘若忽视了这些规范，必然会招致严重的混乱。"① 尤其是在由各种规章制度组成的学校这个教育组织，促使学生明确并遵守规范，便成为有序行为的基本保障。

学生良好道德行为习惯的生成，具有长期、反复、波动的特征，必须经过持久的、一贯的、常态化的培养，方得以有效养成。契合学生年龄特征的学校制度文化，具有规范行为与纠偏的功能，特别是在引导学生获得正确行为方式和提升学生的道德意识等方面效果显著。一方面，教师通过对制度规则的讲解，使学生明确了最基本的规则与行为要求，逐渐放弃原有的非道德动机，习得正确的道德行为方式。加之教师以身示范，模范遵守制度规则，学生心领神会，师生心有灵犀，强化了学生对制度规章或道德准则的认可、理解和接纳，并作为支配自己行动的指南，加之通过反复练习和不断实践，形成较为稳定的行为方式，稳步趋达道德教育的目标。另一方面，作为一种常态化的行为管理制度，制度文化的规范化运作，尤其是班级管理制度细则、考试违规处理条例、课堂纪律管理制度以及主题班会制度的切实贯彻落实，引导学生按规定的方式一律行动，对学生的一些违规行为予以纠正，有助于深化学生对偏离道德行为的认识与判断，减少个人行动中的盲目性和无序性，在认同道德规则的基础上尊崇道德，向往道德，转化为自己内在的认知需求与行为动力，使之按照制度文化的要求表现出相应的道德行为，并不断得以巩固。

二　推动学生从知善到行善的转变

认知是行为的向导。但道德认知和道德行为并非一一对应的关系，二者经常会表现出不一致。知善既可以助推善的行为，也可以保

---

① [法]爱弥尔·涂尔干：《道德教育》，陈光金等译，上海人民出版社2006年版，第31页。

持中立的旁观态度,还可反其道而行之,做出背离善的行为。"言足以迁行者常之,不足以迁行者勿常。不足以迁行而常之,是荡口也。"(《墨子·贵义》)亚里士多德认为,由于个人的无知而做错了事,并非本人的意愿,只有在引起他们的痛楚、内疚或悔恨时才有所醒悟。"一个人的无知,在于对自己是什么人,在做什么,在对什么人或什么事物做什么的无知;有时候,也包括对要用什么手段——例如以某种工具——做,为什么目的——如某个人的安全——而做,以及以什么方式——如温和的还是激烈的——去做等等的无知。"[1] 对于无知的行为,我们不应区别对待,不能一概而论。对处于"无律"阶段的儿童而言,他们表现出无知或不良行为,甚或一些偏激行为,我们不必过分指责他们,因为这是每个个体道德发展的必经阶段,学生正是在不断尝试错误、改正缺点以及习得正确的行为方式中不断成长和发展的。由于"无律"阶段的儿童尚不具备自主的道德判断,也不能充分意识到错误行为的危害性,因而我们必须加强引导,丰富儿童有关的道德概念,激发儿童与道德情感相一致的行为,促进儿童的道德体验不断深化。但人的道德认识能力和概括水平是不断发展的,我们不能以无知而推脱个体应承担的道德责任。当个体的道德发展进入"已知"状态时,即将道德规范或善恶标准背得滚瓜烂熟,却不去支配自己的行为,就不能不引起教育工作者的警惕和担忧。聚焦现实,体察当下,一些学生不是出于道德上的无知,而是实践过程中的不为。"有所谓的'是非'观念或道德知识,对真实生活中的道德是非却无动于衷(感情上的麻木和冷漠);明明知道某种行为是错误的,但控制不了自己的欲望和冲动去做了;知道应该怎么做、不应该怎么做的很多道德知识,但根本不能或不愿意去实践道德行为。"[2] 道德认知与道德行为的严重错位,或知善不为,或阴奉阳违,这是对道德的公然挑衅,吞噬着学生的精神信仰,导致德性大厦的倒塌。"一个

---

[1] [古希腊]亚里士多德:《尼各马可伦理学》,廖申白译注,商务印书馆2003年版,第62—63页。

[2] 魏贤超:《德育课程论》,黑龙江教育出版社2004年版,第320页。

有道德的人，必须理解行为所应遵循的准则，这是'知'的方面；更必须在生活上遵循这准则而行动，这是'行'的方面；必须具备两个方面，才可称为有道德的人。"① 因此，通过学校制度文化建设矫正不良行为，实现知善到行善的转化，养成知行合一的良好品质便被提上日程。

学校制度文化以促进学生道德成长并丰盈人性为价值追求，其"任务是培养真正的人性。表现为对人的尊严尊重的崇高道德的和人道的行为，是社会道德进步的条件和形成人的高尚品格的保证"②。学生之所以知行断裂，明知故犯，做出本应完全可以避免发生的不道德行为，一个根本的原因就在于功利性的价值取向和规章制度约束的缺席。由于市场经济的驱动以及实用主义的抬头，导致部分学生理想信念动摇，道德行为迷失。倘若制度文化坐以待毙，不能对学生的不当行为作出规约，而讲求实用性的投机者又不能以极强的耐心与克制力严格约束自己，致使他们的不道德行为没有受到应有的制裁，其危害性是不可小觑的，不仅为信奉"对我有用就是善"的享乐主义者打开方便之门，而且极易产生暗示或趋同效应的不正之风，诱发其他学生的仿效心理，助长了道德行为的失范。制度文化运行过程中惩戒作用的发挥，使得学生为不道德行为付出了严重代价，如中小学生考试作弊不仅取消该门课程的成绩，而且全校通报批评，甚或装其档案袋等，对大学生学术不端行为依据其情节的轻重给予取消先优评选、留校察看、吊销学位等。惩戒的运用，可能会引发学生意志消沉、空虚烦躁和自暴自弃的心理，但在这个过程中，越来越多的学生会逐渐意识到自我约束在确立道德纪律并形成合乎道德的行动中的重要性，深刻体验背道离德的羞耻感或自责感，逐步纠正不良行为，将外部的制度约束如遵守秩序、尊老爱幼、诚实守信、公平公正等内化为良好的品德与行为习惯，实现道德的内化，积极行善，形成表里如一的文

---

① 张岱年：《中国伦理思想研究》，江苏教育出版社 2005 年版，第 20 页。
② [苏] 瓦·亚·苏霍姆林斯基：《学生的精神世界》，吴春荫等译，教育科学出版社 1981 年版，第 97 页。

明习性和基础道德素养。"只有在自我控制的发展过程中,我们才能确立道德的纪律。它告诉我们,不要出于转瞬即逝的冲动来行动,也不要不论愿意与否,把我们的行为置于自然倾向的水平上。它告诉我们,行为中有一种努力;只有当我们限制某些倾向,压制某些欲望,减弱某种趋势的时候,行为才能成为合乎道德的行动。"①

三 引导学生自觉自愿地践履道德行为

学生的道德自觉性是衡量学校立德树人效果的重要尺度。培养学生的道德自觉性尤其是道德自律行为便成为有效道德教育的重要表征。从掌握道德行为方式到知行合一,再到主动行善,是学校制度文化指引学生行为并推动他们良好道德品质养成的三个环环紧扣的步骤。以学校制度文化建设为着眼点,就是要使学生意识到道德责任的重要性,萌发持久而强烈的道德情感,坚定道德信念,调节行为。"全部道德文化的主要目的是塑造和培养理性意志使之成为全部行为的调节原则。"② 在引导学生遵守日常行为准则和调节学生行为的基础上,不断激发学生的主体意识与自觉精神,使道德行为成为他们的内在自觉。长此以往,道德知识的传承,道德情感的激发,道德行为的彰显,定然会在学校里得到淋漓尽致的体现。

学校要培养有道德的人。有道德的人一定是自觉追求道德行为的人,其所表现出的道德行为必须是持久的、稳定的、连续的、一贯的。在这里我们要避免两种错误的认识,一是将个别的行为、偶然的合乎道德标准的行为视为衡量个体道德的标准;二是将一个人在一个领域持续的道德举止视为个体是有道德的。一个具有真正道德的人,应该是在任一领域或任意活动的任一时期表现出一系列行为的综合。如果一个学生在校期间一直是遵守道德、文明礼貌的好学生,但在家里却飞扬跋扈、随心所愿、任意妄为,这在两个领域"两张皮"现

---

① [法]爱弥尔·涂尔干:《道德教育》,陈光金等译,上海人民出版社2006年版,第37页。

② [德]弗里德里希·包尔生:《伦理学体系》,何怀宏等译,中国社会科学出版社1988年版,第412页。

象的存在，就不能说学生已经形成了良好的道德品质。学校制度文化通过明理导行的方式，规约与道德要求和普遍意志相背离的行为，发展学生互惠、合作的行为，引导学生找准人生的发展方向，让道德行为成为学生的自主选择。一如美国伦理学家阿拉斯戴尔·麦金太尔（Alasdair Macintyre）所言，道德行为必须是自觉自愿的行为，而这个行为的前提是当事者必须清醒地意识到自己正在做什么以及做什么背后包含的道德意义。学校制度文化从规约学生行为到引导他们的自觉自为，是一个让学生接受道德训练的过程，是唤醒学生道德良知的过程，使之懂得合作，诚实守信，拥抱美德。

学生依据制度文化对道德行为的预期，体验遵守制度规则获得成功的愉悦感与自尊感，表现出积极向上的驱动力，通过制度激励而提升自我效能感，有效地发挥自身的道德主体性，深刻认识道德责任和人格尊严，在自我约束、自我肯定与自我认同的基础上，真正认可与接纳制度文化中的道德规则，保持奋发进取的精神状态，接受深刻的精神洗礼与品格砥砺，感受到道德的美好与尊贵，养成积极健康的生活方式。"人是道德行为的真正执行者，道德作用机制的现实启动者，而且只有人才能在自己对象性活动中不断完善社会关系，在接受社会规范制约的同时，能动地改造规范并完成对自己的肯定，表现出人的自为性特征。"[①] 在制度文化启动学生自觉道德行为机制的作用下，学校便会成为学生道德成长与发展的舞台，道德生命在这里得以张扬，人文精神在这里得以彰显，人生价值在这里得以逐步实现。

---

① 戚万学：《活动道德教育论》，南开大学出版社1994年版，第79页。

第二章　学校制度文化概述

　　作为一种绵亘古今的社会现象，文化与人类的命运息息相关。文化是人类不断改造自然界和人类社会所进行的积极探索及经验总结的印证。文化赋予人存在的意义与价值，是人类自我肯定和自我完善的活力之源。文化的发展是人类从落后到进步、从野蛮到文明的巨大推动力。文化有先进和落后之分。在人类历史发展的长河中，缺失了先进、优秀文化的土壤，人类很容易迷失自我，陷入困境。然而，在实际的社会生产和生活实践中，人类总是处于先进文化和落后文化的包围之中，在二者的相互争锋中获得安身立命之所。人类究竟需要何种文化，什么样的文化最为适宜，怎样的文化有利于推动人类社会的进步等问题，不仅左右着文化的发展方向，而且困扰着人类的文化选择。基于此，为了更好地把握自身发展的路向，人类对文化困惑、文化冲突与文化选择的研究也经久不衰。

　　尽管文化与人类相伴而生，人类自诞生之日起就开始关注人与文化、教育和文化的关系，但此时的探讨是零散的、片面的、随机的，也无法自成体系。尤其是在生产力极为低下的原始社会中，原始人的生存条件极为恶劣，时刻面临着食物威胁、猛兽攻击、疾病侵害与部落战争等天灾人祸，生活在水深火热之中。在恶劣的自然条件下，原始人面临的最核心的问题是如何战胜大自然，如何获取生存资料以使自己生存下去。受生产力发展水平所限，在以解决温饱问题和寻求安全的前提下，人类对文化和教育的积极能动的、系统的探究是不可思议的。因为物质资料的生产是个体生存与发展的物质基础，只有满足人们的衣食住行等基本条件后，人们才能有更高的文化追求。诚如毛泽东同志所指出:"我们不能饿着肚子去'正谊明道',我们必须弄饭吃,我们必须注意经济工作。离开经济工作而谈教育或学习,不过是多余的空话。"① 原始社会末期和奴隶社会初期,随着社会生产力的发展、金属工具的运用以及产品的剩余,手工业从农业中分离出来,尤其是体力劳动和脑力劳动的分工,加之文字的出现,学校应运而生。作为一种正规的、系统的教育机构,学校是承传、选择、交流、创新文化的重要场所。自此,学校教育和文化的关系日益得到了研究者的青睐与重视,并进行了深入系统的研讨。从某种程度上讲,学校本身就是文化的产物。"教育有如一条大河,而文化就是河的源头和不断注入河中的活水。研究教育,不研究文化,就知道这条河的表面形态,摸不着它的本质特征。只有彻底把握住它的源头和流淌了5000年的活水,才能彻底地认识中国教育的精髓和本质。"② 由此可见,于学校教育而言,文化学意义上的审视自是不容忽视。作为一个专业术语,"学校文化"一词也逐渐进入人们的研究视域。

  学校的产生,是非制度化教育向制度化教育过渡的一个重要标志。学校诞生之前,一切的教育活动是随机的,既无固定的教育场所,也无专门的教材,更无专职的教师,教育与生产活动融为一体,人们在物质生产和生活实践中接受灵活多样的教育。过什么样的生活,就接受什么样的教育。教育与生活混为一体,密不可分。然而,学校的出现改变了这一切。一是教育从生产劳动中脱离出来,成为一个相对独立的社会实践活动。二是教育活动的制度化架构。学校在固定的教育场所,将相对稳定的教育对象按照一定的方式组织起来,由专门的教育者按照既定规章制度进行有目的、有层次、有体系的教育教学活动。学校具有严格的入学规定、修业年限、课程要求以及管理制度等,保证了学校各项工作的有序推进,这对于促进正规化教育的发展,不能不说是一个巨大的进步。

  由此,教育的诞生、文化的出现、学校的发展以及制度化教育的

---

  ① 《毛泽东著作选读》(下册),人民出版社1986年版,第566页。
  ② 顾明远:《中国教育的文化基础》,山西教育出版社2004年版,前言,第1页。

推进，促使教育工作者不得不深入探讨学校文化与教育制度之间的关联，从而探求一种既能促进学校文化发展，又能加强教育制度建设的有效措施，同时又可避免二者相互对立和倾轧而招致的教育混乱。在不懈的努力和探寻中，有效地促进二者融合的"学校制度文化"这一概念由此被研究者提出并运用，在学校教学科研、人才培养以及对外交流中发挥着越来越重要的作用。

第一节　文化及学校文化

人是社会的产物。人在社会活动中创造了文化，由此，人的一切活动均打上了深深的文化印痕。诚如德国著名哲学人类学家米夏埃尔·兰德曼（Michael Landmann）的洞见："文化创造比我们迄今所相信的有更加广阔和更加深刻的内涵。人类生活的基础不是自然的安排，而是文化形成的形式和习惯。正如我们历史地所探究的，没有自然的人，甚至最早的人也是生存于文化之中。"[1] 自学校产生之日起，研究者就围绕着如何使文化以及学校文化满足社会需求、如何提高人才的培养质量这一议题进行了深入的剖析，为学校文化赋予新的任务与发展动力。

一　文化

文化是一个博大精深、复杂多义的整合体。对其界说的棘手与难度，远远超过了人们的预期和想象。"在这个世界上，没有别的东西比文化更难捉摸。我们不能分析它，因为它的成分无穷无尽；我们不能叙述它，因为它没有固定形状。我们想用字来范围它的意义，这正像要把空气抓在手里似的：当我们去寻找文化时，它除了不在我们手里以外，它无所不在。"[2] 德国当代哲学家汉斯－格奥尔格·伽达默

---

[1] ［德］M. 兰德曼：《哲学人类学》，彭富春译，工人出版社1988年版，第260—261页。

[2] 殷海光：《中国文化的展望》，上海三联书店2002年版，第26页。

尔（Hans-Georg Gadamer）也感叹道，或许我们每个人都知道自己与文化是紧密相关的，然而使我们感到无奈的是，我们却倾自己之所知也难以讲清楚究竟何为文化。这一观点也得到了众多研究者的拥护。大家纷纷表示，文化捉摸不定，要想给人们一个公认的文化概念是徒劳的，甚至一度动摇和丧失了研究者对文化界定的信心。那么，究竟何为文化，我们应当如何理解文化？

从词源上考察，西方语言中的"文化"来源于拉丁文"cultura"，具有耕作、改良、居住、培养等多重含义。在初期，从人类的物质生活出发，文化主要指向人类通过自身努力改造自然的系列活动及其取得的成就。随着人类认识范围的扩大，逐步实行了从认识自然到认识自身的转变，文化随之引申到人的精神世界，被赋予道德的陶冶、心灵的净化、人格的培育等新意。"在18世纪到19世纪初期却变成自成一义的'文化'，通常是指某种事物的文化，这时它的第一个意思是'心灵的普遍状态或习惯'，与人类追求完美的思想观念有密切关系。"[①] 在我国，"文化"一词，自古亦有之。但此时的文化并非一个词汇，而是分开使用的。"文"指的是纹理、人文、礼乐制度、人为修养之义等，如"物相杂，故曰文"（《周易·系辞下》）、"五色成文而不乱"（《礼记·乐记》）、"文王既没，文不在兹乎？天之将丧斯文也，后死者不得与于斯文也；天之未丧斯文也，匡人其如予何！"（《论语·子罕》）、"慈和徧服曰顺，择善而从曰比，经纬天地曰文"（《左传·昭公二十八年》）中的"文"，指的就是这个意思。"化"与教育密切相连，主要是指长善救失，教化迁善。如荀子的"化性起伪"、"能尽物之性，则可以赞天地之化育"（《礼记·中庸》）、《学记》中"君子如欲化民成俗，其必由学乎"的记载，均涉及了教育、化成、教化之含义。据考证，"文"与"化"并显，首次出现在《周易·贲卦》中："关乎天文，以察时变，关乎人文，以化成天下"，着重强调统治者要重视天文与人文变化在引导人们遵从文明礼仪并向

---

① ［英］雷蒙德·威廉斯：《文化与社会》，吴松江等译，北京大学出版社1991年版，第18页。

着良好方向发展中的重要性,通过"人文"达到"教化"天下的良好格局。而将"文"与"化"结合起来作为一个词语使用,最早出自于西汉文学家刘向的《说苑·指武》中,"圣人之治天下也,先文德而后武力。凡武之兴,为不服也。文化不改,然后加诛"。很显然,刘向是从与"武力"相对比的角度来界定文化的,此时的文化具有文德教化、文治教化之意。"先文德而后武力"反映了他重文抑武的思想。这在西晋的"文化内辑,武功外悠"(《补亡诗·由仪》)、南宋的"设神理以景俗,敷文化以柔远"(《三月三日曲水诗序》)也得到了反映。这体现了中国古代文化崇文抑武的倾向,也是中国文化重视人文精神和道德修养的明证。

基于不同的研究立场,研究者给出了自己对文化的定义。"据不完全统计,有关文化的定义至今已不下三百余种。"[1] 对这些定义进行分类和整理,集中体现为以下几个方面。

一是从文化的价值出发,将文化界定为指引人类实现自我解放的精神武器。文化由人创设,人创设文化的目的是更好地促进自身发展,直至解放自己。钱穆先生认为,文化是指人一生中的所有活动,贯穿于人生命的整个历程。他说:"夫文化不过人生式样之别名,举凡风俗习惯信仰制度,人生所有事皆属之。"[2]

二是从文化的内容出发,将文化界定为人类所创造的物质文明和精神文明的总和。"文化是人类社会历史发展过程中所创造的物质财富和精神财富的总和,特指精神财富,如文学、艺术、教育、科学等。"[3] 梁启超也认为,文化是人类创设出来的一切具有物质产品或精神意义的共同成果。英国文化人类学的奠基人爱德华·伯内特·泰勒(Edward Burnett Tylor)对文化的界定是一个被人们奉为经典的定义,按照泰勒的理解,"从广义的人种论的意义上说,文化或文明是一个复杂的整体,它包括知识、信仰、艺术、道德、法律、风俗以及

---

[1] 郑金洲:《教育文化学》,人民教育出版社2000年版,第2页。
[2] 钱穆:《文化与教育》,生活·读书·新知三联书店2009年版,第3页。
[3] 中国社会科学院语言研究所词典编辑室编:《现代汉语词典》,商务印书馆1996年版,第1318页。

作为社会成员的人所具有的其他一切能力和习惯"①。

三是从文化的功能出发,将文化界定为人们自我完善的推动力。由于文化作用的发挥,人逐渐摆脱了生物本能力量所支配的状态,逐渐能够自我控制和实现自我需要,由"自然人"走向"社会人",不断地确证人之为人的意义与价值。

四是从文化的边界出发,将文化定义为民族独特的生存方式。持这种观点的研究者认为,每一个时代的每一个民族在长期的生产和实践中,均形成了自己独特的生产方式,这就是文化。"文化不仅仅是智性和想象力的作品,从根本上说文化还是一种整体性的生活方式。"② 如艾略特认为,文化是一个民族所有生活方式的总和,一个生命从诞生、养育成人到走进坟场,从早晨到深夜,甚或在睡眠中都留下了文化的痕迹。梁漱溟更是直言不讳地指出,文化究竟是什么呢?"不过是那一民族的生活的样法罢了。"③

随着文化的发展以及人类认识能力的提高,人类认识和理解文化的概括化、抽象化程度不断深化,取得了数量可观的阶段性成果及学术进展,有力地推动了相关研究的深入开展,尽管至今还没有给出一个令所有人均能接受的概念。在某些方面揭示了文化的共同特征,为我们理解文化奥妙打开了一扇智慧的大门。在本书中,笔者从文化是人类所独有的社会现象这一特性入手,将文化界定为人类所独特的生活方式或生活样态。我们可从以下几个方面把握和理解文化。

(一) 历史性

文化并非与生俱来,而是人类所特有的后天创造性活动,是人类生产和生活的痕迹与结果,留下了深深的历史烙印。任何一种文化,均是对特定历史时期人们的经济活动和政治活动的综合反映。在人类文化发展史中,无论任何文化,无论其在当时是何等的辉煌灿烂,但随着历史的变迁,若想获得持续不断的发展生机与动力,被一代代传

---

① [英]泰勒:《原始文化》,蔡江浓编译,浙江人民出版社1988年版,第1页。
② [英]雷蒙·威廉斯:《文化与社会:1780—1950》,高晓玲译,吉林出版集团有限责任公司2011年版,第337页。
③ 梁漱溟:《东西文化及其哲学》,商务印书馆1999年版,第32页。

承下去而免遭被淘汰的命运，就必须与时俱进，与时代紧密接轨，注入时代气息，从而获得文化发展和文化创新的生命活力。文化的生命力不仅在于保存、传递与交流，更重要的是在于更新、创新与发展。文化的保存、传递和交流是文化存继的基本方式，体现为文化在时间上的持续和空间上的扩散。文化的更新、创新与发展推动了文化的推陈出新、吐故纳新，是文化走向繁荣的重要表征。尤其是随着人类社会的发展，人们对文化的需求也日益丰富且不断增长，这大大激发了人们的文化创新意识和创新行为，他们紧扣时代脉搏和民族精神，赋予文化新的时代内涵，创造新的文化范式，从而铸就文化的新辉煌，不断增强文化自信，在历史发展中实现文化自强，推动文化进步。

（二）平等性

不同民族、不同国家在发展变迁中创造了属于自身的、特有的文化形态，组成了丰富多元的世界文化体系。每一个民族都有自己代代承接的、体现风俗禁忌的独特生活方式。文化的多元已是当前世界各国不得不面对的客观现实。任何一种文化范式都有其存在的价值，都有其存在的意义。文化与文化之间在地位上都是平等的，既没有高下之别，更没有优劣之分。每一种文化都应该得到应有的尊重和认可。文化的平等性，是多种生活方式或生活样态的文化共存于一个世界文化图景的基础条件。正是由于不同特色、不同地域文化的相映生辉，我们才能享受到文化的纷呈、深邃和博大。世界各国共存于同一个屋檐下，交流合作与彼此接纳是加强各国文化互动的重要形式，而且，促进世界文化的繁荣兴盛，绝非一个民族或一个国家的力量所能企及。在文化阵营中，任何一种文化都没有权利对另一种文化趾高气扬。同样，任何一种文化也没有义务对另一种文化奴颜婢膝，更不能一厢情愿地用一种文化同化或蚕食其他文化，否则，这势必腐蚀文化的丰富多样性，导致文化的同质化和单一化。无论何种文化，都应以平等地位相待。据此，要以和而不同的态度来认识和对待文化之间的迥异性。倡导文化平等，推进文化的自重与自尊，不仅要尊重自己的文化传统，也要承认其他文化的优势，宽容人们在价值取向、思维方式、生活方式之间的差异，纠正或克服民族偏见的错误心理，坚决反对强势文化掌握话语霸权恃强欺弱，对弱势文化颐指气使，因为其会导致"生活世界的殖民化"，助推文化不平等现象的滋生和蔓延。为此，要坚决摒弃各种形式的"强权文化""霸权文化"和"特权文化"，从而实现文化间的真正平等。

（三）融通性

人类的生活是五彩缤纷的。风格迥异、多姿多彩的文化使得人们的生活世界不再单调与苍白，而是充满了情趣和格调，这是不同文化对人类生活充盈和浸润的结果。从文化的产生与发展而言，文化的异质不是个别的、临时的现象，而是共性的、持久的存在。尽管各种文化在价值理念、传统禁忌和社会习俗上有所区别，但文化之间并不存在不可逾越的天堑。不同地域文化、民族文化之间的互通有无，构筑起充满活力的世界文化体系。这就要求世界各国要树立开放的国际视野，加强本民族文化与其他民族文化、本国文化与其他国家文化的对话，增强本民族文化、本国文化的兼容性，实现自身文化与世界文化的共生和融通。尤其是在世界一体化、经济全球化的当今时代，世界各国文化之间的联系、交流与互动日益频繁，加强文化对话、消除文化分歧、增进共识的呼声也日益高涨。早在2001年11月，联合国教科文组织第31届会议在通过的《世界文化多样性宣言》中呼吁世界各国要尊重文化的多元性和多样性，并将文化宽容、文化对话及文化协作视为维护世界和平和促进发展的基本保障。因此，加强世界各国不同文化之间的相互沟通、相互理解、相互悦纳、相互借鉴，以此消解人类在社会生活中所面临的隔阂与纠纷，求同存异，共建一种既表征民族精神又益于世界文化进步的新的文化范式，整体提升人类的生活品味与生活质量，这既是开创世界文化发展新局面的内在要求，也是国际社会文化发展的基本走向。

二 学校文化

作为文化的产物，学校自身蕴含着特定的文化基因，并在学校各项工作中发挥着应有的作用，甚至决定着学校未来的发展方向，这在学术界已经达成共识。然而，人们对学校和文化的认识经历了一个长期的探索过程。据考证,"学校文化"一词最早出现于美国社会学家威拉德·W. 沃勒(Willard Walter Waller)20 世纪 30 年代出版的《教育社会学》一书中,意指学校中铸就的特别的文化,由此拉开了学校文化探讨的帷幕。

如同难以清晰地对文化作出界定一样,研究者对学校文化的理解也是众口难调。争论的焦点主要集中在以下两个方面。

一是从最广义的层面理解,认为学校是一种亚文化,是文化的具体化。持这种主张的研究者认为,学校文化是指学校中所有文化因素的总和。沃勒开宗明义地指出,学校文化属于社会文化的一个组成部分,既要反映社会文化的发展变化趋势,同时也要体现学校自身的独特文化需求。美国教育管理学家伦恩伯格(Fred C. Lunenburg)也认为,由于学校是一种社会组织,自然地,学校文化就成为一种社会组织文化。学校文化包括学校的思想理念、学校风貌及行为方式等。如范国睿教授认为,学校文化是指学校在长期的办学实践与外界环境的互动过程中,逐渐累积下来并被师生员工共同认可与信守的"信念、价值、假设、态度、期望、故事、轶事等价值观体系,制度、程序、仪式、准则、纪律、气氛、教与学的行为方式等行为规范体系,以及学校布局、校园环境、校舍建设、设施设备、符号、标志物等物质风貌体系"[①]。学校文化是师生员工共有的历史传统、办学理念、价值取向、思维倾向、行为特征及其物质表现形态。

二是从狭义的层面阐释,将学校文化等同于校园文化,是指学校全体人员在校园环境中通过活动和交往过程中创造出来的独特的生活方式。按照此种理解,要理解学校文化的含义,必须从校园中师生所具有的价值追求、风俗习惯、传统仪式以及行为方式等入手。也有的研究者从精神层面界定校园文化,认为校园文化主要是一种意识形态,是思维范式、群体意识和精神生活的总称,主要从实际的生活经验出发,而不是从理性和逻辑的角度去思忖。实际上,从一般意义上讲,将校园文化视作学校文化,具有以偏概全之嫌。因为,一是二者的内

---

① 范国睿:《学校管理的理论与实务》,华东师范大学出版社 2003 年版,第 315 页。

涵不同。校园文化主要是展现师生员工在校园生活中所具有的精神观念、艺术风格以及文化交往。"学校文化"不仅指学校独特的精神面貌、文化氛围或文明状态，也指学校作为育人机构所肩负的社会责任与使命。在不同历史时期，学校文化具有塑造与社会需求和时代相适应的人才的重任，如自然人、政治人、宗教人、经济人、社会人、复杂人以及自我实现的人，等等，尽管这些提法的科学性和合理性有待商榷，但并不妨碍从不同层面上佐证学校在培养人才和服务社会中所起的作用，基于此种理解，其含义更为深厚，因此二者是不能混为一谈的；二是二者的范畴有别。尽管"校园文化"和"学校文化"都有从学校内部出发理解学校的文化现象和文化行为的共性，但学校文化是一个上位概念，校园文化仅是学习文化的一个子系统，是学校文化在空间和地域中的体现。作为一种社会组织文化，学校文化超越了学校内部这个区域，不仅深究学校内部的文化沉淀，而且将视野扩展到校外，扩展到整个社会，探讨学校与社会各子系统之间的关系，如学校与政治、经济、文化以及人口之间的互动关系，因而范畴更为宽广，学校文化与校园文化并不是同一事物的不同说法，而是包含与被包含、整体与部分的关系，因而是不能等量齐观的；三是二者的规范程度不同。从学术研究的角度而言，"学校"与"校园"相比，前者更具有学术意蕴，也易被研究者所认可，我们对"学校即社会"及"社会即学校"的提法已经耳熟能详，但鲜有提及"校园即社会"和"社会即校园"，即使有，也难以得到人们的认可，因而使用"学校文化"这一术语较"校园文化"一词更合乎规范，更有益于促进学术研究。但我们不可否认的是，在某些特定的情况下，将校园文化与学校文化等同，有利于加强研究的指向性和针对性，尤其是对于那些感到学校文化艰涩深奥而难以理解的学生而言，用校园文化更便于他们对其的接纳与理解，可循序渐进地引导学生深化对学校文化的理性认知。

从以上对学校文化的定义中可以看出，无论何种界定，均集中在对学校所有成员共同遵守的传统、观念以及行为等的取舍上。取其共性，我们认为，学校文化又称学校组织文化，是一所学校在长期的办学过程中积淀、演进和形成的，并为其教职员工和学生普遍认可和共同遵循的价值理念、思维范式、道德准则、规章制度以及物质设施的有机统整。学校文化是学校存在方式的样态和表征,包括精神文化、物质文化和制度文化三个层次。制度文化是物质文化和精神文化的枢纽。制度文化承载并表达着物质文化和精神文化。物质文化和精神文化通过制度文化固定下来,成为人们共同遵守的道德规范和行为准则。因此,越来越多的学校愈加重视制度文化建设,并将之视作学校文化发展水平高低的标志。

第二节 制度与学校制度文化

制度与文化是不可分割、相互促进的。制度的与时俱进需要文化的培植,文化的繁荣需要制度予以保障。"制度乃是文化分析的真正单元。"[1] 推进学校文化建设,我们绝不能忽视或无视制度文化的建设。倘若缺失制度安排的视角,学校长久积淀的办学理念和办学精神便无法通过制度固定下来,不能成为学校运行的机制,无法成为全校师生员工共同遵守的行为习惯,学校文化必然丧失依托,成为"无根的浮萍"而漂移不定,难以扎根。因此,制度文化在学校文化体系中的地位与作用尤为突出。

一 制度

在现代社会,个体的作息、出行、购物、社交、娱乐、休闲、学习等均直接或间接地与制度有关,制度与我们的生活、工作融为一体。但我们不能否认的是,尽管制度是一个使用频次极高的词语,但人们对制度的理解却见仁见智。这在德国哲学家卡尔·曼海姆(Karl Mannheim)的《意识形态和乌托邦》一书中得到了鲜明的体现。按照曼海姆的洞识,研究者不得不承认的一个基本事实是,同一专业语言或同一定义,在很多情形下,由于研究的立场、视角不同,所阐释

---

[1] [英] B. 马林诺斯基:《科学的文化理论》,黄剑波等译,中央民族大学出版社1999年版,第58页。

的观点可能是大相径庭的。① 曼海姆教授对概念界定的这一深刻论述，开阔了研究者的视野，颇值得我们深思与反省。循着曼海姆教授的研究思路，也鉴于制度本身的开放性、多元性和复杂性，在对制度这个概念作出界定时，也要求我们跳出单一的研究思路，从多维的视角中探讨不同学科对制度的诠释，从而更加全面、系统、深刻地认识和理解制度。但不少研究者在诠释制度时，多拘泥于自身所在的学科范畴，在单一的领域内进行阐释，这在一定程度上造成"只见树木，不见森林"的偏狭，影响了制度研究的深化发展。鉴于此，本书从经济学、政治学和社会学等多学科角度对制度这个复杂的定义进行解析，力图从整体、共性的角度把握和理解制度。②

（一）经济学维度的解读

对于制度的界定，经济学领域的两大派别——旧制度经济学和新制度经济学的见解也不尽相同。他们对制度的解说也各有侧重。在旧制度经济学体系中，旧制度经济学的代表人物、美国经济学家托斯坦·凡勃伦（Veblen Torstein）和约翰·R. 康芒斯（John Rogers Commons）对制度概念的阐述较为经典。在新制度经济学范畴中，诺贝尔奖获得者、美国经济学家格拉斯·C. 诺斯（Douglass Cecil North）的解释更具综合性和代表性。

在凡勃伦看来，就其实质而言，制度指的是个人或社会所形成的特定的思维方式和行为习惯。在《有闲阶级论：关于制度的经济研究》一书中，凡勃伦指出："制度实质上就是个人或社会对有关的某些关系或某些作用的一般思想习惯；而生活方式所由构成的是，在某一时期或社会发展的某一阶段通行的制度的综合，因此从心理学的方面来说，可以概括地把它说成是一种流行的精神态度或一种流行的生活理论。"③ 按照凡勃伦对制度概念的界定，不难发现，他主要是从

---

① ［德］卡尔·曼海姆：《意识形态与乌托邦》，黎鸣等译，商务印书馆2002年版，第278页。
② 冯永刚：《学校教育制度的结构探究》，《教育理论与实践》2014年第2期。
③ ［美］凡勃伦：《有闲阶级论：关于制度的经济研究》，蔡受百译，商务印书馆1964年版，第139页。

思想习惯、社会习俗和意识形态等层面来把握和诠释制度的。凡勃伦对制度的这一解释，虽然削弱了正式制度的刚性强制和硬约束的特征，但对于推进非正式制度的研究却具有积极的借鉴意义。与凡勃伦对制度进行开宗明义的界说有所不同，康芒斯在对制度的深入探讨中清醒地意识到，给制度准确地下定义不是一件简单的事情，因为制度本身就带有含糊性和不确实性，所以给制度下一个明确的定义是极为棘手的。为了更好地认识和把握制度的含义，康芒斯结合自己的研究专长，首次将"交易"这个概念运用于经济活动中。在康芒斯看来，交易是制度经济学最基本的组成单位。他将交易分为三类，即买卖交易、管理交易与限额交易。在康芒斯看来，这三种类型的交易涵盖了一切的经济活动：通过买卖交易，买卖双方均获得了自己所需要的东西，实现了社会财富所有权和使用权的变动；通过管理交易，统筹了人力、物力、财力和信息资源，提高了效率，追加了更多的社会财富；通过限额交易，协调了财富创造和财富分配的关系。康芒斯认为，保障这些交易活动正常开展的基本要素中，最核心、最关键的要素首推制度。康芒斯正是凭借这三种类型的交易来解释制度的："这三种类型的交易合在一起成为经济研究上的一个较大的单位，根据英美的惯例，这叫做'运行中的机构'。这种运行中的机构，有业务规则使得它们运转不停；这种组织，从家庭、公司、工会、同业协会、直到国家本身，我们称为'制度'。"[①] 据此，康芒斯作了进一步的解释，在经济活动领域，起重要作用的不是其他制度，而是法律制度。买卖交易是买卖双方在法律地位平等基础上的自愿行为，管理交易与限额交易是按照法律规定而进行的带有一定的限制性、规约性的行为。据此，康芒斯将制度理解为"集体行动控制个体行动"。[②] 按照康芒斯的说法，经济活动领域的集体行动控制个体行动时，必须采用得当的手段或办法，凭借一系列的道德规范和行业守则方可奏效。这

---

① [美]康芒斯：《制度经济学》（上册），于树生译，商务印书馆1962年版，第86页。
② 同上书，第87页。

些道德规范和行业守则起因于协调、解决交易活动中的经济纠纷、防范刑事风险、人际关系紧张、道德失范等影响经济活动有序进行的问题，为其提供由集体统一作出的道德规范和行业守则，并强制其严格执行。这些由集体作出的统一要求，不仅可为经济发展营造稳定的环境秩序保障，提升交易活动的效率，促进经济增长，而且可预防、控制和扭转交易活动主体在经济活动中的拜金行为，引导他们文明守法，诚实劳动，合法经营，取财有道，勤劳致富，营造良好的社会道德风尚。应该说，康芒斯从集体主义精神的维度出发，将制度视作人人必须遵循的基本规则，强调个体对集体的服从，对经济活动的有序进行所产生的影响持久而深远。

随着制度经济学的进一步发展，1975年，美国经济学家奥利弗·伊顿·威廉姆森（Oliver Eaton Williamson）首次提出了"新制度经济学"这个概念。新制度经济学也被称为"现代制度经济学""理论制度经济学""数理制度经济学"等。新制度经济学的主要代表人物是罗纳德·哈里·科斯（Ronald Harry Coase）、威廉姆森、阿门·阿尔奇安（Armen Albert Alchian）、哈罗德·德姆塞茨（Harold Demsetz）与诺思等。新制度经济学并不是站在旧制度经济学的对立面彻底否定或抛弃旧制度经济学，而是依据经济发展的现实动态，更加注重现实经济世界中暴露出的利益纠葛、产权归属争端、人际关系失调等新问题或新情况，主张从个体的实际经济需求出发探讨人的存在与发展以及人与社会的关系，从而揭示人、制度与社会财富增加之间的动态关系，大大拓宽了经济学家的研究视野。较之旧制度经济学，新制度经济学改造和扩充了传统经济理论的柱石，明确提出必须将制度作为经济理论的新柱石。这是对传统经济理论的一场深刻变革。如此，经济理论的三大柱石——天赋要素、技术、偏好因增添了制度而扩充为四大柱石。在新制度经济学家看来，与经济变量和经济学的发展而言，天赋要素、技术、偏好和制度均不可或缺。他们反复强调，随着经济结构的变迁以及经济快速增长，在促进生产力发展的同时，也加剧了经济活动中各利益主体间的矛盾，倘若缺失制度对经济活动的引领、规范与保障，天赋要素、技术、偏好便会因为没有统一的规范与要求而难以统一步伐,甚至钩心斗角,相互排挤打压,不仅无法发挥其在促进经济增长中的积极作用,而且极易引发经济的停顿或倒退,其后果是不堪设想的。只有高度重视天赋要素、技术、偏好、制度在经济活动中的相互作用与相辅相成,方可优势互补,促进经济活动良性运转。"制度是一个社会的博弈规则,或者更规范地说,它们是一些人为设计的、形塑人们互动关系的约束。"① 尽管诺思与康芒斯对制度的理解不尽相同,表述方式也各有侧重,但二者在"制度就是一系列规则或准则"这个观点上达成了共识。客观而言,诺思与康芒斯虽认识到规则与制度之间的共性,有其积极意义,但将制度与规则同日而语,实际上否定了制度与规则之间的差异。因为规则是制度的重要表现形式,但规则绝不能等同于制度,二者不能混为一谈。较之康芒斯,诺思在对制度概念的重要贡献在于将规则分为两部分:非正式规则和正式规则,并极为重视非正式规则在制度体系中的独特作用,这对后人深入探究制度结构的组成及分类是大有裨益的。

(二) 政治学视角的诠释

自阶级产生和国家出现以后,历史的车轮便载着人类驶入了政治生活的舞台。对于人和政治的关系,亚里士多德有句经典名言:"人是天生的政治动物。"囿于时代的局限,虽然亚里士多德的主张有对古希腊政治制度作辩解的瑕疵,但却正确诠释了阶级社会中个体与政治的关系,即人是政治的存在,人是在参与政治活动中获得生存与发展的。亚里士多德对于人与政治活动密切联系的观点,直接推动了政治学家对制度的关注和研究。事实上,在奴隶制国家建立之初,人类的生活已同政治紧密地结合在一起了。古希腊哲学家柏拉图(Plato)在其晚年著作《法律篇》、亚里士多德在其关于政体研究的专著《政治学》、西方国家学说以及法学理论的奠基人查尔斯·路易斯·孟德斯鸠(Charles Louis Montesquieu)在其政治哲学著作《论法的精神》、法国政治学家卢梭在其哲学著作《论人类不平等的起源和基础》、美

---

① [美] 道格拉斯·C. 诺思:《制度、制度变迁与经济绩效》,杭行译,格致出版社、上海三联书店、上海人民出版社2014年版,第3页。

国政治哲学家约翰·罗尔斯（John Rawls）在其政治哲学著作《正义论》中都深刻地论述了人与政治的关系，均把人和制度作为政治学的重要研究内容。虽然这些政治学论著阐释制度的兴趣不同，体例不一，风格各异，但在某种程度上达成了共识，即政治学是研究国家和政治制度的一门学说。鉴于研究视角与研究基点不同，政治学家们在对制度的理解上也见仁见智。他们或是将制度单纯地界定为政治体制、政治机构、政治行为等，或是把制度理解为政治法律、政治规矩、政治惯例等。经过长期的探索和实践，更多的政治学家认为，制度是规范人的政治生活的规则体系。一如罗尔斯所言："一种制度可以从两个方面考虑：首先是作为一种抽象目标，即由一个规范体系表示的一种可能的行为形式；其次是这些规范指定的行动在某个时间和地点，在某些人的思想和行为中的实现。"[①] 这在德国政治学家马克斯·韦伯（Marx Weber）那里也得到了体现。[②] 他在《经济与社会》一书中将制度分为政治惯例和政治法律两个部分，把制度视作协调政治关系规则。另外，制度法理学的代表人物尼尔·麦考密克（Neil MacCormick）和奥塔·魏因贝格尔（Ota Weinberger）也认为："制度——概念是用规则或通过规则表述的，规则的任何出现、发展或进化的过程都可能是制度的出现、发展或进化的过程。这要取决于有关的机构将规则的发展或进化加以概念化的方式。"[③] 这种从政治学和法学相结合的角度对制度概念的界定，大大深化了人们对制度的认识和研究。

当然，政治学家们在探讨政治制度时，并没有拘泥于自己的研究领域而"孤芳自赏"。在长期的政治实践与验证中，越来越多的政治学家已洞察到了政治制度与经济制度之间的难以割舍性。并据此认

---

① ［美］约翰·罗尔斯：《正义论》，何怀宏、何包钢、廖申白译，中国社会科学出版社1988年版，第55页。
② ［德］马克斯·韦伯：《经济与社会》（上卷），林荣远译，商务印书馆1997年版，第64页。
③ ［英］尼尔·麦考密克、［奥］奥塔·魏因贝格尔：《制度法论》，周叶谦译，中国政法大学出版社2004年版，第19页。

为，作为上层建筑的政治制度若想获得更大程度的发展，必须建立在与之相适应的经济制度之上。逾越或滞后于生产力与生产关系的政治制度，其发展必然困难重重，甚至无以为继。当然，政治制度并不是被动地、消极地适应经济制度的要求，而是积极地影响经济制度，反作用于经济制度，也发挥着阻滞或推动经济发展的作用。二者的相互联系、相互作用、相辅相成，既有益于政治制度的深化改革与发展，也有利于经济制度的可持续发展。

（三）社会学范畴的释义

在社会学家看来，制度是社会学的重要研究内容。社会学领域之所以关注制度，是因为制度能够集中人们的思想，为人们提供行为预期，并在化解和消除社会矛盾方面具有积极的作用，能够维持社会的稳定并推动社会进步。法国犹太裔社会学家、现代社会学奠基人之一的埃米尔·迪尔凯姆（Émile Durkheim）认为，制度是客观存在的社会事实。"一切行为方式，无论它是固定的还是不固定的，凡是能从外部给予个人以约束的，或者换一句话说，普遍存在于该社会各处并具有其固有存在的，不管其在个人身上的表现如何，都叫做社会事实。"[①] 毋庸讳言，迪尔凯姆是从外部给予个人以约束的规则来释读社会事实的。将制度理解为社会关系的规则，也得到了其他学者的认可。"我们若从行为规则的眼光观察，那么，制度就是社会公认的比较复杂而又系统的行为规则。"[②] 韦伯也从社会分工、劳动关系、权益分配的角度出发，认为制度就是促进社会团体有效运转的明文规定的行为准则。

在揭示人类社会发展轨迹的基础上，马克思主义从辩证唯物主义和历史唯物主义的角度出发，将制度厘定为人与人之间的社会关系和人类活动的印痕。在马克思主义看来，制度并非自然而生的，而是人类有意识活动的产物，是人类在历史发展进程中的人为创设。经济发

[①] [法] E. 迪尔凯姆：《社会学方法的准则》，狄玉明译，商务印书馆2003年版，第34页。

[②] 孙本文：《社会学原理》，商务印书馆1935年版，第421页。

展水平是各式各样制度产生和发展的物质前提。劳动生产率的提高，阶级社会的出现，人类生产与生活领域的部分规章制度逐渐转化为法律，成为大家必须遵守的基本规则，指导、规约着人们之间的社会关系。按照马克思主义经典学家的观点，制度是社会生产关系在法律上的典型表征，是引导、调节人与人之间社会关系的法律准则。从社会学的维度出发，马克思主义从两个方面对制度作出了解释，其一，制度是社会历史的产物，是人类社会活动或社会交往的产物。生产力发展水平和物质资料的生产方式影响着制度的演进。其二，制度是人类创造的产物。人是社会制度变迁进程中最积极、最活跃的主体力量。人是制度创设和制度安排的主体。各种制度的颁发，均是人的要求和意志的体现。人类在认识和改造自然、社会和自身的进程中，与时代发展和人类的需求相适应，通过对社会制度的创设、延续、修改或废除，实现新旧制度的交替更新，使制度更好地满足或服务于人的发展需要。以生产力和生产关系的辩证关系为线索，从促进人的自由全面发展为目的把握人类创设和使用制度的初衷，进而理解制度与个体、制度与群体、制度与社会之间的相互作用与相互促进，是马克思主义制度分析的社会学框架。这一分析框架深深地影响了新制度经济学对制度的认识，如诺思对马克思的制度分析框架予以高度认可，"在解释制度的起源时，马克思从人类与自然界的矛盾出发，从生产力的发展导出了第一个层次的制度的起源……从社会生产关系中导出第二个层次的制度的起源"[①]。

从经济学、政治学与社会学等领域对制度的定义可知，尽管它们基于自己的研究立场给出了相应的厘定，但其包含的共性是显而易见的，即制度是一系列规则的结合。这种观点为我们探讨制度的概念提供了宝贵的研究素材。综合已有研究成果，我们认为，制度是要求所有社会人员共同遵守的一种定型化的、权威化的规则体系。之所以强调制度的定型化与权威化，是因为二者的有机结合是维护制度稳定性

---

① 林岗、刘元春：《诺斯与马克思：关于制度的起源和本质的两种解释的比较》，《经济研究》2000年第6期。

与尊严性的保障,反之,将二者割裂或独尊一方的做法,实际上等于遗失了规则发挥作用的基本条件。

二 学校制度文化

框定"制度"与"文化"的边界,厘清二者之间的关系,是深究学校制度文化的含义的基本前提。关于制度与文化的关系,研究者从自身的立场和角度出发,给出了应有的解答,其中不乏真知灼见,对于我们深入探讨二者的关系提供了宝贵的资料和素材。纵览已有研究成果,关于制度与文化的关系主要体现为两个方面。一种观点认为,制度与文化是浑然一体、合二为一的。文化包括了制度,制度即文化,这是广义文化论者极力推崇的主张。按照他们的理解,既然文化是人类所创造的一切财富,那么,作为人类活动的附属物——制度,自然成为文化的有机组成。制度随着文化的发展而发展。任何一个制度的产生、发展或变革,均与特定时期的文化不无关联,都是特定历史阶段的文化积淀和文化创造,覆盖于人类生产和生活的各个方面。也有研究者认为,文化的变迁也可以看成一种制度文化的变迁。这在英国人类学家布罗尼斯拉夫·马林诺斯基(Bronislaw Malinowski)那里也得到了体现。"所有文化进化或传播过程都首先以制度变迁的形式发生。无论是以发明的形式还是以传播的行动,新的技术装置总要被结合到业已确立的组织化行为系统之中,并逐渐对原有制度产生全部的重塑。另外,根据功能分析,我们可以证明,除非有新的需求被创造出来,任何发明、任何革命、任何社会或知识的变迁都不会发生。因而技术、知识或信仰方面的新装置都要适合于文化过程或某种制度。"[①] 这种主张尽管洞悉了"制度"与"文化"的共同特征,但"制度"与"文化"毕竟不是同一个事物,将二者混为一谈,实际上泛化、扩大了制度的概念,其缺陷是不言而喻的。另一种观点与此相反,认为尽管制度带有文化的印痕,但绝不能简单地将制度与文化一

---

① [英] B. 马林诺斯基:《科学的文化理论》,黄剑波等译,中央民族大学出版社 1999 年版,第 56—57 页。

概而论。制度与文化毕竟是两个事物,二者不能等同,否则就会导致制度与文化的趋同,抹杀二者各自的独特性和创造力。实际上,二者的差异是显而易见的。在一般的意义上,制度主要是一种硬约束,而文化是一种软约束;制度重在规范,而文化侧重引领;制度侧重外在的规范,而文化偏重内在的自觉。制度承载着文化,文化引领着制度的发展方向,"文化是制度选择偏好的反映和基础,制度安排则是人们在社会中实际采取的行动,或行为方式。文化会影响社会的价值观与道德取向,进而对特定历史阶段的宪法秩序、制度安排及行为准则产生影响,进一步地,会影响到制度变迁的进程、方向与性质"[1]。

这两种观点的分歧在于他们各自的视角和立足点不同。这涉及对文化的认识与理解。从广义文化的视角出发看待制度,必然认可第一种观点,而从狭义文化的维度看待制度,则倚重于第二种观点。无论何种观点,均表明制度与文化之间具有密切的联系。显而易见,我们既不能夸大二者之间的共性,也不能贬抑二者之间的差异,而是引导二者并生共存,优势互补,推动二者在互动中不断向前发展,最终形成一种新的范式——制度文化。

分析哲学的代表人物伯特兰·罗素认为,人类有三个仇敌,分别为自然、他人和自我。人类为了战胜敌人并获得发展,就要不断地提升自己的本领。为了征服与改造自然,人类创设了物质文化;为了正确处理自我和他人的关系,人类创设了制度文化;为了展现和表达自己的价值取向、理想信念以及审美情趣,人类创造了音乐、绘画、舞蹈等精神文化。"学校的制度文化是指社会期待学校(包括其各类成员)具有的文化,包括信念、价值观、态度及行为方式等。它体现着社会对学校在文化方面的正式要求,并通常以国家正式文件的形式被明确规定下来。"[2]

---

[1] 汪洪涛:《制度经济学——制度及制度变迁性质解释》,复旦大学出版社2003年版,第84页。

[2] 鲁洁:《教育社会学》,人民教育出版社2001年版,第373页。

对文化、学校文化和制度的廓清有益于我们深入理解学校制度文化的含义。学校制度文化浸润于学校的机构架设、制度文本以及运作程序之中，是师生员工普遍认可并共同遵循的行为规则，展现了一所学校独有的精神理念及办学风格。所谓学校制度文化，是指学校的组织结构、管理模式与制度体系中承载、包含、表达的文化形态，它通常以国家或政府机构的教育方针政策、法规、条令、守则以及学校的各种规章制度折射出来，是学校全体成员认同并遵守的文化精神、生活方式和行为准则的凝结。学校制度文化是维系学校正常教育教学工作秩序的重要保障和基本前提，映射或体现着学校文化的发展水平与发展程度。鉴于学校制度文化的复杂性，为了深入理解学校制度文化的内涵，尚待明确并把握以下基本特点。

（一）规约性与柔和性

学校制度文化蕴含或表达的是学校的办学精神与价值理念。这些精神和理念对全体师生员工的影响并不能自然而然地产生，只有他们广泛认可并自觉自愿地遵循时，获得应有的身份认同感，学校制度文化才能发挥切实的作用，成为学校有益的道德资源，在学校制度文化建立初期，当师生员工尚不能深刻地把握制度文化的内涵与实质时，则无以形成强大的无形的认同心理和向心力，因此，此时加强制度文化的规范就显得日益重要而必要，反之，如果我们认为制度文化的规范性制约了人的自由发展而主张弹性化的设计，极易造成制度文化的软弱无助，不仅无法建立新的制度文化，而且容易毁坏原有的制度体系，导致学校的无序或混乱，难以保障学校正常德育工作的开展。由此看来，学校制度文化的规范性是基本前提，有了这个基础，我们才能深掘制度文化中的精神要素和价值指向。学校制度文化的柔和性，使得制度文化不再死气沉沉、僵硬呆板，而是变得富有生机、形象生动，也正是基于此，静态的制度规则会升华为鲜活的育人素材，内化于师生员工的灵魂深处，外化于他们的生活方式之中。刚柔并存的学校制度文化，既使师生的言行得到了规范，又使他们的精神诉求得到了滋养。

（二）历史性与具体性

任何一种学校制度文化均是在特定的社会环境中形成的，必然要受到特定时期社会的政治、经济和科技等的浸染与熏陶，印有这一时期鲜明的时代特征与精神面貌。社会环境直接关涉或左右着学校制度文化的性质与发展方向。在特定的意义上而言，身处什么样的社会历史条件下，就有可能孕育和助推与之相适应的学校制度文化样式。如在我国的春秋战国时期，在思想文化领域中，由于诸子百家争芳斗艳，相互争鸣，推动并促进了文化的解放和繁荣，形成了姿态不一、尽态极妍的多元文化发展格局。各家各派为了宣传自己的立场和观点，兴办学校，著书立说，聚众讲学，并以学校制度的形式稳固和传承下来，使得学校制度文化也具有了多元、多样、丰富的特点。而在被宗教笼罩的中世纪的欧洲，宗教神学气氛极为浓郁，宗教文化占有绝对的优势，学校教育被沦为宗教神学的附庸，一切进步的思想文化被窒息、摧残和中断了。在宗教文化的高压、专制和禁锢之下，学校教育制度文化也体现出保守、压抑、单一等特点。在当前我国弘扬和践行社会主义核心价值观的时代背景下，各级各类学校以不同的方式纷纷开展了社会主义核心价值观进校园活动，学校制度文化体现出鲜明的立德树人和协同育人的时代特征。

（三）稳定性与发展性

如同任何事物的产生、发展和壮大一样，学校制度文化也不是一成不变的，而是一个持续发展的、动态完善的过程。一方面，学校制度文化的形成是一个持续积累的过程，是学校一代代师生员工共同筛选、凝结的价值取向和行为方式的体现，因而具有相对的稳定性和持续存继的生命力。学校制度文化建设不能朝令夕改，也不能按照师生员工的意愿随其心性，为所欲为，放任自流。否则，学校稳定的教育秩序就难以保障，制度文化也难以被人们认可与接纳。另一方面，学校制度的文化具有的普遍、稳固以及相对持久的特征，并不意味着故步自封与静止不动，而要随着社会政治经济、文化科技等因素发生相应的改变，以此适应变化了的发展要求。尤其是对于处于不同时期的不同学生，甚或同一时期同一年龄的群体的差异及不同情况，要求学校制度文化做出相应的调整,以满足他们身心发展的需要。再者,创新是事物存在并持续发展的基本法则。没有创新就难以促进发展,就是死水一潭。因此,学校制度文化在保持相对稳定的基础上,也要依据时代变化的社会现实、学生的实际需求等进行变革,或是对原有的制度文化做出调整和修改,或是革除已经陈腐、旧的、不合时宜的制度文化,推陈出新,动态发展,确保优质高效的制度文化的不断生成。学校制度文化经过长期历史发展和实践探索而形成,并处于不断地发展与变动之中,是一所学校铸就的价值理念、目标宗旨与人文精神的综合体。

第三节 学校制度文化的结构

在制度谱系中,所谓制度结构,是指构成制度整体的各个部分的搭配比例与结合方式。关于制度结构的组成要素,许多学者基于所在的研究领域和价值立场给出了自己的看法。如美国公共选择理论的开创者文森特·奥斯特罗姆(Vincent A. Ostrom)认为制度由三部分组成:宪法层面的制度、集体行动层面的制度、操作和选择层面的制度;有学者认为,完整的制度是制度目标、制度规则、制度实施方式与制度载体的有机组合;诺思依据制度的表现形式,认为制度结构是由相互联结、相互制约、相互促进的三大部分组成的,分别为非正式规则、正式规则和规则的实施机制。换句话说,制度是由非正式规则、正式规则及规则的实施机制构成的。诺思对制度结构的分类以规则为着眼点,以经济学、政治学与社会学等学科对制度概念界定的共性入手,具有一定的公允力与说服力。据此,我们阐释学校制度文化的基本结构时,也沿袭此种分类办法。

学校制度文化是学校教育系统中的一个有机组成部分,是社会制度文化在学校领域的映射,镌刻着社会制度文化的深深印迹。学校教育活动的持续开展和有效推进,依赖于学校制度文化的引领、撑持和保障。洞悉与领会学校制度文化的结构类型,思索与捕捉学校制度文化的基本构成元素及其相互作用,既有助于明晰与把握学校制度文化的应有之义，也有益于充实和拓展学校制度文化研究，是深化学校制度文化改革与创新使然。①

一 非正式学校制度文化

考究制度文化的起源，我们发现，非正式制度文化是制度文化的最早表现形式，是正式制度文化产生与发展的基础性条件。非正式学校制度文化，又被称为非正式的学校文化约束、"软"的学校制度文化，是学校师生员工在长期的实践中积淀而成的办学理念、育人目标、人文传统、行为方式等潜移默化地规范师生活动的不成文的、约定俗成的行为准则。这些价值理念、治校精神、风俗习惯、伦理规范与意识形态存现于师生的内心世界中，是师生员工普遍认可和共同遵守的规则。非正式学校制度文化具有非强制性、常见性与自发性等特征。意识形态是非正式学校制度文化的灵魂，在非正式学校制度文化中居于核心地位，是引领学校办学方向的思想指南。中国共产党第十九次全国代表大会指出，要牢牢地把握学校的意识形态阵地，掌握意识形态的领导权，体现了党和国家对非正式学校制度文化的高度重视。在学校还未出现的原始社会，教育与社会生产、生活融为一体，非正式制度文化在引领、规范和促进教育活动方面发挥着重要作用，为学校的产生及学校制度文化的创设提供了重要的条件。在学校产生之后，学校的非正式制度文化与正式制度文化的建设也如火如荼地开展起来，二者相辅相成，规范与调节着学校的教育教学活动，确保了学校教育教学活动的有序性、一贯性和连续性。与正式学校制度文化相比较，非正式学校制度文化的发展过程尽管是缓慢的、渐进的、持续的，然而却具有强劲的、旺盛的、蓬勃的生命力，对学校立德树人活动的影响是广泛的、深远的、厚重的。非正式学校制度文化兴衰的演变过程，也是积淀、充盈或衰弱整个学校文化的发展过程。因而，越来越多的教育学家和文化学家都一致认为，若想深入地了解一所学校的文化传统和文化底蕴，如不去研究这个学校的非正式制度文化，

---

① 冯永刚：《学校教育制度的结构探究》，《教育理论与实践》2014年第2期。

是难以理解其实质和精髓的，自然也无法真正领略和把握这个学校的文化发展路向。按照诺思的观点，在影响人们行为选择的因素中，正式制度文化所起的作用是极为有限的，人们更多的行为抉择是由普遍的、自发的非正式制度文化所影响和决定的。尤其是在当前复杂的、多元的、变动的社会活动和人际关系中，不时会引发一些在正式制度文化中所没有囊括的新情况和新问题，对此，人们越来越倾向于用传统习俗、道德禁忌、社会舆论和社会意识形态领域的东西予以协调和解决。这也是当前不少学校强化学生的意识形态教育，并狠抓校风、校训、教风、学风等非正式学校制度文化建设的缘由所在。

二 正式学校制度文化

制度文化的演进经过了非正式制度文化、非正式制度文化向正式制度文化的转变、非正式制度文化与正式制度文化共存的发展历程。作为学校制度文化系统的重要组成部分，正式学校制度文化也被称为正式的学校文化约束、"硬"的学校制度文化。与非正式制度文化有所不同，正式学校制度文化是学校师生员工人为的、有意识的设置与创造，是学校理性选择的结果，以明确的语言、文字或符号的形式展现出来，表现为成文的规则、守则或条例。正式学校制度文化通过显性的知识或示范文本规定了学校依法办学、校社互动、家校合作等一整套规则，指明了教职员工的基本权利和应尽义务，界定了师生交往互动的活动边界，为学校有目的、有组织地施教提供了制度支撑和秩序保障。在推进教育现代化的发展进程中，大到国际社会的学校联盟，小到某个具体学校，甚至是农村小规模学校或薄弱学校，均需要有与之相匹配的林林总总的正式学校制度文化。前者包含学校联盟的章程、学校联盟的发展纲要、学校联盟的组织领导制度、学校联盟的准入和退出制度等正式制度文化；后者包括学校法人制度、教育教学经费预算制度、教育教学管理制度、教育教学督导制度、考核评价制度、家校合作制度、学校安全制度等正式制度文化。学校缺失了这些正式制度文化，进行有序的教学、科研、管理或德育工作是不切实际的幻想。如前所述，正式学校制度文化是人的意志的产物，因而不是一成不变的，可以根据校情、学情等实际情况因地制宜地进行"废、改、立"，从而使之更好地满足学校发展的需求。但是，正式学校制度文化一经制定并颁发，便会对全体师生产生应有的强制性和规约性，任何人都必须严格遵守，是学校依法治校、教师依法执教、学生依法受教的行动指南。特别是在学校内部问题突出、教育矛盾与教育纠纷凸显的情况下，就愈能体现正式学校制度文化在协调冲突、化解分歧和促进合作中的积极作用。但这种积极作用的发挥，要受到非正式学校制度文化的牵涉。倘若师生员工的价值取向、思想认识和行为方式与正式学校制度文化不相吻合，甚或引起他们的抵制或反抗，那么，尽管正式学校制度文化再健全，也未必能够发挥应有的效果。"如果一个社会的社会文化传统和人们代代相传的行为习惯乃至社会的意识形态，与这个社会的正式制度和谐一致，则正式制度就可以顺利地发挥作用。相反，如果社会的文化传统、行为习惯、意识形态与正式制度不相契合，甚至处处冲突和矛盾，那么，正式制度再好，也未必能够有效地发挥作用。"[①] 因此，在正式学校制度文化建设中，绝不能漠视或贬低非正式学校制度文化的作用和意义，要积极汲取非正式学校制度文化的有益营养，进而促进二者有机结合，互通有无，合作共赢。

三 学校制度文化的实施机制

学校制度文化构成的第三个内容是学校制度文化的实施机制。学校制度文化的实施机制是为了推进制度文化运营的组织机构、实施程序和操作过程，是保障和推动师生员工有效地运作制度文化而建立的一系列制度安排，是外在于非正式制度文化和正式制度文化的第三方，包括与之相适应的学校组织机构、教育教学管理部门、教育工作队伍以及教育教学配套设备等。推进学校制度文化组织和运作的主体是多元的，既可以是政党和国家的各级教育行政管理部门，也可以是学校的各级教育组织，还可以是学校师生员工、家长、社会公众等。

---

① 王跃生：《没有规矩不成方圆》，生活·读书·新知三联书店2000年版，第16页。

实施机制在学校制度文化中的不可或缺性,是由其独特的作用决定的。众所周知,学校制度文化的魅力与活力在于落实,无论是何种完备的正式学校制度文化,抑或是再丰厚的非正式学校制度文化,如果没有得到有效的实施,没有引发学校师生员工的认可、接纳与建设的心理,其蕴含的价值与功效便无法彰显。因此,衡量一个学校的制度文化结构是否有效或完善,完备齐全的、行之有效的制度文化实施机制是不能缺席的。一些学校在制度文化建设中极力强化制度文化的实施机制研究,不遗余力地提升学校制度文化的执行力度与执行水平,其做法颇值得称赞。这是因为,学校各式各样的非正式制度文化与正式制度文化,仅为引领师生行为和提升学校文化品位提供了一种可能,但如果学校缺乏健全的制度文化执行实施机制,对学校制度文化的执行不力,便无法保证师生员工自觉地遵守和执行制度文化的要求,这种可能便难以变为现实,难以产生实质的效果,或是形式化运作,或是潜伏着沦为摆设的隐患,长此以往,极易侵蚀学校制度文化在师生心目中的严肃性和权威性,无以培养他们对制度文化的尊重和敬畏心理,进而助长有章不循、有法不依、任性妄为等不良习性。在此种情况下,学校制度文化便难以发挥应有之用,流于形式。据此,我们认为,学校制度文化的实施机制是影响、左右甚至决定正式学校制度文化和非正式学校制度文化能否发挥其应有之用的关键性因素,其在制度文化结构中的重要性自是毋庸讳言。

第四节 学校制度文化的育人机制

学校是制度化教育的集中体现和鲜明表征,制度化是学校教育的题中要义。"学校的长处全在于制度,它包括了学校发生的一切事。因为制度才是一切的灵魂。通过它,一切产生、生长和发展,并达到完善的程度。"[①] 作为一种以培养人为基本职责的专门教育机构,从

---

① [捷] 夸美纽斯:《夸美纽斯教育论著选》,任钟印选编,任宝祥等译,人民教育出版社2005年版,第247页。

学校产生之日起，对学校制度文化育人的探索就成为教育理论工作者和实践工作者的研究主题与努力方向，既积累了许多宝贵的经验，也留下了诸多遗憾，为我们探究学校制度文化的育人机制留下了非常珍贵的研究资料，推动着我们在这块肥沃的田地上深耕密植。

一 何为机制

"机制"一词，最早源自希腊文"mechane"，属于物理学的专业术语，原意指机械的构造与动作原理，主要运用于自然科学的工程技术领域。后来逐渐被运用到实验生物学、分子生物学、系统生物学与病理生理学的临床实践中，其概念被引申为系统内部各构成要素及其相互作用的原理。随着时代进步以及研究需要，"机制"被广泛地运用到哲学人类学、政治经济学以及社会学等研究领域中，领导机制、决策机制、分配机制、约束机制、激励机制、监督机制、保障机制等如雨后春笋般地涌现出来，在物质生产、利益分配以及精神消费之中发挥着基础性和关键性的作用。

在《辞海》中，机制"原指机器的构造和动作原理，生物学和医学在研究一种生物的功能（例如光合作用或肌体收缩）时，常说分析它的机制，这就是说要了解它的内在分工方式，包括有关生物结构组成部分的相互联系，以及其间发生的各种变化过程的物理、化学性质和相互联系。阐明一种生物功能的机制，意味着对它的认识已从现象的描述进到本质的说明"[①]。尽管《辞海》阐明的是工程学、生物学、医学和化学领域对"机制"这个概念的理解，但其指出的"内在分工方式""组成部分的相互联系"等观点揭示了不同学科中"机制"的应有之义。《现代汉语词典》对"机制"的界说有四种，分别为："①机器的构造和工作原理，如计算机的机制。②有机体的构造、功能和相互关系，如动脉硬化的机制。③指某些自然现象的物理、化学规律。如优选法中优化对象的机制。‖也叫机理。④泛指一个工作系统的组织或部分之间相互作用的过程和方式：市

---

① 辞海编辑委员会：《辞海》，上海辞书出版社1980年版，第1250页。

场~—竞争~。"① 这四种解释涵盖了自然科学和社会科学对"机制"的界定,具有一定的指向性和针对性。

由于本书探讨的是学校中的育人机制,因而我们所指的"机制"是社会科学领域中的机制。无论基于何种立场和观点,我们都不能规避一个社会事实,那就是事物的组成部分、制度规章、相互关系是构成机制不可或缺的基本因素。机制的形成需要组织机构的各个组成部分的正常运转以及规章制度予以保障,不同的规章制度及其相互关系构成了不同的机制。因此,我们更多地将机制视作社会组织内部各要素的构造以及制度化了的方式,即组织机构与相应的配套制度以及二者相互作用的过程和方式。

二 学校制度文化育人机制的含义

学校是教书育人的重要阵地和舞台。育人是学校教育的基本使命。学校究竟要培养什么样的人?这是学校教育目的所关涉和必须回答的问题。对此作答必然涉及两方面的内容,一是从个人的角度出发,对受教育者的身心素质作出总体规定;二是从社会的角度出发,对所培养人才的社会价值作出总体规定。由此,一些研究者基于实现个人发展和社会进步的双赢视角,认为育人是促进受教育者知识、智能、道德、审美和个性等多方面的发展,以满足社会需求的过程。这种理解兼顾了学校教育的个体目的和社会目的,其合理性是不容置疑的。为了加强针对性,尤其是对于当前学校教育过程中并不鲜见且饱受学界诟病的"只教书不育人""知性德育""知行不一"等不良倾向,本书中的"育人"是针对"教书"而言的,即育人的要求和标准均聚焦于道德领域,育人是指"育"具有德性的人,培养"向善"和"行善"的人,指向个体良好道德品质的生成。

廓清了育人的内涵与指向,对文化育人的厘定自是有的放矢。顾名思义,文化育人是指文化具有促进个体良好道德品质生成的教育功

---

① 中国社会科学院语言研究所词典编辑室:《现代汉语词典》,商务印书馆 2002 年版,第 582 页。

效。文化通过引导效应、激励效应、调控效应及评价效应等,在个体基础文明素养和良好道德品格塑造中发挥着重要的意义与作用。

综合以上对学校文化、学校制度文化、机制以及文化育人等概念的认识与辨析,我们认为,所谓学校制度文化的育人机制,是指通过学校各育人组织、机构及其相应规章制度的相互协调、相互促进、有机整合,充分发挥育人作用并保障育人效果的运作方式和活动过程。由于育人工作的长期性和曲折性,需要学校搭建长效的制度文化育人机制,以确保育人活动的恒久性和持续性。

特别需要指出,学校制度文化育人机制的有效运作并非各种育人机构与各种教育制度的简单叠加,不是一种有付出即有产出的线性过程,需要各个组成部分的相互影响和互动整合方能发挥应有之用,尤其是需要得到学生的切实理解、高度配合以及相应行动的支持,其复杂性远远超出了机械决定论者的预期。按照机械决定论的观点,事物的发展变化是以机械的方式展开的,完全服从于机械因果决定律。机械决定论的基本主张体现为六个方面:"第一,自然与人是完全不同的两类东西,人是自然界的旁观者;第二,自然界中只有物质和运动,一切感性事物均由物质的运动造成;第三,所有的运动本质上都是机械位移运动;第四,宏观的感性事物由微观的物质微粒构成;第五,自然界一切物体包括人体都是某种机械;第六,自然这部大机器是上帝制造的,而且一旦造好并给予第一推动就不再干预。"[①] 此种将人置于被动、依附境地,漠视人在征服与改造自然过程中的主体地位和主体性,将人与自然截然对立起来的观点投射在学校制度文化育人活动中,便是无限地夸大了制度的作用,遮蔽了学生的自觉能动性,将学生置于一个外在的、被驱使甚或被奴役的单纯的规制过程。在此种错误心态的蛊惑下,教育工作者认为育人机构及其相应的各种制度文化越多就越有效率,越有助于推进学生基础道德文明行为的培养,因而对规章制度的制定与颁发青睐有加。于此,数目众多的学校教育制度接踵而至,使人应接不暇,"不可""不得""不准"等制约

[①] 吴国盛:《科学的历程》,湖南科学技术出版社1997年版,第405页。

性条款充斥在学校育人活动的各个过程中。教育工作者惯于采用制度的刚性力量或震慑的手段来预防或惩处学生的违规越纪行为,他们试图把学生"用各种办法尽量把少年'控制住'……不让他离开自己,怕他一旦单身独处时,就会在坏榜样和各种诱惑面前站不住脚"[1],这种机械决定的思维将学生是否认同或自觉执行制度文化的主观自觉抛得无影无踪。殊不知,倘若制度的控制范围"鞭长莫及"或是外力作用无法有效发挥,学生则有可能"离经叛道",肆无忌惮,滋生出众多违背制度条文或师长要求的违规行为或偏激心理,便是一个惨痛的教训。在机械决定论的视野中,学校制度文化完全异化为学生道德成长的对立物,使得学校仅从自身的角度"自上而下"创设育人组织和健全制度,禁锢了学生参与学校制度文化建设的能动性与自主性,遏制了学校制度文化育人机制中学生这个主体力量的发挥,剥夺了学生以自觉、主动的状态参与到学校制度文化育人活动中的积极性,极易引发或助长学生对制度文化育人活动的抵抗情绪与叛逆心理,陷入口是心非、阳奉阴违、表里不一的形式主义窠臼。[2] 因此,要克服学校制度文化育人过程中各育人机构、制度规范以及运行机制之间过于强调独特或自主而漠视互动与协作的顽疾,促使其步调一致,朝着共同协作、交融整合、互补共进的育人轨道快速发展。

---

[1] [苏]瓦·阿·苏霍姆林斯基:《少年的教育和自我教育》,姜励群等译,北京出版社1984年版,第99页。

[2] 冯永刚:《规则教育的偏失及匡正》,《中国德育》2015年第7期。

第三章　学校制度文化育人的依据

马克思主义认为，无论何种事物，其存在与发展需拥有或具备一定的条件，既不能凭空臆造，也不能肆意歪曲，否则沉沦于诡辩论、怀疑论与虚无论的陷阱之中不能自拔，无助于人们进入事物本质的澄明之境。为了澄清人们的认知，充分认识学校制度文化在学生良好道德品质培养中所具有的促进作用，洞悉学校制度文化所蕴含的育人价值，必须对学校制度文化育人的依据作出应有分析与科学阐释，这是充分发挥制度文化育人功能的逻辑前提和必要条件。

学校制度本身就是一种重要的育人资源。通过各种教学管理制度和日常行为管理制度预防或纠正学生的不良行为，推进学生良好道德品质的养成，已成为学界的共识。学校制度文化作为这一要求的鲜明表征，要求我们以一种互动整合的视域去深入领会制度文化与学生良好品质塑造之间难以割舍的关联。这在前辈先哲的论述中都得到了体现。夸美纽斯认为，学校缺失了制度规则，犹如磨坊里缺少了水，磨盘就会停止转动一样，无法使"道德"与"虔诚"的种子在学生内心中生根发芽。他指出，学校没有纪律，学生便难以形成遵守纪律的良好美德。夸美纽斯告诫教育工作者，一定要让学生明白，学校的各种制度规章并不是压制他们，而是有助于他们良好品性的培养，否则，学校的制度规则极易引发学生的抵抗，是难以达到育人效果的。师长们在运用制度文化，尤其是纪律时，可采用多种形式教导学生，"可以忠告，可以劝导，有时候还可以谴责，但是他应该格外当心，要把他的动机表示明白，要确切无误地表明他的动作的根据是父亲般的慈爱，为的是要建立学生的品行，不是要去压制他们。除非学生明白这一点，完全相信这一点，否则他是会轻视一切纪律，存心反对纪律的"①。按照科学教育学的奠基人约翰·弗里德里希·赫尔巴特（Johann Friedrich Herbart）的说法，有了明确的规则和规矩，才能形成学生守秩序的精神，表现良好道德行为。他从"教学的教育性"视角出发，认为"教育而不注意儿童不守秩序的行为，即儿童本身也不认为它是教育。此外，如果不坚强而温和地抓住管理的缰绳，任何功课的教学都是不可能的"②。涂尔干反复强调，维护学校规章制度的纪律精神是一种权威性的力量，是促使学生道德行为一致性与习惯性的有效手段，是强化道德约束、引导学生遵守道德规范并凸显自律精神的前提条件。反之，倘若"缺乏这样一些必要的限度，如果我们周围的道德力再也不能制约或裁抑我们的激情，那么人类无拘无束的行为就会迷失于空虚中，而无限性这个似是而非的华丽标签，则会被用来掩盖和装饰行为的这种空洞性"③。有研究者指出，学校制度文化体系建设的完善与否直接关系到学校德育工作的实效，制约着学校德育现代化的发展步伐，影响着人的现代化的发展程度。"没有制度体系保障的德育思想，是不会成为实际的教育行动的，因而没有制度化的现代德育思想，也就不会有现代德育实践。社会现代化、人的现代化向德育提出的要求不仅是德育思想要现代化，而且德育制度也要现代化。"④ 这些论述，既有理论上的观照与思考，也有实践中的追问与探寻。循此思路，下文着重从学理与事实两个层面来探讨学校制度文化育人的依据。

第一节 学校制度文化育人的理论基础

理论是人们描述、解释、改造世界的理性追求与强大精神武器。

---

① ［捷］夸美纽斯：《大教学论》，傅任敢译，教育科学出版社1999年版，第200页。
② 张焕庭：《西方资产阶级教育论著选》，人民教育出版社1979年版，第267页。
③ ［法］爱弥尔·涂尔干：《道德教育》，陈光金等译，上海人民出版社2006年版，第39页。
④ 班华：《现代德育论》，安徽人民出版社2004年版，第56页。

伟大的革命导师列宁（Vladimir Ilyich Ulyanov Lenin）鲜明地指出，缺失了革命的理论，便不存在革命的行动。学校制度文化的育人活动建立在科学的理论基础上，并在其指导下不断发展和完善。无论是从学校对学生道德行为养成的制度保障而言，抑或从社会对学生履行社会职责并实现个体道德社会化的使命召唤，均彰显了学校制度文化之于学生品德涵养与社会道德进步的无以取代性。人性论基础、认识论基础与系统论基础为学校制度文化育人活动奠定了扎实的理论基础，开拓了广阔的阵地和舞台。系统地理解与掌握学校制度文化育人的理论根基，可为学校制度文化育人活动提供必要的理论支撑，形成规律性认识，提升对学校生活中道德问题或道德事实的理论选择与解释力度。

一 人性的终极关怀：学校制度文化育人的人性论基础

通过学校制度文化推进育人工作的扎实推进，具有深厚的人性论基础。道德与人性密不可分。人性是道德哲学的重要范畴。人类的一切道德活动均无法脱离人性这个博大精深的话题，尤其是以育人为己任的学校教育活动领域更是如此。人性是道德产生与发展的基础条件。在学校道德教育中不研究人性、不了解人性是无法识别善恶的，推崇道德及开展道德教育仅是一种奢谈。康德从人性的角度出发，在《论教育学》中开宗明义地指出，人是唯一的必须接受教育的被造物，通过教导或塑造的方式，才能纠正个体偏离人性的倾向，引导或助推人性的发展，使人真正成人。人性是需要超越现实、走向未来的终极关怀的，因此学校教育必须立足长远，实现人性的充盈和完满。"教育艺术的一个原理——那些制定教育规划的人士尤其应该注意它——就是：孩子们应该不是以人类的当前状况，而是以人类将来可能的更佳状况，即合乎人性的理念及其完整规定——为准进行教育。"[1]

学校制度文化育人活动是立足于一定的人性预设基础之上的。特定的人性预设左右、支配、决定着制度育人的价值取向方向与发

---

[1] ［德］伊曼努尔·康德：《论教育学》，赵鹏等译，上海人民出版社2005年版，第8页。

展方向。作为人所具有的基本特性,人性是指人固有的本质属性或普遍本性,是人有别于动物的精神属性与独有特质。在人类历史上,围绕着"善"与"恶"的价值取向,关于对人性的界说汗牛充栋,形成了大相径庭甚或截然对立的论点。但无论是主张"人本性善"的孟子、卢梭、夸美纽斯和福禄培尔等人,还是认同"人本性恶"的荀子、康德、黑格尔等人,抑或极力推崇"人性善恶兼有"的扬雄与司马光等人,以及标榜"人性无善无恶"的告子、欧阳修与王阳明等人,尽管他们的观点不一,但在教育促进人性良性发展上均达成了一个共识,即通过学校教育可改造与发展人性,引导学生趋善避恶,不断推进人性化的终极关怀,表现为对人性自我完善的引领与助推。

就其表现形式而言,人类的发展史与人性的发展史属于同一过程,这是一部以道德"善"为价值指引并促进人性日臻完善的进化史。这表明,不断自我完善的人性是有终极关怀的。人性的终极关怀,表现为对人的生存意义、伦理价值、道德精神与人格尊严的呵护与关切。管仲的"道德当身,不以物惑"、孔子的"三军可夺帅也,匹夫不可夺志也"、孟子的"老吾老,以及人之老;幼吾幼,以及人之幼"、文天祥的"人生自古谁无死,留取丹心照汗青"、雨果的"道德是真理之花",以及康德的"以善良本身为目的的善良意志"等至理名言,无不彰显着对人性终极价值的殷切观照与理性诉求。赫尔巴特对此的论述更是醍醐灌顶,他指出,道德是人类的最高目的,可以涵盖教育的唯一工作与全部工作,因而也是教育的必要目的和最高目的。学校教育的首要任务是发展人性,引导学生确立仁慈、公平与正义等观念,促进良好道德品质的生成。然而,人类社会发展规律表明,人性的发展是一个曲折的、反复的、充满坎坷与荆棘的复杂过程。"人性并不是永远前进的,它是有进有退的。"[1]反映在道德领域,对学生人文精神的唤醒以及道德品质的塑造也是一个几经曲折、

---

[1] [法]帕斯卡尔:《帕斯卡尔思想录》,何兆武译,陕西师范大学出版社2003年版,第196页。

长期反复、逐步提高的发展过程。尤其是在社会急剧变革的当今时代，人性不可避免地遭致一些不良社会风气的腐蚀，滋生了"重物质享受，轻精神培育"与"重金钱利益，轻人格尊严"以及"重当前实惠，轻长远发展"等短视行为，这种现象折射在学校教育中，不同程度地失落了学生的人性，造成了人的终极关怀的遗失。

人性的完善是道德教育的指向和归宿，是人类社会的终极价值。人是教育的主体，也是道德的主体。人性是丰富的，人是自然属性和社会属性的统一体。人的自然属性是指人与生俱来的生物学方面的基本特性，包括人的躯体、男女、觅食、繁衍和休养等。社会属性是人在物质生产和精神交往过程中表现出来的各种关系，如生产关系、政治关系、思想关系和人际关系等。自然属性是物质基础和前提条件，"仓廪实而知礼节，衣食足而知荣辱"（《史记·管晏列传》）。"自然界事物只是直接的，一次的，而人作为心灵却复现他自己，因为他首先作为自然物而存在，其次他还为自己而存在，观照自己，认识自己，思考自己，只有通过这种自为的存在，人才是心灵。"[①] 社会属性是自然属性的拓展与深化，"大丈夫宁可玉碎，不能瓦全"（《北齐书·元景安传》）。人是社会活动的产物，是一种精神的存在、道德的存在，正是基于此，人类才成为大千世界中唯一的没有对等物的有机体，具有其他生物无法拥有的品性和尊荣。社会属性是人之所以为人的根本特性。人的社会属性规定和制约着人的自然属性。"人的本质不是单个人所固有的抽象物，在其现实性上，它是一切社会关系的总和。"[②] 社会关系的复杂性和多面性，也使得人性表现出善与恶、文明与野蛮的抗争。按照马丁·路德（Martin Luther）的解释，人是一种双重的存在者，人性呈现着两种状态——肉体的本性与心灵的本性。人的自然属性表现为肉体的本性，人的社会属性表现为心灵的本性。他说："人有一个双重的本性，一个心灵的本性和一个肉体的本性。就人们称作为灵魂的那个心灵的本性来说，他被叫做属于灵的、

---

① [德] 黑格尔：《美学》第 1 卷，朱光潜译，商务印书馆 1979 年版，第 38—39 页。
② 《马克思恩格斯选集》第 1 卷，人民出版社 1995 年版，第 56 页。

内心的、新的人；就人们称作为肉体的那个形体的本性来说，他被叫作为属于肉体的、外体的、旧的人。"① 特别是当心灵的本性无法有效地影响或制约肉体的本性时，就会发生自然属性主宰社会属性的危险，致使人性被私欲所俘获和奴役，践踏了人性的尊严，人性的光辉被遮蔽了。疏离了人性，人欲和兽性便会乘虚而入，道德也就无处安身。荀子说："力不若牛，走不若马，而牛马为用，何也？曰：人能群，彼不能群也。人何以能群？曰：分。分何以能行？曰：义。故义以分则和，和则一，一则多力，多力则强，强则胜物，故宫室可得而居也。故序四时，裁万物，兼利天下，无它故焉，得之分义也。故人生不能无群，群而无分则争，争则乱，乱则离，离则弱，弱则不能胜物，故宫室不可得而居也，不可少顷舍礼义之谓也。"（荀子《王制》）人们向往幸福的生活并追求自由，这本身无可厚非，也是人类走向自我解放的标志。但是，人性的弱点致使人们在价值取向上表现为诸多疑惑和迷失，导致人走向自我发展和自我完善的对立面。人性的弱点带来的最大危害是人们之间的私心膨胀与恶性竞争，相互敌对、打压或排斥。人所暴露出的贪婪、自私、欲念等，致使物欲横流方兴未艾，很难让人清楚地预测或感知这些欠缺可能达到的最低限度，助推了唯我论大行其道的危险，滋生了自我中心和极端利己主义的梦魇，使得人性麻木不仁，甚至投入兽性的怀抱之中。

人之所以脱离动物，就在于人是一种道德的存在，具有道德智慧和高级的精神追求，具有集体主义精神，能够团结合作、和睦相处。倘若偏离道德的轨迹和伦理之路，在逃避崇高、遗失人性、丢弃道德之路上越走越远，僭越的不仅仅是道德，而且还包括人性。对此，帕斯卡尔（Blaise Pascal）精辟地指出，人既不是尽善尽美的天使，也不是罪不容诛的恶魔，但令人扼腕痛惜的是，想成为天使的人却总是自觉或不自觉表现出了禽兽的行为。"人类并不知道要把自己放在什么位置上。他们显然是走入了歧途，从自己真正地位上跌下来而再也找不到它。他们到处满怀不安地而又毫无结果地在深不可测的黑暗之

---

① 周辅成：《西方伦理学名著选辑》（上卷），商务印书馆1964年版，第440页。

中寻找它。"① 朱熹从加强人性修炼，完善人性的角度，提出了"存天理，灭人欲"的主张。这种思想在他主持的被誉为"天下书院之首"的白鹿洞书院中得到了切实贯彻。朱熹的这个观点饱受质疑，迄今遭到人们的非议。不少人望文生义，认为朱熹将天理和人欲完全对立起来，这种"天理存则人欲亡，人欲胜则天理灭"是一种反人性的绝对禁欲主义，因而横加指责。其实这是对朱熹观点的误读。对其的澄清需要明确天理和人欲的含义。何为"天理"，何为"人欲"？"饮食者，天理也；要求美味，人欲也。"（《朱子语类》）按照朱熹的说法，天理指的是自然界和人类社会普遍存在的、不以人的意志为转移的客观规律，是事物运行发展的基本规则和道理，广泛地存在于人类的社会活动中，无所不在，包括衣食住行和享受天伦之乐。人欲是违背天理的、无限膨胀的、穷奢极侈的人的欲望，存现于人们生活的各个方面。由此可见，朱熹并非持非此即彼的观点，将天理和人欲人为地割裂开来。质言之，朱熹并不是反对人的一切欲望，仅是反对逾越天理边界的人欲。合理的欲望如精神上的享受、兴趣和爱好等，也是天理的有机组成。因此，人要节欲，不能任由人性中原初的欲望漫溢，而要远离物欲横流，否则，欲壑难填，天理就会成为人欲。朱熹反复强调的"存天理，灭人欲"的用意也正基于此。由此看来，天理和人欲是统一的，是互为依存的。人之为人的天理是无与伦比的，颠覆了天理的人性就会成为人欲。

人无完人。"人作为被创造出来的自然，必有其缺陷。"② 极度的诱惑，理智的脱缰，人性的泯灭是相伴而生的。消解人性的弱点，要求充分发挥学校制度文化的塑造和改造功能，将人性从物质主义的囹圄中拯救出来，追求更高境界的人性，用成就人的完满德性作为人性发展的引擎和典范。学校制度文化指向人性并服务于人性的完善，这既是对历史经验的总结，也是未来教育发展趋势的使然。学校制度文

---

① ［法］帕斯卡尔：《帕斯卡尔思想录》，何兆武译，陕西师范大学出版社2003年版，第220—221页。
② ［英］亚当·弗格森：《道德哲学原理》，孙飞宇等译，上海人民出版社2005年版，第61页。

化以道德"善"为人性发展的价值指南,"任务是培养真正的人性。表现为对人的尊严尊重的崇高道德的和人道的行为,是社会道德进步的条件和形成人的高尚品格的保证"①。

人性是充满灵气的。"德育面对的是人而不是物,即使是物,我们也要显示它背后的人,显示它和人的关系;它面对的是一个个有血有肉的人,是人心,而不是抽象的概念化的人和冷冰冰的理性;它面对的是人的向善之心,它展示的是人对美好生活的向往和对美丽人生的追求。人——人心——人的善心,世间还有什么比这些更有魅力?"② 没有了对人的终极关怀,便丧失了人性。"道德是人的一种超越性的追求,这种超越性是人的理性的一种天然趋向,也就是人性的必然追求。"③ 对人性的终极关怀要求学校教育工作者从人的社会属性的参照中获得意义,从制度文化育人的伦理层面观照学生的思想道德实际和精神成长,培养与铸就具有完美理性人格的道德的人。学校制度文化指引下的道德教育可充实心灵、丰盈人性。孟子反复强调,道德是个体安身立命之本,是人存在的意义与价值所在。"无恻隐之心,非人也;无羞恶之心,非人也;无辞让之心,非人也;无是非之心,非人也。恻隐之心,仁之端也;羞恶之无心,义之端也;辞让之心,礼之端也;是非之心,智之端也。人之有是四端也,犹其有四体也。"(《孟子·公孙丑上·第六章》)马里坦(Jacques Maritain)直言不讳地指出,在个体身上,唯当从肉体的羁绊或欲望的肆虐中挣脱开来,用精神和理性指导自己的生活,才能算作一个真正的人。按照涂尔干的说法,道德是人类自我控制和自我节制的产物。当人性中的欲望肆虐或奴役人自身存在价值时,超越自然性的道德便应运而生,用以抑制原始冲动和无休止的欲望,惩恶弘善。作为自然界的存在物,人和动物均要获得生存。但一般生物的生存过程主要是一种基于生命延续的繁衍、觅取食物的自然过程,而人的生存过程更多地表现

---

① [苏] 瓦·亚·苏霍姆林斯基:《学生的精神世界》,吴春荫等译,教育科学出版社1981年版,第97页。
② 鲁洁:《道德教育的当代论域》,人民教育出版社2005年版,总序,第1页。
③ 高国希:《道德哲学》,复旦大学出版社2005年版,第60页。

为一种人文的或道德的过程。由于社会性是人的本质属性，因此，要引导自然属性沿着道德理性的社会化方向发展，让人类的活动闪烁人性的光芒。"当我们超越我们自己这一代的墓地而思考时，激动我们的问题并不是未来的人类将如何'丰衣足食'，而是他们将成为什么样的人，正是这个问题才是政治经济学全部工作的基石。我们所渴求的并不是培养丰衣足食之人，而是要培养那些我们认为足以构成我们人性中伟大和高贵的素质。"①

综上，人性不是天生而就的、静态的、一成不变的抽象物，而是不断发展变化的、动态的、生成的过程结构。"夫性者，生理也，日生则日成也。"（《尚书引义·太甲二》）当人性被物性所遮蔽或掩盖时，便要求教育者寻求人类的终极意义。探寻合乎人性的道德教育，丰富和发展人性，扬善抑恶，让制度管理闪烁人文的光芒，应当成为学校制度文化的价值追求。"只有建立一个良好的制度，才能够约束人性中的狂野不羁，纠正人性中的顽固劣性，让人们在制度的约束下依法办事，让坏人成为一般人，让一般人成为好人，让好人做得更好。"② 丰盈自我，净化灵魂，归根结底都是对人性的深切观照。善的达成也就是人性关怀的旨归。学校制度文化指引下的道德教育的意义，就在于扭转或改变由本能冲动而酝酿的那些偏离善道的言行，建构安放人性的精神家园，引导人趋善、向善和行善，便成为人性终极关怀的有效活动形式。因而，无论是从塑造人性和提升人性的角度而言，还是从学校肩负的社会道德使命而言，我们都应把人性的终极关怀视作学校制度文化育人的立足点、切入点与最终归宿。

二 学生道德发展的实践性：学校制度文化育人的认识论基础

马克思主义认识论将实践视作认识的基础，不仅能够引导人们正确地认识与解释世界，而且能够指导人有目的地、积极能动地改造世

---

① ［德］马克斯·韦伯：《民族国家与经济政策》，甘阳等译，生活·读书·新知三联书店1997年版，第90—91页。
② 孙明强：《制度胜于一切》，新华出版社2007年版，第13页。

界，科学地揭示了人类认识与发展的规律，是研究一切自然科学与人文社会科学的世界观和方法论的理论体系。无可争辩，也是学校制度文化育人的科学方法论基础。依据马克思主义认识论的基本原理，实践是认识的源泉，人类的实践活动是认识一切事物的前提与基础，认识是主体在实践的基础上对客体主动的、自觉的反映。由感性认识升华为理性认识，是人类认识的基本规律。

认识源于实践，"衡然后知轻重，量然后知长短"。"意识在任何时候都只能是被意识到了的存在，而人们的存在就是他们的实际生活过程。"① 道德从根本上是实践的。这在亚里士多德的道德哲学中得到了很好的体现。他认为，实践以善为目的，道德哲学的目的，在于实践而不在于知识。"实践或行为，是对于可因我们（作为人）的努力而改变的事物的、基于某种善的目的所进行的活动。"② 学生道德认知的提升、道德素质的形成要在实践到认识、认识再到实践的一系列循环过程中完成。必然要经历一个从知之甚少到知之较多、由高到低、由简单到复杂、由具体到概括、由表及里、弘扬良好的个性品质，逐步克服、改正不良的道德行为习惯、掌握学校制度文化中所包含的价值取向与道德行为规则的持续发展的认识过程。学校制度文化育人的根本目的是培养个体良好的道德品质和行为习惯，在于使学生获得道德认识，升华道德体验，在实际中不断锤炼或提升自己的道德品质，形成一种崇善、行善的生活方式。

与动物被动地适应环境有所不同，人是具有高级精神需求的社会存在。按照批判理性主义的创始人卡尔·波普尔（Karl Popper）的解释，"地球上生命的演化或人类社会的演化，都是一场独一无二的历史过程"③。人在适应环境的同时，也会积极能动地征服自然，战胜自然，有目的、有意识地认识并改造客观世界和主观世界，在不断协

---

① 《马克思恩格斯全集》第3卷，人民出版社1960年版，第29页。
② ［古希腊］亚里士多德：《尼各马可伦理学》，廖申白译，商务印书馆2003年版，第3页。
③ ［英］卡尔·波普尔：《历史主义贫困论》，何林等译，中国社会科学出版社1998年版，第94页。

调各种社会关系中习得道德规则，深化道德认识，躬行道德，汲取道德的力量为自己的生存和发展服务。道德心理学与人类学的研究成果表明，人拥有巨大的潜能和无穷的发展空间。从生物学的意义上而言，人是"有待完成的""未特定化的""未确定的"生命体。人是一种发展性的存在，能够不断地给自己提出新的要求，是"活跃的"而非"框定的"，是"可塑的"而非"损毁的"，是"人化的"而非"物化的"，是"多元的"而非"单一的"。"人能够具有'自我'的观念，这使人无限地提升到地球上一切其他生命的存在物之上，因此，他是一个人。"① 这在尼采（Friedrich Wilhelm Nietzsche）关于人的可塑性与自我创造的阐释中也得以明证。尼采从"人尚未定型"的观点出发，以此论证人的发展潜能、创造意志与自我超越。"未专门化在开始时可能有否定的作用，但从长远来看，它却是某种非常宝贵的有利条件。专门化的缺乏结果却由否定的因素转变为高度肯定的能力的因素。因为人的器官不是为完成少数几种生命功能而被狭隘地制定的，所以它们能有多种用途；因为人不为本能所控制，所以人自己能够思考和发明。"② 普罗泰戈拉（Protagoras）的"人是万物的尺度"、苏格拉底（Socrates）的"认识你自己"、笛卡尔（Rene Descartes）的"我思故我在"以及萨特（Jean-Paul Sartre）的"存在先于本质"等观点，均表明具有自我意识的人要通过理性思考和自我体认，从固定的结构与秩序中挣脱开来，不断寻求自我解放的自由之路，进而实现人生的意义与自我价值。道德是使人成人的内在规定。人的主观能动性的发挥，使他们意识到自身活动的方向和价值，指引着人不断地从未知走向已知，不断地奔波在发现问题和解决问题的认知之旅中，克服和战胜一个个巨大的道德障碍，寻求道德突破，创造道德价值。尤其是对于成长与发展中的青少年学生而言，其道德潜力的开掘就显得更为重要。

---

① ［德］康德：《实用人类学》，邓晓芒译，重庆出版社1987年版，第1页。
② ［德］米夏埃尔·兰德曼：《哲学人类学》，张乐天译，上海译文出版社1988年版，第173页。

第三章 学校制度文化育人的依据 << 83

伴随着人类大脑进化及思维触角的不断延伸，人的道德认识随之不断发展与深化，相应地，学校道德实践活动自然而然地得以向纵深挺进。尽管学生是道德的存在，但他们认识道德、实践道德并最终实现道德自主是一个长期的过程。按照马克思主义的观点，从认识的最终表现形式来看，尽管世界上不存在人类无法认识的事物，但在特定的阶段却尚存在无法科学认识或正确理解的事物，这说明人类的认识能力是有限的。"我们只能在我们时代的条件下进行认识，而且这些条件达到什么程度，我们便认识到什么程度。"[①] 对此，弗里德里希·冯·哈耶克（Friedrich August von Hayek）做出了这样的解释："一般而言，人不仅对于自己为什么要使用某种形式之工具而不使用他种形式之工具是无知的，而且对于自己在多大程度上依赖于此一行动方式而不是他种行动方式亦是无知的。人对于其努力的成功在多大程度上决定于他所遵循的连他自己都没意识到的那种习惯，通常也是无知的。"[②] 人本主义哲学家海德格尔把人的存在方式称为"此在"，从"本真状态"和"非本真的沉沦状态"研究了现代人在道德认识与思想上的不同遭遇。在海德格尔看来，本真状态是人能超越外物的驱使或奴役，具有独立生存和正确把握自我的行为方式，而非本真的沉沦状态是本真状态的对立面，是人类在守望本真过程中不得不面对的现实遭遇，是人们逃避责任、浑浑噩噩、失去本真、丧失自我的表现。由此，他倡导通过走向现实性的、理解性的"此在"，消解人们原有的思维与知识框架，从非本真的沉沦状态解放开来，实现认识的超越。"此在"是对传统认识的否定，能够使人意识到责任的存在，拷问人生的意义、存在的价值、人格的尊严以及灵魂的指向，唤醒人们沉睡的良知，固守本真，将可能变为现实。从随波逐流的"此在"，走向体验生活、重新审视自我与世界关系的实践性的"此在"，再到实现人真正自由发展"此在"，实际上是人类不断深化认识的过

---

① 《马克思恩格斯选集》第 4 卷，人民出版社 1995 年版，第 337—338 页。
② ［英］弗里德利希·冯·哈耶克：《自由秩序原理》（上册），邓正来译，生活·读书·新知三联书店 1997 年版，第 26 页。

程。随着人类文明发展步伐的加快，人们逐渐认识到，能够引导人类认知不断超越的重要原因就在于他们创设了某种文化成就、道德秩序或可识别的规则，它遏制了投机心理、个人垄断、权利滥用和利益冲突，推进了公平与正义，增强了人们行动的一致性，这就是制度文化。聚焦到学校教育活动中，也是学校制度文化将师生共同遵守的道德观念、是非标准等基本准则或行为规范固定下来的过程，这有助于解脱学生非本真状态下精神上无家可归的惶恐或无助的心态，从非理性或"无知"中摆脱出来，引导学生过一种道德的生活方式。

　　制度文化的发展体现着人类认识发展的广度和深度。"制度的发展首先取决于主体性的发展。"[1]人通过社会实践活动，在认识和改造客观世界中取得了巨大进步，如生产力的极大解放、科技的飞速发展、基础设备条件的明显改善、物质财富的日渐丰富，等等。但人类真正走向文明与进步的体现，主要不在于改造客观世界所获得的成绩，而在于不断地认识和改造主观世界所彰显的人文精神。"人们对自己的错误与缺陷具有切肤之痛。这是他的抱怨和改进的源泉，是他自然中美的东西。"[2]人在认识自己、发展自己时之所以要犯错误，是因为人的思想意识的萌生与更新需要凭借一定的物质基础，并受到物质条件的影响与制约。"人们是自己的观念、思想等等的生产者，但这里所说的人们是现实的，从事活动的人们，他们受着自己的生产力的一定发展以及与这种发展相适应的交往（直到它的最遥远的形式）的制约。"[3]倘若人在寻找自身意义和价值的过程中不能正确地进行定位，很容易陷入盲从主义和个人主义的陷阱中。这意味着，单靠人自身的力量是不足以实现人生幸福的，必须凭借制度文化中蕴含的道德价值与伦理精神予以滋养。诚如英国教育家约翰·怀特（John White）所言："社会制度一般说来有助于个人思想意识和道德特征的形成，这点首先被希腊人发现，在现代又被黑格

---

[1] 王海传：《人的发展的制度安排》，华中师范大学出版社2007年版，第176页。
[2] ［英］亚当·弗格森：《道德哲学原理》，孙飞宇等译，上海人民出版社2005年版，第61页。
[3] 《马克思恩格斯全集》第3卷，人民出版社1960年版，第29页。

尔和马克思发现。"①

按照马克思的洞识，当人类社会的生产力发展到一定程度，人们在物资生产和交换中就会产生一定的纠纷、摩擦，甚至使人走向对立，因此"在生产、交换和消费发展的一定阶段上，就会有相应的社会制度"②。这种制度确立了交换和消费的规则，使人们的交往与合作互动在一定的秩序或框架下进行，并指引着人向着道德的或正义的方向发展。早在古希腊时期，亚里士多德就认为，法律是制度的集中体现，法律的完善程度展示了制度建设的应有高度。一个良好的法律制度最终的目的是要促进城邦的正义。因此，制度建设应以正义为价值取向。"真正的自由和真正的平等只有在共产主义制度下才可能实现；……这样的制度是正义所要求的；——这样，他们就都会站到你们方面来。"③依帕斯卡尔之见，人是自然界非常脆弱的生物，充其量不过是一根苇草而已。但这根苇草与其他的植物有所不同，因为这是一根有追求、有抱负、会思维的苇草。纵使人要经历生老病死、酸甜苦辣、恩仇爱憎等过程，在浩瀚的宇宙中只是一个匆匆过客，但人更高贵之处在于他能意识到这个过程，并不断超越自己，而这是宇宙所无可企及的。"我们全部的尊严就在于思想。正是由于它而不是由于我们所无法填充的空间和时间，我们才必须提高自己。因此，我们要努力好好地思想，这就是道德法则。"④促进学生的道德社会化是学校制度文化不可推卸的道德使命。按照康德的说法，个体初生时的道德认识处于没有善恶之分的"无律状态"，作为"自然人"的个体要向"社会人"过渡，学校教育的主导作用是不容忽视的。学生从非道德的认识阶段过渡到萌发道德动机并表现道德行为的发展阶段时，必然经历道德冲突与道德选择，既要遵守学校的规章制度，又要考虑自己

---

① [英]约翰·怀特：《再论教育目的》，李永宏等译，教育科学出版社1997年版，第159页。
② 《马克思恩格斯选集》第4卷，人民出版社1995年版，第532页。
③ 《马克思恩格斯全集》第3卷，人民出版社2002年版，第482页。
④ [法]帕斯卡尔：《帕斯卡尔思想录》，何兆武译，陕西师范大学出版社2003年版，第191页。

的主观感受，尤其是当自己的行为影响到他人或受到学校纪律的限制时，他们就会经过内心一系列的矛盾和斗争，不断地进行分析、权衡、比较与推导，甚或在师长的教育引导下化解内心冲突，获得解决道德问题的技能。而化解或走出道德认知困惑的过程，就是学生按照学校制度文化的标准，表现出合乎教师预期的道德行为的过程。皮亚杰的"社会认知冲突理论"也详备地阐明了这个观点。在皮亚杰看来，学生之间由于道德观点不同而无法达成一致，引发社会认知上的摩擦、分歧或不和谐，在争论或寻求问题解决对策时，学生既要考虑自身的感受也要兼顾同伴需要的满足，如此，解决道德冲突的过程实质上就是知识增长的过程，也是推动学生道德认知结构改变的过程，更是使学生站在他人的角度上考虑问题并消除自我中心化的有效形式。这是学生不断提高道德认识并增强道德问题解决能力的过程，也是他们实践道德的重要途径。在学生改造主观世界并外显道德行为的过程中，学校制度文化对其的规范与指引作用是不可低估的。按照德国哲学家埃德蒙德·胡塞尔（Edmund Husserl）的说法，"随着人对世界的认识力量的日益扩展和完善，人也能日益有效地控制人的实践的周围世界，而这个周围世界也在无限的进步中不断扩大。这也涉及对属于这个实在的周围世界中的人类本身的控制，即控制他自己和他的伙伴。人拥有了更大的驾驭自己命运的力量，从而能获得更加完善的、对一般的人来说可理性地思考的幸福"[①]。人类把经过实践活动的认识成果通过制度条文的形式规定下来，引导个体的灵魂走出荆棘满地的灌木丛或荒漠，守卫精神家园，从善养德，铸就理想人生。这意味着，尽管作恶的人会非法获益，而行善的人可能遭受贫困，但人们之所以行善而避恶，之所以对道德坚信不疑，这在古希腊著名政治改革家梭伦那里得到了很好的注解。"作恶的人每每致富，而好人往往受穷，但是，我们不愿把我们的道德和他们的财富交换，因为道德

---

① ［德］埃德蒙德·胡塞尔：《欧洲科学危机和超验现象学》，张庆熊译，上海译文出版社1988年版，第78页。

永远存在。而财富每天都在更换主人。"①

学生道德发展的实践性,表明道德不是停留在人的大脑或思维中的抽象形式,而是要体现于活生生的现实中,用以调节人与人之间的关系,引导人们遵守社会公德,协调利益冲突,不断完善自我,表现出良好的道德行为。这就决定了道德教育要有效地解决学生的道德实际与学校道德教育提出的要求之间的矛盾,使学生能够将习得的道德知识与准则内化于心,外显于行,切实实践道德,做道德的主人,过一种有道德的生活。正是在实践道德生活的过程中,学生的道德主体地位得到了保障,道德的魅力之于学生的意义才能得以有效体现。因此,通过实践活动深化学生认识,引导学生积极行善,把实践道德作为自己生活的一种方式,就成为学校制度文化育人的旨趣。我们必须面对并认可这样一个事实,不关注校内外的现实生活,没有通过切实的实践活动促使学生内化道德和践履道德,纵使对学校道德教育投入再多,学生获得的道德知识再多,也不能称之为有道德的人。

制度文化是人们理性认知发展的产物,是人们实践活动的印证。马克思主义坚持辩证的认识论,不但痛斥黑格尔推崇的客观唯心主义,而且抨击费尔巴哈（Ludwig Andreas Feuerbach）所标榜的感性唯物主义,认为认识过程是一个矛盾的、上升的、螺旋发展的过程。人们在生产和生活中积累的认知达到一定的程度,便需要一个载体将其存继下来,而制度文化便是一个有效的形式,"制度是以往世代所获得的'知识仓库'"②,这个"知识仓库"是人类认识不断深化的基础和条件。正是在不断否定和再否定的循环过程中,人的认识实现了从"必然王国"向"自由王国"的飞跃。人的认识可以改变世界,改变了的世界为人的认识结构的完善提供了新的条件,双方是辩证统一的过程,并非单向的、一维的、机械的过程。

学生道德发展的实践性特征,也要求制度文化深入到表面繁荣的

---

① 冯俊科:《西方幸福论》,吉林人民出版社1992年版,第27页。
② [德]柯武刚、史漫飞:《制度经济学——社会秩序与公共政策》,韩朝华译,商务印书馆2000年版,第142页。

道德现象背后，去探寻隐藏在现象背后的真相或问题。人类将促进学生道德发展的经验通过制度文化固定下来，引导学校制度文化育人活动深入开展的同时，也要警惕学校制度文化建设的误区或育人活动中的偏失。强制学生遵守制度规则，表现合乎道德的行为，就一定能提升学生的道德水准吗？尽管在当时确实能够产生一定的效果，但从长久来看，答案无疑是否定的。如果不注重内在道德动机的激发和调动，仅凭外在的力量或单一的知识注入，切断了学生进行自主判断和道德内化的思路，很容易引发学生为了躲避惩罚、获得老师的赞赏、增加德育学分等进行表演和作秀的情结，甚至弄虚作假，精心策划善举，其目的是功利性的。如此，从外在层面，看似学生表现出道德行为，其实内心根本没有任何道德观念。这种虚情假意式的走秀，对学生的毒害是非常严重的。"当我们混淆身体上的结果和教育上的结果时，我们总是失去使一个人自己参与获得所希望的结果的机会，从而失去了在他身上正确地发展一种内在的和持久的方向的机会。"[1] 这种行径，其实是从源头上扼杀了道德种子在学生身上的生根发芽，用洛克的话来讲，是在泉水里投毒，其对人性的摧残是何等的残酷。学校制度是由人创设的，而人是道德的主体。学校创设制度文化是为了促进学生道德的发展而非相反。学校制度文化是学校的办学理念和精神面貌的综合反映。学校制度文化建设的过程，也是学校教职员工认识不断深化的过程。因此，要随着社会的需求以及学生道德实践活动的推进步伐，不断加强学校制度文化建设，或增加新元素，或废止不合理的因素，或创新一种新的制度文化，以此不断突破与超越原有的认识论基础，引导学生获得真知，丰富精神世界的成长。雅斯贝尔斯在《什么是教育》一书中指出，对于学生而言，重要的不是获得道德知识，而是促进他们的精神的成长。学校制度文化充实学生的精神世界，逐步引导他们探寻、把握与理解人生的价值，对于建构他们予以安身立命的道德大厦具有深刻的指导意义。倘若学校制度文化背离

---

[1] ［美］约翰·杜威：《民主主义与教育》，王承绪译，人民教育出版社2001年版，第34页。

了育人的要求，抽离了学生对道德的敬畏与认可，仅靠外力来维系，道德及道德教育便失去了存在依托，"皮之不存，毛将焉附"，如同行尸走肉一般，并不会存在真正意义上的道德，学校制度文化就成为奴役学生的工具。如此，学校道德教育中期望学生"内化于心，外施于行"的育人要求也势必落空。因此，随着学生道德实践活动开展，学校制度文化也要随着认识的发展不断"证伪"，对制度文化中桎梏、延缓或束缚学生道德发展的因素进行革除，并在"纠偏"或自我否定的过程中进行合乎逻辑的理性审视与动态调整，创造适宜于学生良好道德品质生成的制度安排，积极推进制度文化创新，实现自我超越，以服务于学生道德发展的诉求。

三 道德要素的整体互动：学校制度文化育人的系统论基础

系统论的思想与原理历史悠久。将整个宇宙或自然界视为一个复杂的系统进行研究，进而关注事物各组成部分的相互关系，无论是在我国古代前辈哲人的经典论述中，抑或在西方古希腊文化萌生时期就已有之。在我国，道家的"有人，天也；有天，亦天也"（《庄子·山木》）、儒家典章制度中所记载的"物格而后知至，知至而后意诚，意诚而后心正，心正而后身修，身修而后家齐，家齐而后国治，国治而后天下平"（《礼记·乐记》）、素有"汉代孔子"之称的董仲舒的"人，万物之本也。天生之，地养之，人成之。天生之以孝悌，地养之以衣食，人成之以礼乐。三者相为手足，合以成体，不可一无也"（《春秋繁露·元神》）、荀子的"列星随旋，日月递炤，四时代御，阴阳大化，风雨博施，万物各得其和以生，各得其养以成"（《天论》）等主张，都蕴含着丰富的系统论思想。在西方，首次使用"系统"一词的是古希腊原子唯物论学说的代表德谟克利特（Democritus），他用构成物体的原子的结合和分离解释整个宇宙的变化发展。亚里士多德摒弃了德谟克利特的原子论思想和机械世界观，反对仅从原子位置、形状和次序等量的层次中推测事物的发展和变化，而要从整体和局部之间错综复杂的质的维度中解释世界。他的"整体大于局部之和"的系统论思想是从整体上把握现象的经典论述，等等。但在较长时期内，人们对系统的认识还较为笼统，尚未体系化。直到1937年，美籍奥地利人贝塔朗菲（L. Von Bertalanffy）提出的"一般系统论原理"，确立了这门科学的理论基石。20世纪40年代，作为科学意义上的系统论得以诞生。尤其1968年贝塔朗菲的专著《一般系统论：基础、发展和应用》的问世，奠定了系统论的科学学术地位。这本书从逻辑和数学的角度揭示了事物之间的相互关系以及系统运动变化的规律，不仅是贝塔朗菲的代表作，也被公认为科学系统论的经典著作，在系统论学科发展史上具有里程碑的意义。

系统论认为，系统是由若干元素按照一定的结构或方式建构起来的具有某种功能的集合体。按照系统论的思想，世界上每一种事物或现象都是一个系统，都是一个有机的整体。尽管组成系统的每个因素的呈现方式和所起作用有所不同，但它们之间并非彼此隔绝、各自孤立的，而是密切联系、相互作用、相辅相成的。在整个系统运作中，弱化任何一个元素的作用，遗漏任何一个环节，整个系统就难以协调发展甚或中断运作。系统论是研究系统中各个部分之间、部分与整体之间及其规律的学科。"整体并非各组成要素的叠加，整体大于局部之和"是系统论的重要规律。由于学校德育工作本身就是一个系统，而学校良好道德品质的塑造更是一个涉及道德教育价值、道德教育主体、道德教育内容、道德教育原则、道德教育组织形式、道德教育评价等多种道德元素整体互动的社会实践活动，具备系统产生和发展的基本条件。因此，系统论的整体性、有序性以及最优化等特点，可为学校制度文化育人活动的有效开展奠定科学的理论基础。

整体性是系统论的根本属性。"系统论就是对'整体'和'整体性'的科学探索。"[①] 运用系统论指引学校制度文化的育人活动，要求教育工作者从整体上把握育人活动的各个组成部分，在整体与部分之间搭建一种联动的双向关系。然而，在学校制度文化育人工作中，令我们担忧与不安的一个制约育人质量的严峻问题是"对德育完整的

---

① [美]冯·贝塔朗菲：《一般系统论：基础、发展和应用》，林康义等译，清华大学出版社1987年版，修订版序言，第3页。

科学内涵的割裂，以及德育实践系统各个部类、各个要素的割裂和脱节，分离、低效、无合力，弱功能是德育工作的总体运作特征"[1]。因此，要从全方位、整体性的维度上推进学校制度文化的育人工作。一方面，从横向的维度，要确保学校制度文化在育人目的、育人内容、育人方法、育人途径、育人环境等各个子系统中的有机贯通，以提高整个育人系统的效率。这是因为，育人目标是选编育人内容的依据，而育人内容是落实育人目标的知识和信息，目标与内容的错位是无法培养达到预期效果的。聚焦现实也不难发现，不少学校企图通过制度文化中单一的道德知识灌输，用以培养学生良好道德品质，之所以是事倍功半的，甚或是徒劳的，其错误之处就在于割裂了道德认知和道德实践的整体性。育人目标和育人内容是筛选育人方法的依据，而育人方法的恰当与否直接关系到育人的效果，同时，育人活动又必须以一定的途径并在特定的环境中进行，等等。而且，一个子系统还可以继续分解为若干个下位的子系统。如在育人目标子系统内，又可分为具体的培养目标子系统、教学目标子系统、单元目标子系统等，在育人内容子系统内，也可从道德认知、道德情感、道德意志和道德行为等方面区分出更细的子系统等。各个子系统的相互作用，又可细化或分解出三级、四级甚至更小的子系统，因此加强系统的整体性联系就显得尤为重要。因此，学校制度文化在育人中要体现道德内容和道德形式的统一，促进道德认知、道德情感、道德意志和道德行为的有机整合而非分裂。另一方面，从纵向的维度，要确保学校制度文化育人活动在小学、初中、高中与大学四个子系统的承接性与贯通性。"这种衔接要求每一个子系统的德育目标、内容、途径、方法、管理、评价都应遵循不同学段学生年龄阶段特点和品德形成发展规律，建立分层递进、螺旋上升、和谐衔接的有机联系。"[2] 如果小学与中学、大学与中小学之间在制度文化育人工作中缺乏合作的观念，必然导致中小学之间互不了解、中小学不了解大学以及大学不了解中小学的困

---

[1] 詹万生：《整体构建德育体系总论》，教育科学出版社2001年版，第171页。
[2] 同上书，第179页。

厄，这样就使得新生在入学后出现诸如焦虑、压抑、沮丧、紧张、失落等种种不适应，甚至一些新生会采取一些偏激行为，增加了学校育人工作的难度。即使是小学、初中、高中与大学意识到整体育人的必要性，但没有建立相互衔接的学校制度文化，仅是进行低效的合作，或是认为这是不得不完成的任务，在合作中敷衍了事，或是仅限于某一方面的合作，必要时将各部分进行简单的组合，没有将学校制度文化育人的整体性提高到应有的高度，育人效果的低下自是难以避免。

有序性是系统论的一条基本原理。系统的有序性表明，尽管系统内部各要素以及系统之间的相互联系呈现出复杂化和多样化的特征，但系统并非杂乱无章，也非毫无秩序可言，而是具有一定层次性和有序性，这也是系统在远离平衡态的冲击下逐渐降低熵增，从混沌状态走向有序状态、从粗糙走向精致、从低级系统发展到高级系统的基本保障。系统的有序性，要求学校制度文化在育人活动中要兼顾学生道德生成的横向的"序"和纵向的"序"。在横向方面，一方面，要探讨学校内部的校行政机关、年级以及班级等系统在育人活动中的规律性联系。规律性代表着"有序"。在通常情况下，校行政机关将育人的标准和要求传递给各年级，各年级细化到各班级，这样就能加强各个子系统之间的横向联系和相互协调，使制度文化育人活动按照既定的规则井然有序地开展。另一方面，要研究学校与家庭、社会等育人机构在引导学生道德成长的一致性关系。尤其是要加强家庭、社会和学校的合作，步调一致地做好育人工作。在实践工作中，学校要冲破孤军奋战的被动局面，通过家校合作、学社联携、社会实践等形式，积极争取家庭和社会的支持，扭转他们将育人责任推卸给学校的错误认知，增强他们的道德责任意识和使命感，逐步构筑起全员育人的机制，强化家庭德育因素、学校德育因素和社会德育因素的系统连贯性，打造家庭、学校和社会合作育人的良好格局，确保各道德元素有机整合，保持最佳性能，高效有序地运作。在纵向方面，由于学生对制度文化的认识经历了一个从外化到内化甚至反复的过程，因此，学校制度文化要遵循学生道德发展的规律和特点，即不同年龄阶段学生道德形成和发展的"序"，道德目标应介于学生独立解决道德问题的现有水平和在师长帮助下完成任务的指导水平之间的"最近发展区"内,这样就会避免两种误区,一是学校制度文化的育人要求太高,远远超出了学生现有的道德能力,学生经过多次努力和尝试均力不能及,就会失去道德探究的兴趣,灰心失望,甚至彻底放弃,引发他们自暴自弃的心理。二是学校制度文化的育人要求太低,学生轻而易举就完成了任务,不仅无法有效促进他们的道德成长,反而会滋生他们的骄傲心理和自满情结。因此,学校制度文化的育人目标要在综合权衡学生已有水平和帮助水平之间的差异,促进二者的互动,量力而行,将育人目标定在"跳一跳,摘桃子"的纵向之序内,按照各学段和年级的实际情况,在规约学生行为的基础上引导他们内化制度文化中的道德规则,推动学生从制度他律到道德自律的转变。在这个过程中,要力戒不问是非曲直、一厢情愿地将制度文化凌驾于学生身上的强硬立场与姿态。这种做法的错误之处在于僭越了学生道德生成的序列,忽视了学生真正道德的获得是逐步认同与悦纳道德而非外力所迫的基本原理。

最优化是系统追求的理想状态,是系统在整体联系中结构和功能达到最适宜的一种发展态势。系统的最优化体现着系统动态发展的特点。系统内部各要素、系统之间在进行物质和能量交换的过程中,为了适应新的环境或应对新的问题,会引发系统特性的变化,演化出高于系统内部以及系统之间单个元素的性质与功能,推动了系统的动态发展,产生新的特质和性能。如何统筹兼顾学校制度文化育人过程中的各种要素与资源,从系统论的角度而言,则是如何实现制度文化育人过程最优化的问题。依据系统论的最优化原理,学校制度文化育人活动欲取得最佳效果,其一,进行整体规划,发挥协同作用。学校制度文化育人过程涉及人力、物力和财力等多种元素,包括计划、组织、协调、反馈和提高等多个环节,涉及师生的价值取向、态度思维、道德认知和行为表现等多个方面,倘若任何一个环节出现问题,均影响制度文化育人的效果。因此,要以整体优化的视角寻求各种要素实现最优组合的内在机制,合理配置人力、物力和财力,优化道德教育资源配置,协调育人过程中的各种因素之间的扯皮、矛盾和摩擦带来的低效，充分发挥道德合力，产生互补效应，放大单个系统或因素的作用，经过协同作用，使系统获得新的结构和功能，促使学校制度文化育人产生整体效应。其二，坚持开放性原则，汲取发展动力。开放性是系统持续发展的动力，是推动系统不断优化的基本条件。"一个开放的系统可以'主动地'趋向于更高级的组织状态，也就是说，由于系统内部的条件，它可以从较低的有序状态过渡到较高级有序状态。"[1] 学校并非远离社会的"绝缘带"，学生的道德发展也不能拘泥于学校这个狭小的天地之内，学生良好道德品质的塑造是校内外各种道德因素共同作用的结果。为此，学校制度文化应坚持开放性原则，营造开放的系统，通过开门办学、建立校外道德教育基地、密切与社区的互动等形式，调动校内外的一切积极因素，尤其是将校外优势资源或信息能量整合到道德教育工作中，使学校制度文化育人活动远离平衡态，在避免或减少消耗的过程中焕发出自组织能力，达到一定的"阈值"后通过涨落发生突变，实现新的平衡态，走向更高层次的有序状态，将学生道德发展推向新的层次与境界。其三，动态升迁，不断超越。学校制度文化育人活动是由各个子系统构成的一个复杂系统。如果我们以学校、年级和班级为着眼点，把学校制度文化作为一个第一级子系统，那么，年级制度文化为第二级子系统，班级制度文化为第三级子系统。尽管每个子系统内部有着相对稳定的结构或排列方式，在道德教育工作的常规管理功不可没，但不能将其视为僵化的、静态的体系，否则将遗失制度文化的强大感召力、号召力与亲和力，窒息制度文化育人的生机与活力。这是因为，学校制度文化面对的是拥有巨大发展潜力和创造才能的个体。"人不是外部世界刺激的被动接受者，而是在非常具体的意义上创造他的天地。"[2] 因此，育人活动不能仅停留在适应学校制度文化的层面上，而要发挥学生这个道德主体的能动作用，为学校制度文化育人系统提供区分各个子系

---

[1] ［美］冯·贝塔朗菲：《一般系统论：基础、发展和应用》，林康义等译，清华大学出版社1987年版，第141页。

[2] 同上书，第184页。

统优劣的智力基础和主体条件，推动学校制度文化优胜劣汰，在扬弃中超越，在动态中超越，促使优良的制度文化不断生成，达到预期的最佳效果。缺失了适应中的超越，系统的优化和演进是难以想象的。

第二节　学校制度文化育人的现实依据

道德的实践性特征表明，学生道德发展的过程，实质上是学生领会道德、选择道德并实践道德的过程。唯有将道德及道德教育融入具体的道德实践中，在实践中检验和发展理论，引导学生通过动态的道德实践过程塑造与展示自我形象，并在实践活动中不断深化道德体验，汲取道德智慧，领悟道德意义，构筑起安身立命的道德大厦。亚里士多德高度赞扬了实践在修身养性中的重要性。他说："我们做公正的事情，才能成为公正的人；进行节制，才能成为节制的人；有勇敢的表现，才能成为勇敢的人。"[1] 马克思主义也从实践框架出发，确立了现实活动或实践在道德及道德发展中的至关重要性。无论是科学社会主义的创始人，包括马克思、弗里德里希·冯·恩格斯（Friedrich Von Engels）、列宁等在内的马克思主义经典作家，还是继承与发展马克思主义经典学说的伦理学家们，都把道德纳入个体的现实生活或实践选择中予以诠释。如苏联伦理学家伊·弗·阿尼西莫夫（Igor Vladimirovich Anisimov）就认为，离开了人们的实践活动去探讨与解释道德的起源、表现及基本规律等，容易被经验主义和教条主义所俘获，无法科学地揭示道德的丰富性和复杂性。按照他的观点，道德是一门实践的学问，将道德从形式多样的实践活动中剥离出来，实际是为道德戴上了镣铐，不仅无助于反而伤害了真正意义上的道德。因此，为了推动学校制度文化育人活动的扎实开展，不但要明晰学校制度文化育人的学理依据，而且要深究学校制度文化育人的现实依据。可以说，从学理与实践层面观照制度文化的特性与功用已成为当

---

[1] ［古希腊］亚里士多德：《尼各马科伦理学》，苗力田译，中国社会科学出版社1990年版，第26页。

前学校道德教育的一个重要发展态势。

一 贯彻落实党和国家教育政策方针的根本要求

重视学生的思想道德教育工作是党和政府的一贯方针。1949年中华人民共和国成立以来，党和国家通过颁发《中国人民政治协商会议共同纲领》《中小学暂行规程》《关于改进和发展中学教育的指示》《关于教育工作的指示》等一系列文件，成立了学校德育工作领导小组，制定了德育管理制度，规范了德育运行机制，不断加强学生的思想品德教育和行为习惯教育，为推动制度文化育人工作提供了实践依据和保证。

党的十一届三中全会以来，为了适应改革开放的需要，1985年8月印发了《中共中央关于改革学校思想品德和政治理论课教学的通知》，按照青少年学生思想品德形成和发展的规律提出了小学、中学和大学等阶段马克思主义思想品德和政治理论课的内容，其中有关制度文化育人的主要内容包括，在小学阶段，要加强"社会常识（包括法律常识）和社会公德教育"，使小学生形成正确的行为习惯。在中学阶段，通过"道德、民主和法制、纪律教育"，使中学生"树立遵守法律和纪律的观念"，具有为共产主义事业而奋斗的远大理想和道德使命感。在大学阶段，要强化大学生对社会主义制度的自信教育，激发他们为具有中国特色的社会主义伟大事业而奋斗的担当意识与责任精神；1988年12月，中共中央颁发的《关于改革和加强中小学德育工作的通知》旨在彻底肃清中小学德育工作中"以阶级斗争为纲"的错误思想，提出了加强遵纪守法教育的重要性，以推动"中小学德育工作制度化、规范化"。要对小学生进行法制与纪律的教育，从小就培养他们的社会主人翁意识，培养集体主义精神与尊重他人劳动成果等良好习性，具有"规则面前人人平等"的浅显认知，要引导学生"懂得民主和法制、纪律不可分，懂得必须维护宪法的尊严，了解公民的基本权利和义务，知道刑法等法律的基本知识，树立公民的法制观念。中小学校都要有严格的校纪校规，树立良好的校风，要把对学生的关怀和爱护同严格要求结合起来"；1994年8月颁发的《中共中央关于进一步加强和改进学校德育工作的若干意见》是在扩大开放与加快社会主义现代化建设步伐的背景下推进学校德育工作的重要文件，从制度育人的角度提出了要培养学生"良好的道德品质和遵纪守法意识""健全升降国旗、重要集会唱国歌等制度"、加强爱国主义教育等内容，旗帜鲜明地提出了"学校德育工作要有法制保障"的主张，要求各级各类学校健全与完善各校德育工作制度，并加强制度的切实落实，以维护学校德育工作的严肃性和权威性，同时"要完善地方党委、政府和中央国家机关有关部委的领导同志联系学校的制度"，通过到学校调研、督导、做报告或座谈等多种形式，关注学生的道德发展状况，引导学生树立正确的价值观和人生观，确保学生良好道德品质的生成；1999年1月，为了推进科教兴国的战略，提高国民的整体素质，国务院批转了《面向21世纪教育振兴行动计划》，勾画了21世纪教育改革和发展的蓝图。文件重申在坚决贯彻落实《中共中央关于进一步加强和改进学校德育工作的若干意见》的基础上，健全学校德育工作体系，尤其是要强化教育行政部门的育人职责，提出了"建立和完善校长及行政系统为主实施的德育管理体制"，规范学校的思想道德工作与管理工作，教育引导学生坚定社会主义的理想信念，具有远大的理想抱负，积极投身社会主义现代化建设之中，充分发挥学校在推动社会道德进步和促进社会主义精神文明建设中的重要作用等；同年6月，《中共中央国务院关于深化教育改革全面推进素质教育的决定》明确规定，各级各类学校必须高度关注学生思想品德和行为规范的培养，要因地制宜地开展社会主义教育与集体主义教育，加强民主法治教育。《决定》指出，"全面推进素质教育，根本上要靠法治、靠制度保障"。中央与地方各级人民政府及各部门要依据法律准绳依法行政，确保教育方针政策得到全面执行与切实贯彻。各级党政领导干部与教职员工要强化法律意识，积极主动地学习教育法律和法规，增强自身的法制化管理水平，运用法律武器促进青少年学生的健康成长。要"严格履行保护少年儿童和学生身心健康发展的法律职责，坚决制止侵犯学生合法权益的行为，抵制妨碍学生健康成长的各种社会不良影响"。要完善国家教育立法，构建与社会主义市场经济体制相适应的教育体制，进一步加大教育执法监管力度。要"制定有关素质教育的制度和法规，逐步实现素质教育制度化、法制化"，等等。

进入21世纪以来，各级政府与教育行政部门更加关注通过制度文化培育学生良好道德品质的保障作用，陆续颁布了一系列方针政策，为学校制度文化育人指明了方向。2001年1月，中共中央办公厅、国务院办公厅从新时期青少年思想教育工作所面临的突出问题及加强和改进中小学德育工作出发，印发了《适应新形势进一步加强和改进中小学德育工作的决定和意见》，提出了"依法加强对学校工作的管理，严格校风校纪，使自律与他律、内在约束与外在约束有机地结合起来"、强化中小学生的法纪观念，把法制教育作为学校德育工作的重要内容、"通过加强法制教育，不断增强学生的法制意识和法制观念，使他们从小就养成遵纪守法的良好习惯""建立健全学生思想道德行为的综合考核制度"等，从学校制度文化层面上作出了提升学生思想道德素质的明确要求；2008年9月，为适应社会发展需求，进一步加强教师职业道德建设，在对1997年的《中小学教师职业道德规范》进行修订的基础上，教育部与中国教科文卫体工会全国委员会印发了《中小学教师职业道德规范》（2008年修订版），重视通过制度建设与制度管理，不断提升教师职业道德，塑造培养学生的良好的人格品行。该规范指出，教师要"自觉遵守教育法律法规，依法履行教师职责权利""不体罚或变相体罚学生""知荣明耻，严于律己，以身则"，用崇高的师德精神敬业奉献，为人师表，率先垂范，诲人不倦；2010年6月，为了加快人才强国之路的发展步伐，突破人才发展体制机制改革的瓶颈与推进政策创新，中共中央、国务院印发的《国家中长期人才发展规划纲要（2010—2020年）》，对人才工作作了全面安排和系统部署，明确指出要"改革人才发展体制机制，完善人才管理体制，创新人才培养开发、评价发现、选拔任用、流动配置、激励保障机制，营造充满活力、富有效率、更加开放的人才制度环境"等形式，创新学校人才培养模式，加大学校人才培养改革的力度，尤其是要加强学生的思想道德教育，培育他们甘于奉献、艰苦奋斗、实事求是、集体协作、团结向上的精神，从制度环境上引领学生的精神成长，创新人才工作机制；同年，为深化教育体制改革，提高教育的现代化水平，培养德才兼备的人才，办好人民满意的教育，中共中央通过了《国家中长期教育改革和发展规划纲要（2010—2020年）》。《规划纲要》从促进公平、以人为本、立德树人等方面，明确提出了"建立以提高教育质量为导向的管理制度和工作机制""坚定学生对中国共产党领导、社会主义制度的信念和信心""建设现代学校制度""培养学生团结互助、诚实守信、遵纪守法、艰苦奋斗的良好品质""建立学生发展指导制度，加强对学生的理想、心理、学业等多方面指导""加强诚信制度建设，坚决防范和严肃查处考试招生舞弊行为""支持民办学校创新体制机制和育人模式""建立长效机制，形成良好学术道德和学术风气""推进依法治教"等条款，这是对制度育人、管理育人的鲜明体现。《国家中长期教育改革和发展规划纲要（2010—2020年）》是我国进入21世纪以来制定的第一个教育规划，该规划的颁布与实施，为落实德育工作的首要地位并推进学校制度文化的育人实践活动提供了指南；2013年12月，中共中央办公厅印发的《关于培育和践行社会主义核心价值观的意见》将师德师风作为培育和践行社会主义核心价值观的重要抓手，并将其融入制度建设之中，"完善教师职业道德规范，健全教师任职资格准入制度，将师德表现作为教师考核、聘任和评价的首要内容，形成师德师风建设长效机制"，培育广大教职员工高度的敬业意识和强烈的奉献精神，做学生道德健康发展的示范者和引领者。

总之，党和国家颁发的一系列教育方针和政策，为学校制度文化育人工作作出了指示、安排与部署，深入领会其精神并切实落实到学生品德培养的各个环节和过程中，必将推动学校德育工作的科学化、系统化与规范化，对育人实践工作产生持久、深远的影响。

二 社会转型时期学校道德教育困境的现实诉求

当前我国社会正处于社会转型时期。社会转型促使了社会结构与制度变迁，对学校道德教育变革的影响是系统的、全面的、深刻的。

社会转型严重地冲击着人们的价值取向和行为方式,使得教育领域中的各种利益纠纷与矛盾问题渐趋尖锐,尤其是在学校道德教育工作中,社会转型扰乱或破坏了既有的制度秩序,弱化了学生的集体理性和善良意志,引发了文化精神迷失的危机,诱发了精神生活的极度空疏,对学生良好道德品质的培养提出了严峻的挑战。康德在《道德形而上学原理》一书中反复强调善良意志的重要性,按照康德的解释,善良意志是内在的、无条件的善。"在世界之中,一般地,甚至在世界之外,除了善良意志,不可能设想一个无条件善的东西。"[1] 这些善良意志包括正义感、仁慈、理智、果敢、不骄不躁等。在学校道德教育实践工作中,如果疏远或漠视善良意志的绝对价值,反其道而行之,"当利用它们的意志不是善良意志的时候,精神上的才能、性格上的素质以及幸运所致的东西都可能是极大的恶"[2]。学校道德教育实效低下,在实践中的裹足不前并饱受人们诟病的现实遭遇呼唤制度文化的理性审视。一如夸美纽斯所指出,制度是稳定一切的灵魂。制度是一切事物产生、发展并逐步走向完善的重要保障。加强制度文化供给以应对社会转型对学校道德教育的冲击,稳定与规范学校道德秩序,提升学生是非善恶的辨别能力,抵制不良信息的滋扰,养成自觉遵守纪律常规的习惯和品性,稳步提升学校制度文化育人的实践效果。

"转型"(transformation)这一概念,最早被运用在生物学领域,原意是指一个物种向另一个物种的进化,后来被运用到社会学、历史学、经济学、哲学等多个领域。"转型"由此也获得了新的诠释,意指事物运动状态及方式的变换,即从一种运动形式向另一种运动形式的转变。"社会转型"(social transformation)一词,源自西方社会学家描绘和阐释社会结构演化时提出的专用术语,由此拉开了学界探讨社会转型的帷幕。对于社会转型的界定,学者们从不同的角度与层面

---

[1] [德] 伊曼努尔·康德:《道德形而上学原理》,苗力田译,上海人民出版社2005年版,第8页。
[2] [美] 约翰·罗尔斯:《道德哲学史讲义》,张国清译,上海三联书店2003年版,第209页。

出发，给出了他们的理解和看法。概而言之，这些主张可以归纳为三种。第一种是从经济体制的视角解释社会转型，将社会转型视为新旧经济体制转轨的变化过程。生产力决定生产关系，经济基础决定上层建筑，生产力的发展、经济的增长是推动社会发展的决定性力量。因此，社会转型是经济组织形式的转变或更替。持这一主张的学者认为，当前我国的社会转型是指从计划经济体制向社会主义市场经济体制转换的动态过程；第二种是从社会结构的层面剖析社会转型，将社会转型视作社会结构的调治或变更过程。依据这种观点，特定的历史时期有与之相对应的社会结构，社会转型的实质是传统社会结构向现代社会结构的革新过程；第三种是从社会形态的维度厘定社会转型，将社会转型视为社会形态的变革过程。由于发展与进步是人类社会的永恒主题，因此，社会转型总的发展趋势是从野蛮走向文明、从专制走向民主、从落后走向繁荣的演化与革新过程。虽然三种主张基于不同的立足点，分别从经济体制、社会结构和社会形态的转换对社会转型作出了界定，但他们的共识是显而易见的，即社会转型是传统社会向现代社会的过渡或升迁过程。"中国社会正在从自给、半自给的产品经济社会向有计划的商品经济社会转型，从农业社会向工业社会转型，从乡村社会向城镇社会转型，从封闭、半封闭社会向开放社会转型，等等。"[1] 循此思路，我们认为，社会转型是指人类社会从一种发展样态演化到另一种发展样态的过程。社会转型对人们的影响全面、广泛而深刻，是引发人们的价值观念、思想意识、心理结构、制度关系、生活方式、行为习性等产生变化甚或进行根本性变革的过程。

社会转型是人们冲破传统惯性思维、大胆创新、思想解放的产物，是人类社会走向文明进步的必由之路。当今的世界进行着翻天覆地的变化，生存在这个社会的每一个个体犹如被卷入一个巨大的旋涡之中，如何从随波逐流中挣脱出来而不随波逐流，或不被巨浪吞噬，

---

[1] 袁方等：《社会学家的眼光：中国社会结构转型》，中国社会出版社1998年版，第31页。

就成为国家、政府、社会和每个人必须面对的现实。当前的社会转型是世界各国所面临的客观现实，在全球范围内产生了广泛的影响。我们有确凿的证据和充分的理由使人相信，"我们现在正处于一个急剧变迁的'全球化'时代。这是世界历史变迁的一个重要时期。这些对我们产生影响的变迁不仅仅局限于世界的某个地区，而是几乎延伸到了世界的每一个角落"[1]。就我国而言，自鸦片战争以来，面临着外国列强的入侵，大批爱国知识分子或仁人志士如龚自珍、黄宗羲、顾炎武、康有为、谭嗣同等人满腔热忱，为摆脱亡国惨兆奔走呼告，从学习西方、改革制度、追求民主、发展资本主义生产关系等方面，开启了我国从传统农业社会向现代工业社会缓慢迈进的步伐。自20世纪以降，世界范围内的经济发展与科技进步，助推了我国社会的发展变迁，促使我国社会经历了三次重大的社会转型。第一次转型是1911年孙中山先生领导的辛亥革命。这是一次资产阶级民主革命，推翻了腐朽的清王朝统治，废除了长达两千多年的封建帝制，缔造了资产阶级民主共和国，极大地促进了国人的思想解放，使民主、自由与共和等观念深入人心，开启了我国建立共和体制的民主革命运动，推动了民族资产阶级工业的崛起，深刻地影响了中国社会的变革；第二次转型是1949年中华人民共和国的成立。中国无产阶级革命的胜利，推翻了封建主义、帝国主义和官僚资本主义"三座大山"，建立了社会主义制度，保障了人民当家作主的权利，使整个社会发生了根本性的变化，开辟了中国真正成为独立自主国家的新时代，终结了一百多年来被外国列强任意横行与肆意侵害的屈辱史，增强了世界被压迫民族争取解放斗争的信心与决心，壮大了世界民主与和平的力量，具有划时代的伟大意义；第三次转型是1978年的改革开放。在经历了"文化大革命"的十年浩劫之后，1978年12月，党的十一届三中全会召开，这次大会实现了思想路线的拨乱反正，端正了全党的指导思想，果断地从"以阶级斗争为纲"的旋涡中摆脱出来，提出了

---

[1] ［英］安东尼·吉登斯：《失控的世界：全球化如何重塑我们的生活》，周红云译，江西人民出版社2001年版，译者的话，第2—3页。

"以经济建设为中心"的重大战略决策,在中国共产党的领导下,集中全党及全国各族人民的智慧,揭开了改革开放与社会主义现代化建设的新时期,开启了党和国家历史的新篇章。尽管社会转型是文明的体现,但人类享受文明是有一定条件限制的,甚至要付出应有的代价。这是因为,社会转型打破了原有的结构与制度关系,而新的结构与制度关系难以在短时间内建立起来,这样就会出现一个巨大的"真空地带",引发诸多不和谐与不稳定因素,旧有的利益纠葛与失调现象尚未解决,新的问题与矛盾又渐趋显露,在双重夹击之下,实现社会转型的平稳过渡自是困难重重。当前我国社会转型对人们思想道德的冲击是深刻的,在一定程度上不仅激化了现有的道德冲突,而且激活了许多潜在的道德风险,且逐步渗透到人们日常生活的每一个环节。尤其是制度设计或制度安排中出现的不足,无疑加剧了社会转型时期的道德失范。特别是在新旧经济体制转轨的过程中,由于成熟的社会主义市场经济体制尚未在我国真正确立起来,商业道德规则与市场法律制度不完善,管理制度中的疏漏较多,加之市场经济以优胜劣汰为基本法则,对其的误读或歪曲,不可避免地出现了一些行业垄断、欺行霸市、投机取巧、偷工减料、坑蒙拐骗、非法获利等不良行为,严重地背离了社会主义市场经济道德,禁锢了市场经济中社会主义精神文明建设的长足发展。受不良风气的侵蚀,一些行政部门的党政领导干部或办事人员经受不住考验,不能在道德上廉洁自律。他们凭借党和人民赋予的权力进行贪赃枉法、损公肥私、行贿受贿等失德行为,腐蚀了党同人民群众的血肉关系,严重触犯了党纪国法,损害了党和国家的形象,败坏了社会的道德风气。

社会转型时期经济与政治领域中的道德失范,通过各种途径传播到学校,严重地冲击着学校道德教育,给学校道德教育带来诸多困境与挑战,尤其是经济上的片面逐利、政治上的营私舞弊等不良现象不断腐蚀着青少年学生,促使他们的思想道德出现了一些新情况、新问题。一是理想的贬值助推了学生的功利化的价值取向。市场经济的竞争机制强化了学生的拼搏进取精神和效益观念,但同时弱化了他们的道德追求与崇高信念,诱发了学生追名逐利的功利动机,萌生投机冒险心理，陷入金钱至上、享乐主义、个人主义与利己主义的囹圄中难以自拔，道德理想被严重地边缘化。二是引发了道德相对主义。社会转型时期强化了学生的主体意识的多元表达，但极易使学生坠入道德相对的陷阱之中。一些青少年学生过分张扬自我，任意妄为，纪律观念淡漠，喊出了"我就是有钱，我乐意浪费，关你何事"，将勤俭节约的美德抛到九霄云外。也有青少年学生在面临多元的选择中是非不分、善恶难辨，缺乏了应有的道德判断能力，或束手无策，或随波逐流。三是对西方价值观的盲目崇拜弱化了青少年学生对社会主流道德价值的认同。社会转型时期经济的全球化和文化的多元化使得西方的一些腐朽思想与价值观念乘虚而入，扭曲了不少青少年学生的价值观念，带来了社会主流道德价值认同的淡化与迷惘。在改革开放、向西方学习的过程中，不少青少年学生在社会主流道德价值与非主流道德价值之间摇摆不定，马克思主义意识形态和社会主义核心价值观被动摇、被疏离、被抛弃，直至被西方的价值观所俘获，进而崇拜西方，迷恋西方，映射出渐趋严重的道德信仰危机。西方的价值观似乎成为"一句神奇的口头禅，一把意在打开通向现在与未来一切奥秘的万能钥匙"[①]。凡此种种，毒害了学生思想道德，削弱着学校道德教育的效果，不能不使人警觉与沉思。从客观的角度看，我们认为，这种窘境的出现是社会转型时期多种因素相互作用的产物。其中，从制度文化的视角进行检视，是缺乏有力的制度保障，是市场机制不完善、新旧制度之间剧烈碰撞、激烈交锋以及相互博弈的必然结果。

制度的根本性变革是社会转型的典型特征。社会转型引发学校道德教育问题实际与制度上的漏洞不无关联。社会转型时期不确定因素与道德风险的增加，加之学校制度文化在运作过程中的偏失，使身处其中的青少年学生在道德价值取向、思维方式和行为表现上"误入歧途"，严重地阻碍了育人的质量。为了应对社会转型时期对学校道德教育尤其是青少年学生道德品质的冲击，必须在学校制度文化上吐故纳新，作出应

[①] ［英］齐格蒙特·鲍曼：《全球化：人类的后果》，郭国良等译，商务印书馆2013年版，第1页。

有的保障、引领与促进。一方面，要强化已被实践证明的行之有效的制度文化，用以规范学生错误的言行。学校制度文化是规范、调适与引领个体道德行为的指南。通过学校制度文化对育人活动程序的设定，使学生对自己行为有明确的预期与辨识，从道德相对中解脱开来，将践行德行作为自己的行动指南，严于律己，将制度文化中的诚实、勇敢、正义、合作、节约等美德落实在实际行动中，更好地实践道德，发展道德，养成自觉执行制度的良好行为习惯。在这个过程中，尤其是要通过制度文化培养青少年学生高尚的道德理想、社会责任感与锐意进取的精神，推动青少年学生不断加强自身的道德修养。另一方面，应革除陈旧的、无效的、过时的制度文化，推陈出新，加快制度文化的创新，建立健全立足现实、着眼未来的充满活力的学校制度文化体系。尤其是要将社会主义核心价值观融入学校制度文化建设之中，以此应对社会转型时期西方思潮大量涌入、新旧制度冲突和道德相对等对青少年学生思想的侵蚀等，强化爱国意识，筑牢他们的精神家园，自觉抵制西方资本主义腐朽思想和文化价值观，提升社会主义意识形态对青少年学生的感召力与亲和力，渗透于课堂教学、课外活动以及社区服务等各个实践环节中，推动学校制度文化育人实践活动向纵深挺进。

三 引领学生实现道德自主的责任使然

稳步提升青少年学生的道德选择与判断能力，实现德性的自主建构并达到道德自律，是学校制度文化育人的根本所在。学生道德的发展是一个连续的、积极主动的过程。学生道德发展的阶段性，决定了学生习得道德规范、表现道德行为、最终内化道德并实现道德自由是一个持续的、渐进的过程。如孔子所指出："吾十有五而志于学，三十而立，四十而不惑，五十而知天命，六十而耳顺，七十而从心所欲，不逾矩。"（《论语·为政》）由于受年龄特征与道德发展规律所限，学生的道德自觉性不会与生俱来，也非自然而成，需要经过制度规范与文化引领的双重作用。学校制度文化是对"应然"与"必然"的理性审视，以正义或道德为价值取向，为个体的德性自主提供了一个参照体系，青少年学生正是在遵守必要的纪律或规章的基础上理解了道德的真正含义，将制度规则内化为德性，主动、自愿地践履道德，增强实践理性，最终实现道德自觉，形成健全的道德人格。

人无德不立。人类之所以在制度文化上不断除旧布新，是由于制度文化能够满足人类实现道德自主的吁求。作为一种社会现象，人是一种道德的存在。在人类历史发展中，前辈先哲努力探索，不断寻找"人之为人"的伦理价值与精神慰藉，是人缔造了历史，创造了文化，也推动了人类文明的发展步伐。然而，在人类寻求自我发展和自我解放的进程中，人自身无法克服的固有缺陷，导致个体自我认同危机，意义迷失，使得他们并非始终能够沿着正确的方向行进，进而对道德及道德自主造成某种程度的桎梏或延缓。在《德意志意识形态》中，马克思和恩格斯指出，人是受动性与能动性的有机统一体。环境创造了人，人可通过改变环境而促进自身发展，因而人要认识与遵循自然规律与社会规律，使规律成为个人发挥独创精神的宝贵财富和资源，从而实现人的自由而全面的发展。然而，社会生产力的发展以及人类迈向文明时代的同时，人类社会的道德却在某种程度上失缺了沟通、理解与合作，遭到了退步甚至是沦落。恩格斯对此作出的解释是，"这种自然发生的共同体的权力一定要被打破，而且也确实被打破了。不过它是被那种在我们看来简直是一种堕落，一种离开古代氏族社会的纯朴道德高峰的堕落的势力所打破的。最卑下的利益——庸俗的贪欲、粗暴的情欲、卑下的物欲、对公共财产的自私自利的掠夺——揭开了新的、文明的阶级社会；最卑鄙的手段——偷窃、暴力、欺诈、背信——毁坏了古老的没有阶级的氏族制度，把它引向崩溃"[1]。对于人类道德的堕落，卢梭也表达了同样的观点。他在《科学与艺术》中得出了振聋发聩、发人深省的结论：与科学与艺术的光泽在地平线上冉冉上升形成鲜明对比的是，人们的德性却在不断地消逝。缘何生产力的发展不仅没有促进反而滞后了道德的发展？按照卢梭的说法，操纵、骄横与邪恶等不道德行为存在于一切社会中。在自然状态下，这些不道德行为缺乏被激活的动力，因而安然无事。但科

---

[1]《马克思恩格斯选集》第4卷，人民出版社1972年版，第94页。

学与艺术的发展带来了文明的"罪恶",激活了人们占有、仇恨、奢侈的心理,败坏了社会道德风尚,践踏的不仅仅是道德,而且践踏了人自身存在的尊严与价值。由于对技术的过度迷恋以及人趋乐避苦的不断膨胀,人与人之间的关系日趋变得紧张,引发了各种争议和讨论,"自然把人类置于两位主公——快乐和痛苦——的主宰之下。只有它们才指示我们应当干什么,决定我们将要干什么。是非标准,因果联系,俱由其定夺。凡我们所言、所行、所思,无不由其支配:我们所能做的力图挣脱被支配地位的每项努力,都只会昭示和肯定这一点。一个人在口头上可以声称绝不再受其主宰,但实际上他将每时每刻对其俯首称臣"[①]。人类道德的迷失与制度文化的匮乏总是相伴而生的。与对善的无知有所不同,一些人明知是恶的却趋之若鹜,甘愿饱受舆论谴责而非法收益,道德对他们而言仅是一种装潢门面的摆设。特别需要指出的是,某些人物利用手中的权力对"善"进行歪曲,并哺育着蛮性之善的努力,也不能扛着"趋善"的旗帜反其道而行之。在此种情况下,幻想通过道德说教或劝人从善是极为脆弱的,是空洞的、徒劳的,必须凭借制度文化的理性审视。进一步讲,是通过正义的制度文化对越轨行为或道德失范行为进行强硬制裁,使之"入不敷出",就会在一定程度上预防或减少人们的不道德行为,逐步实现对公正的制度文化的道德认同,以制度认同推进道德认同,实现道德自主。一如弗莱德·R. 多尔迈(Fred R. Dallmayr)在《主体性的黄昏》中写道:"善的生活虽然不与人的努力并肩而立,但它既不能被操作,也不能被强加。当它来临时,它可能在深夜忽然降临到我们身上,不是像一个小偷,而是像一个富有的善者;在它到来时,我们可能会发现自己是一直是受益者——但却是我们不曾怀疑或不曾以这种方式揣摩过的富裕生活。"[②]

在学校道德教育过程中,从形式上看,学校制度文化与学生道德

[①] [英]边沁:《道德与立法原理导论》,时殷弘译,商务印书馆2000年版,第57页。
[②] [美]弗莱德·R. 多尔迈:《主体性的黄昏》,万俊人等译,上海出版社1992年版,第257页。

自主似乎是一对不可调和的对立面，因为学校制度文化构成了对学生道德自主的规约，但学校制度文化并非单纯为了规范而存在，其价值在于对学生道德自主的保障与促进。作为理性的产物，学校制度文化厘定了道德的边界，从合道德的层面规定了学生自由活动的范畴，即"做"与"不做"的自由，而非逃避道德责任的个人随意行为，从道德关系上诠释了实现道德自由的前提条件，即承担应有的道德责任。脱离道德责任的道德自由是不存在的。"一种出于责任的行为，它的道德价值既不来自它所得到的或期望得到的效果，而是来自一种形式原则或者准则，也就是实行自己的责任，而不管责任什么。"[1] 唯当承担道德责任，才能使青少年学生将为善的心理倾向转化为自觉的道德行动，实质是增强了他们对善的认识以及如何行善的自觉性，这对于道德自律的实现是难能可贵的。因而，学校制度文化本身就蕴含着自由的价值取向，实现道德自由是学校制度文化育人活动所追求的目的价值。在青少年学生德性的自主建构过程中，倘若缺失了制度文化的规范和引领，极易产生两种偏失行为，一种是意愿与行为相背离。尽管学生具有向善的动机，却不了解制度文化对善的规定，不懂得如何行善，因而不能采取正确的行为方式，不仅事与愿违，而且仅凭自己的满腔热情滥施同情心，极易对自身造成伤害，重蹈"农夫与蛇""东郭先生和狼"的覆辙。另一种是痴迷于绝对的自由中丧失自我。不少青少年学生追求绝对的个人自主或道德自由，我行我素，认为自由就是按照自己的主观意志行事，不受任何外部条件的限制，进而规避对他人或社会的责任，即所谓的绝对自由，这在存在主义者萨特那里得到了淋漓尽致的体现。此种自由观追求空幻的自由，无视自由存继与发挥作用的外部条件，如漂泊不定的浮萍无根可依，非但不能促进道德自由反而反其道行之，极易使青少年学生将个人自由凌驾于他人自由之上，在追求自由中公然挑衅、侵犯与损害他人的正当权益，迷失自我，沦为主观唯心主义的帮凶。

---

[1] ［德］伊曼努尔·康德：《道德形而上学原理》，苗力田译，上海人民出版社2005年版，第101页。

需要指出的是，学校制度文化对青少年学生道德发展的贡献不仅体现在规范或维持的层面上，更重要的是体现在对现实的否定和超越上，应"按照某种超越于现实的道德理想去塑造与培养人，促使人去追求一种理想的精神境界与行为方式，以此实现对现实的否定"[①]。倘若失去了这种对现实的否定与赶超，学校制度文化的育人活动就失去了发展的动力与活力，只能在机械重复或低水平中踯躅不前。因此，学校制度文化的重要性不在于维持道德秩序，而在于唤醒青少年学生自觉自愿践行制度规则的内驱力，引导他们形成道德的自我引导和主动建构的自觉意识，在于推进道德自由而非相反。"许多伟大的自由倡导者都始终不渝地强调着这样一个真理，即如果没有根深蒂固的道德信念，自由绝不可能发挥任何作用，而且只有当个人通常都能被期望自愿遵奉某些原则时，强制才可能被减至最少限度。"[②] 如此，对青少年学生而言，制度文化中的育人要求或道德规则就成为学生自觉自愿的选择，而非外力强制或高压所致。青少年学生对制度文化的认同，是制度文化发挥育人作用的内在动力。质言之，唯有认同制度文化，方能指引青少年学生在为善的道路上昂首阔步，也正是在践行善道的过程中，学生的道德主体地位予以确证，道德自觉性日益增强，自然敢于担当，乐于肩负道德责任，学会负责任地行动，在反复的躬行道德过程中，推进青少年学生良好道德品质的培养，并扩大道德的覆盖范围，由己及人，实现从"独善其身"到"善至天下"的升华。

[①] 鲁洁：《道德教育的当代论域》，人民出版社2005年版，第36页。
[②] ［英］弗里德利希·冯·哈耶克：《自由秩序原理》（上册），邓正来译，生活·读书·新知三联书店1997年版，第72页。

第四章　学校制度文化育人的表现

　　立德树人是学校教育的根本任务。育人为本，德育为先。《国家中长期教育改革和发展规划纲要（2010—2020年）》明确指出，要贯彻落实教育优先发展的战略地位，"把育人为本作为教育工作的根本要求"。坚持育人为本，旨在培养学生文明的行为习性和健全的人格，为社会培养大批高素质的人才。这是落实人才强国战略的出发点和重要抓手，是促进学生成长成才的有力举措，深刻地反映了新时期学校教育的价值取向，为学校道德教育改革与发展指明了前行的方向。

　　然而，明晰了育人为本的价值指南，并不意味着学校的育人工作就能畅行无阻。倘若我们将其停留在意识深处而无以落实，或是在执行过程违背了育人的规律，则难以取得预期效果。欲使育人活动落到实处，取得实效，我们需将其进一步具体化，必须回答的问题是，通过何种方式育人？育人的标准是什么？表现在哪些方面？等等。应该说，教育界对此问题均有回应与反思。具有代表性的观点有，在西方，美国著名哲学家约翰·杜威（John Dewey）从实用主义道德哲学的视角出发，认为"一个在道德上受过教育的人"具有社会道德责任感和社会技能、习得稳定的行为习惯和完整的有机的自我；柯尔伯格从认知角度出发，认为道德教育的目的就是促进学生道德选择与道德判断能力的发展；塔尔科特·帕森斯（Talcott Parsons）从结构功能主义社会学的角度出发，认为道德教育要使学生形成共同的道德价值观，注重学生个体的道德内化；内尔·诺丁斯（Nel Noddings）从关怀伦理的角度出发，认为道德教育就是要培养学生关心、谅解、怜悯、同情等美德，等等。在我国，朱小蔓教授从情感教育的角度出发，认为道德教育需要陶冶学生的道德情操，培养情理融通的人；戚万学教授从活动教育的视角出发，认为道德教育就是要在活动中培养学生过一种向善的生活方式；檀传宝教授从欣赏教育的角度出发，认为道德教育就是通过情境的审美化，激发学生善于发现美、欣赏美并乐于创造美、品味美的情趣，培养他们的道德美、人格美、人生美的过程，等等。由于道德是主体——学生的道德，学校育人活动要调动学生的道德主体性，使学生认同道德、内化道德并实践道德。受此影响，研究者更多地将视角聚焦于如何激发学生个体的内部道德自觉上，在一定程度上忽略了或疏远了教育制度的外部规范和秩序功能，尤其是对学校制度文化育人的表现关注不够，这对育人为本理念的落实构成了极大障碍。长期身处一线的教育工作者都有切身的感受与体验，学校育人成效的彰显，既要靠教育制度安排予以支撑与保障，也要靠学生能动的道德内化。对任何一方的推崇或贬抑，均不利于学生完整道德人格的培养。只有将外部的制度规范与内部的道德自觉结合起来，方可推进育人工作的常态化发展。于此，从制度层面尤其是学校制度文化层面入手，深入探讨育人的表现并据此推进学生良好道德品质的生成就显得尤为重要与格外迫切。

"学校的日常运行是一种制度化的机制运行。每日学校生活的展开都不是随意的或按个人率性而为的，而是按照一套事先规定好的制度来运行。"[1] 学校制度文化是重要的道德教育资源，具有显著的道德功能与育人效应。深入挖掘学校制度文化中蕴含着的丰富道德精神与伦理意义，不断提升学生的思想道德修养是学校道德教育的基础性工作。青少年学生道德的发展是以制度文化为依托，通过持续不断地学习、领会与践行制度文化中的道德规则，逐渐养成遵章行事、恪守纪律、表里如一的文明习性，获得契合社会需要的人文精神、道德规范与行为方式，不断地适应社会、融入社会、服务社会，在实现个人价值的同时为社会的发展做出积极的贡献。

---

[1] 高德胜：《生活德育论》，人民出版社2005年版，第177页。

第一节　价值引领：筑牢精神家园

在当前社会转型与文化多元的时代背景下，新旧观念的碰撞、价值立场的相异、不稳定因素的增多、利益矛盾的凸显以及自由选择机会的增加等，直接诱发了青少年学生的认知盲区或道德虚无。于此，被人们称为"后现代性的预言家"的后现代学者齐格蒙特·鲍曼（Zygmunt Bauman）的认识与解析颇为客观中肯，"我们的时代是一个强烈地感受到了道德模糊的时代，这个时代给我们提供了以前从未享受过的选择自由，同时也把我们抛入了一种以前从未如此令人烦恼的不确定状态"[1]。投射在学校育人领域，其对青少年学生思想品行的负面影响是不容小觑的。在澄清模糊认识、消除思想困惑并坚定发展信念的"突围"过程中，我们发现，运用制度文化审视青少年学生的思想道德实际，无论对于青少年学生正确道德观的确立，还是对于引导他们确立崇高的理想信念，提升他们的精神生活品质，均意义深远。

一　学校制度文化是价值的载体

作为一种关系范畴，价值是客体满足主体需要的一种属性。诚如马克思所言，"'价值'这个普遍的概念是从人们对待满足他们需要的外界物的关系中产生的，因而，这也是'价值'的种概念，而价值的其他一切形态，如化学元素的原子价，只不过是这个概念的属概念"[2]。制度文化是价值判断与价值选择的产物。尽管研究者对制度文化的界定见仁见智，但这丝毫不会影响制度文化中所涵摄的价值原则。在学校制度文化变迁中，深受社会价值的嬗变整合，学校制度文化在变革过程中因需求的不同而产生了价值博弈，对价值的取舍虽几经波折，但由于包容了师生对物质需要和精神需要的价值追求，最终

---

[1]　[英]齐格蒙特·鲍曼：《后现代伦理学》，张成岗译，江苏人民出版社2003年版，第24页。

[2]　《马克思恩格斯全集》第19卷，人民出版社1963年版，第406页。

逐渐形成了师生员工所认可和接受的价值观。

鲜明的、正确的价值导向对青少年学生的行为具有重要的驱动作用，是学生道德成长不可或缺的精神养料。学校制度文化是价值的信息载体，价值是制度文化浓缩整合的产物，是制度文化建构的理性选择。学校制度文化的创建应以一定的价值预设为导向，不存在不蕴含、表征和折射价值理念的学校制度文化。学校制度文化是学校师生员工的价值追求、办学思想、道德标准、行为规范等的积淀与凝聚，是学校师生员工共同认可与遵循的规则系统，是推进学校立德树人工作必不可少的价值路标。"各种制度不论是作为文化特质还是作为象征符号，都显示着特殊的价值和意义，它们连结在一起，结构成一个价值和意义的人生网络，左右着人生意义的价值认识和判断，并强制人们作出某种价值选择。"① 学校制度文化对合乎社会条件与育人规律的价值确证，有助于预防或消缓社会转型期时期学校育人活动中因不同文化背景、不同文化碰撞、不同主体的差异所引发的师生员工在价值理想、价值目标、价值判断等方面的分歧，以及应然性价值与实然性价值、一元价值与多元价值、绝对性价值与相对性价值之间的抵触，夯实与巩固社会主流文化与主导价值观，指引着师生员工在科学的世界观、人生观和价值观的引领下，使学校的育人活动朝着立志高远、行善尚美、求真务实的方向稳步前行。

在人类教育发展史上，学校自产生以来，之所以未被历史浪潮所湮没而延续至今，尤其是在当前多元选择和多样范式冲突中能够消除价值分歧并形成合力，获得持续发展的生命力，这一切的奥妙，不得不归功于制度文化的价值指引。"科学规范的制度文化是社会规范的文化产物，是社会关系的集中体现，它引导着、规范着、制约着，甚至强制着社会秩序和社会关系的目的性、价值性和指向性，是社会运行的'制度容器'和'游戏规则'，为人类文化的发展提供了基本的

---

① 司马云杰：《文化悖论：关于文化价值悖谬及其超越的理论研究》，陕西人民出版社2003年版，第146—147页。

制度保证。"① 同样，也为学校尤其是学校文化的持续发展提供了制度支撑，进而形成了适应社会需求的学校制度文化及相应的制度价值观。"制度价值观是指制度的决策者（监督者）所倡导，隐含于制度规则和评价标准之中，通过既定的制度安排，对参与制度运行的行为主体的经济行为和选择具有一定程度的制度影响力的价值观念。"②列宁也指出，高度发达的社会文明需要与之相适应的社会制度，因为社会文明依赖于社会制度所提供的公平的、公道的、正义的价值。这些价值取向不仅构筑了人类文明的思想大厦，而且规定着学校价值的历史演进。也正是在这个过程中，学校获得了自身发展的明确的价值导向，推动了学校制度文化建设的吐故纳新。

二 学校制度文化对社会主流道德价值的弘扬

社会主流道德价值是整个道德价值系统中占据主导地位的思想形态，是引领社会思潮和凝聚发展共识的精神旗帜。是否集中体现了该社会制度的性质以及是否与该社会统治阶级的意识形态高度吻合，是衡量社会主流道德价值的两个基本标准。由于学校肩负着为社会培养合格人才的重任，以生产一定的政治关系、维护社会稳定并促进国家长治久安，因此，弘扬社会主流道德价值，构建社会主流道德话语体系，便成为学校义不容辞的责任与使命。

学校制度文化是结构化、具体化、秩序化的社会制度形态，是社会制度在学校的扩展与延伸。在倡导"学校与社会打成一片"的学者眼中，这种关系更为彻底，即学校制度文化本身就是一种社会现象或一种社会制度。这意味着，尽管学校有自己相对独立的运行轨迹，但却无法摆脱生产力发展水平及相应社会制度的影响与制约。"学校之外的事情比学校内部的事情更重要，它们制约并说明校内的事情。"③ 学校制度文化是联结"学校外的事情"与"学校内的事情"

---

① 陈耀武：《先进文化与中华民族的凝聚力》，军事科学出版社2004年版，第135页。
② 谷力：《现代学校制度生成与变革原理研究》，河海大学出版社2007年版，第4页。
③ [美]艾萨克·康德尔：《教育的新时代——比较研究》，王承绪等译，人民教育出版社2001年版，第7页。

的枢纽。学校对社会主流道德价值的稳固与弘扬，是通过制度文化实现的。由于社会主流道德价值集中体现了统治阶级的意志和利益，因此，引导和帮助青少年学生接受统治阶级所倡导的政治观点、思想意识和道德规范，培养符合统治阶级道德价值标准的人才，是学校制度文化强化青少年学生价值认同并坚守社会责任的鲜明表征。

社会主流道德价值不是一成不变的。在不同的历史阶段、不同的社会、不同的国家之所以有不同的学校制度文化，其原因就在于不同时期具有不同的价值需求。学校制度文化将社会的主流道德价值要求和青少年学生的品德发展规律有机地结合起来，构成了学校道德教育的基本内容与要求。如在 1957 年，毛泽东同志针对一些学校在思想认识上的误区，有针对性地加强学生的思想政治教育，在《关于正确处理人民内部矛盾的问题》一文中就深刻地指出，一个人丧失了正确的政治主张，就等于失去了灵魂。并将培养有共产主义觉悟的劳动者作为教育方针。各级学校将培养又"红"又"专"的劳动者，作为学校制度文化贯彻落实教育方针的指南。在改革开放和社会主义现代化建设过程中，邓小平同志也重申这一思想："学校应该永远把坚定正确的政治方向放在第一位。"① 其目的均在于用社会主流道德价值武装青少年学生的头脑，引导他们健康成长。当前我国正处于社会主义初级阶段，社会主义精神文明、爱国主义情结、共产主义道德信仰等主流道德价值取向，是学校思想政治教育工作或育人活动的思想指南，并经过学校制度文化的稳固、支撑与保障，成为指引青少年学生确立道德理想并不断充实自我的精神动力。

三 学校制度文化对学生精神家园的构筑

人是有意识的、活跃的、能动的精神存在，人不能没有精神家园。诚如毛泽东同志所指出，人是要有一点精神的。人是物质家园与精神家园的统一体。物质家园是人颐养身躯的栖居地，精神家园是人安放灵魂的居所。相对于物质家园而言，人的精神家园更为重

---

① 《邓小平文选》第二卷，人民出版社 1994 年版，第 104 页。

要。精神家园是个人、民族、国家、社会的灵魂与精髓，是人类情感归属与精神寄放之所。精神家园是青少年学生的心灵居所，可坚定与充实他们的理想信念，是青少年学生情感寄托与精神支柱的纽带。青少年学生的精神家园是中华民族共有精神家园的有机组成。在传统一元文化主导的社会制度下，学校共享一种文化价值体系，青少年学生的精神家园与社会主流意识形态是高度一致的，学校自然成为青少年学生精神寄托的港湾，成为充实内心世界、净化抚慰心灵、涵养青少年学生人文精神的殿堂。"人的最大幸福和快乐，在于精神丰富，生活充实，思想上充满信念、追求和激情。"[1] 学校制度文化中所彰显的社会主流价值观念，为青少年学生精神家园的构建提供了制度保障，确保了循着社会主流价值所指引的青少年学生精神家园的共建与守护。

然而，社会的发展打破了传统一元的文化格局，尤其是在当前的多元文化社会，文化的多样与价值的各异严重地冲击着传统一元的价值体系。整合力量的萎缩、传统道德根基的丧失、个人主观的偏好、情感的价值判断、物欲横流与个人道德立场涤荡着一切，社会主流价值原有的绝对优势在一定程度上被挤压，甚至有衰微的趋势。理想信念模糊，精神信仰迷茫，最终难逃遗弃精神家园的寥落。"我们今天社会上的许多丑恶现象或社会弊端的出现，其原因之一恐怕正在于人们少了一种信仰的情怀和精神的依托，或少了对某种外在力量的敬畏。"[2] 这种变化波及学校教育中，致使不少青少年学生的价值观发生了倾斜，或崇洋媚外，或妄自尊大，或遁入虚无，精神家园已被腐蚀为"荆棘满地"和"杂草丛生"的荒原，这种赤贫的精神世界令人焦虑。扭曲了的、畸形化的青少年学生的价值观，为学校道德教育尤其是育人工作带来了更大的挑战。

在多元文化的时代背景下，新旧观念激烈交锋与碰撞，传统文化

---

[1] ［苏］瓦·阿·苏霍姆林斯基：《少年的教育和自我教育》，姜励群等译，北京出版社1984年版，第180页。

[2] 王坤庆：《精神与教育：一种教育哲学视角的当代教育的反思与建构》，上海教育出版社2002年版，第179页。

价值、现代文化价值以及当代西方文化价值等充斥于青少年学生的头脑，尤其是多元价值之间的冲突与斗争，引发他们内心的躁动与不安，这是学校道德教育不可逃避的现实遭遇。我们不得不承认，虽然文化的多元开阔了人们的视域，解放了人们的思想，推进了人们观点的更新，但多元文化容易冲击社会的主流文化，尤其是多元价值观念会引发个体道德价值选择困难和精神迷失。各种文化价值争奇斗艳，大有一番你方唱罢我登场的"众神狂欢"景观，对青少年学生的意识形态展开了猛烈的冲击，从不同维度瓦解着青少年学生的国家情怀与民族认同，不少青少年学生遭遇着巨大的精神分裂，其价值理想或被碎片化，或被肢解，或被摧毁，狭隘的个人主义与怀疑主义造成了青少年学生信仰的危机、价值的危机、精神的危机，导致了青少年学生精神的颓废与迷失。青少年学生人文精神的荒芜，危害了社会的稳定与发展。然而，作为肩负社会使命的新生一代，青少年学生不能没有价值理想，不能失去应有的精神指引，否则将成为主体人格分裂、无家可归的"精神流浪者"而颠沛流离，何谈精神家园的坚守与重建。当个体在精神饱受煎熬，处于颠簸漂泊的"无家可归"时，在尼采看来，根本的出路就在于建立一种新的核心价值。这种价值重构是对既有一切价值的"重新评估"或"再评估"的循环过程，这是人类进行自我审视并通向自主发展的必由之路。人本主义心理学的杰出代表罗洛·梅（Rollo May）也表达了类似的观点。他认为，造成此种危机的根源在于核心价值的缺失。其实，在历史发展的长河中，人类一直在寻求用以指引自身发展的普遍性的观念集合或价值体系。一如美国当代著名哲学家理查德·罗蒂（Richard Mckay Rorty）所言，自古希腊以来，人类便在不断地探寻一整套统一的、使人内心充实的、有效的观念，"这套观念可被用于证明或批评个人行为和生活以及社会习俗和制度，还可为人们提供一个进行个人道德思考和政治思考的框架"[①]。也正是拥有了这一套观念，人类方可寻找到属于自己

[①] ［美］理查德·罗蒂：《哲学和自然之镜》，李幼蒸译，商务印书馆2003年版，中译本作者序，第6页。

的精神参照坐标与意义归属。如此，人类才能在各种外来冲击面前，既不盲从，又不无助，更不是逃避，而是不断地充盈时代的核心精神，在顽强努力中不断突围并开创出促进自身解放的一片新天地。

精神家园的遗失，则意味着人生理想、生存价值、社会责任、道德使命的遗失，个体就会走向堕落，道德风尚就会低迷，社会就难以进步。苏霍姆林斯基对这一问题进行了广泛且卓有见识的探讨，他认为精神空虚不仅是个体的厄运，也是社会的灾难。缺失了精神家园，人就会变得困惑、惶然、迟钝、麻木，陷入沦落的汪洋大海之中，人生信仰、理想追求、道德意义已在他的心目中荡然无存。恩格斯也尖锐地批评道："人处于这种不自觉而又没有信仰的状态，精神上会感到空虚，他对真理、理性和大自然必然感到失望，而且这种空虚，对宇宙的永恒事实的不相信，会一直存在下去。"① 这表明，失缺了精神家园，个体便难以产生自强不息的进取精神，人文精神淡漠，也就没有社会文明与道德进步。

学校制度文化是学校发展带有全局性、根本性的关键因素。"学校首先是精神生活的熔炉。"② 学校制度文化与青少年学生的精神家园唇齿相依。作为一种结构化、程序化的社会制度表现形式，学校制度文化体现了社会主导的价值取向，能够从源头上校准青少年学生的价值天平，可使青少年学生能够在光怪陆离、泥沙俱下的蛊惑中做出正确的价值选择，在泰然处之中保持内心的宁静，守望自己的精神家园。不难想象，如果没有制度文化对社会主流价值与人文精神的巩固，学校必将蜕变为人文精神的荒原。

学校制度文化通过价值选择功能，为处于迷惘和困惑中的青少年学生指明了前行方向，为筑牢他们的精神家园提供了价值导向。俄罗斯思想家尼·亚·别尔嘉耶夫（Nicolas Berdyaev）指出，人们在向往道德的过程中容易引发道德生活的悲剧。"这个悲剧首先在于一个善和

---

① 《马克思恩格斯全集》第 1 卷，人民出版社 1956 年版，第 648 页。
② [苏] 瓦·阿·苏霍姆林斯基：《少年的教育和自我教育》，姜励群等译，北京出版社 1984 年版，第 232 页。

另一个善的冲突，一种价值和另外一种价值的冲突。"① 这充分说明选择的重要性。任何社会制度均要否决、遏制或排除与自身对立的、"异端"的道德价值标准，以此维护社会主流道德价值的正统地位，并通过制度文化的合理性和合法性予以推广。这种学校制度文化所倡导的、接纳的价值是青少年学生应当确立并认真领会的价值。学校制度文化所拒绝的、取缔的不合乎社会主流意识形态的价值，如陈旧的、过时的或徇私舞弊、背信弃义、唯利是图等价值观念，廓清了青少年学生的思想困惑，坚定了青少年学生的价值立场，就能帮助学生从价值困惑与迷失中解脱出来。党的十七届六中全会通过的《中共中央关于深化文化体制改革推动社会主义文化大发展大繁荣若干重大问题的决定》明确指出，我们要建设高度文明发达的社会主义社会，物质匮乏不能代表社会主义社会，精神空疏不能代表社会主义社会，脱离了社会主义文化的繁荣兴盛，要实现社会主义现代化是不切实际的。因此，肩负着为社会主义现代化建设输送大批新生力量的学校，应"造就一批有文化的，具备道德自觉性和合作精神的个人，而不是为了推动他们跨越更高的障碍使他们获得高收入或享受"②。通过学校制度文化育人活动的有效运作，在学校里完满地展示了青少年学生的精神世界在信仰、价值观、情绪、态度等方面的丰富内容，进入他们的精神世界，守望、建构与发展了青少年学生得以安身立命的精神家园。

学校制度文化通过价值维系功能，可不断增强青少年学生的精神力量，将青少年学生共有精神家园的构筑落到实处。学校制度文化的价值选择或淘汰功能，固然为排除青少年学生的思想疑虑与价值困扰提供了方向和指南，使之拥有了精神家园，但这是远远不够的，尚需采取切实的措施一以贯之地加以落实。学校为弘扬社会主义主流意识形态搭建了制度平台，提供实践导向，并使之常态化，将青少年学生的认识与实践活动纳入坚守精神家园的主导发展航向，促进青少年学

---

① [俄]别尔嘉耶夫：《论人的使命：悖论伦理学体验》，张百春译，学林出版社2000年版，第205页。

② [英]约翰·怀特：《再论教育目的》，李永宏等译，教育科学出版社1997年版，第177页。

生在精神领域中不断自我完善，幸福快乐地成长。一方面，在社会主义核心价值观的引导下，通过继承与弘扬中华民族传统美德，学校制度文化高举"爱国主义"的大旗，对青少年学生进行广泛的爱国主义教育，焕发出他们对祖国的无限热爱之情，强化爱国主义情结，积极践行社会主义核心价值观，坚决抵制西方各种霸权主义与殖民思想，在捍卫自尊和自信的基础上弘扬民族精神，增强民族凝聚力，引导青少年学生树立"中国心"，在核心价值观的沐浴下寻求属于自身的心灵归宿，建构自己的精神世界。另一方面，学校制度文化本身就是文化建设的有机组成，持续一贯地通过合道德性的制度性安排，弘扬与发展代表人民根本利益的先进文化，丰盈具有中国特色的社会主义先进文化的气息，是共筑中华民族共有精神家园的实践理路。先进文化具有较强的战略指导性，是人类崇尚道德并向往文明的精神需求和内在动力，是中华民族的精神支柱，是青少年学生的情感寄托。学校制度文化把国家意识、民族情结与文化认同紧密地结合在一起，汲取中华民族优秀文化的博大思想与道德精粹，使青少年学生得到优秀传统文化的陶冶与滋养，可引导青少年学生树立高度的文化自信之心，充实内心世界，激励与影响着一代又一代青少年学生不断前行。"具有深厚的扎根于自己民族的文化修养，并在自觉或不自觉之中接受文化遗传图式，形成具有民族特色的深层文化心理结构。"[①] 这是维系与凝聚青少年学生归属感和认同心理的"磁场"，是任何外在强制力量所不能替代的。

总之，通过制度文化的价值引领，规范与塑造青少年学生的价值期望、思想道德和行为方式，消解价值分析，增进社会共识，强化人文教育，形成强大精神力量，巩固共同的思想道德基础，培养他们求真务实、顾全大局、甘于奉献、勇于担当、严格自律的高尚情操，净化心灵家园，提升精神品味，彰显制度文化在青少年学生道德培养中的正能量，将学校打造成筑牢精神家园的令人神往的制高点，更好地促进青少年学生的健康成长与成才。

[①] 鲁洁、王逢贤：《德育新论》，江苏教育出版社1994年版，第16—17页。

第二节 利益增进：推进道德自由

道德自由是个体道德自我完善的表征，是学校制度文化育人效果的集中体现。道德自由的实现要以一定的义务为前提。罗尔斯指出，一个人能否自由以及达到的程度，是由他所在的社会制度赋予他的权利与义务所决定的。在讨论道德权利、道德义务以及个体的道德品质时，利益是一个不可规避的话题。然而，深受我国传统思想的影响，不少人在见闻习染中形成了"讲道德就不能计较个人得失""毫不利己""专门利人"等认知，将利益视为道德的"禁区"。"天下熙熙皆为利来，天下攘攘皆为利往。"（《史记》）就其表现形式而言，道德要通过利益体现出来，并非任何逐益行为都是有悖道德的。权衡人们的获利行为是否合道德性的关键，在于人们通过何种手段获取利益以及如何认识利益与道德之间的关系。马克思痛斥了种种剥离利益而空谈道德的错误行径，对利益之于道德的意义价值予以充分肯定。他针砭时弊地指出，人们为之奋斗的所有活动均与利益密切相关。个人的思想一旦疏离利益，就要表现出"丑"来。因此，无论何种时代与何种社会，无论何种国体或哪个政体，都无法将人们的获利行为从他们的活动中分离开来。他说："正确理解的个人利益，是全部道德的基础。"[1] 因此，我们必须从正确理解的利益中认识道德，践行道德，推动个体道德的发展。正是在这个意义上讲，利益的维护和增进与道德并非截然对立，我们不应将立足点停留在"不能讲求个人利益，要大公无私"以及"没有利益保障的道德是虚假的道德"等毫无意义的论辩中，重要的是要通过促进利益与道德"双赢"的相关制度安排，把人们获取利益的活动导引到合道德的轨道上来。其道理不言而喻，正确理解的利益不但不会桎梏道德，反而能够促进道德自由的实现。

从道德与利益的相互关系而言，学校制度文化在育人过程中的作用主要表现为两个方面，一方面，通过规范作用，即利益限定，对青

---

[1] 《马克思恩格斯文集》第1卷，人民出版社2009年版，第333页。

少年学生的片面逐利行为进行限制，实现权责对等。另一方面，通过引领作用，即利益增进，维护与保障青少年学生的合法权益，推进青少年学生的道德自律行为。从利益限定到利益增进的升迁，是学校制度文化孕育、规范与促进青少年学生思想道德长足发展的内在要求。

一 外在利益的限定：义利统一

在青少年学生良好道德品质培养中，"外在利益"是指青少年学生通过一定的努力，获得的先优称号或精神奖励和物质鼓励等。从本质上讲，外在利益具有排他性和占有性，意味着有限资源的竞争。"外在利益所获总是某种个人的财产和占有物，它的特征是某人得到的更多，就意味着其他人得到的更少。"[①] 为了有效预防与规避"僧多粥少"所带来的争夺或混乱，学校出台了各种评选制度或评定办法，规范了评选的条件、标准或程序，并成立了相应的评选职能部门或评审委员会，依据实际情况进行相应的答辩、公示、考察、征询意见等，以此保证评选的公开、公平与公正，从而使先优评选从外在利益层面升华到道德维度，以此发挥奖优育人、人文关怀、精神鼓舞的立德树人效应。

这些外在利益的获得有一个基本前提，就是要维护评选制度的权威，遵章办事，一旦逾越了评选的制度规章，则无以发挥先优评选的示范引领和励志育人的作用，走向了学校制度文化育人的对立面。因此，重在精神引领、遵守评选纪律、规范程序运作就成为正确理解的外在利益的必不可少的一环。前文已经提及，个体道德品质是从他律到自律的发展过程，是从外在规范到内在自由的动态升迁过程。就其本性而言，崇尚并实现人的自由发展，不仅是道德教育的目的，而且是整个教育的指向。英国教育家阿尔弗雷德·诺斯·怀特海（Alfred North Whitehead）以杰出的洞察力辨析了教育活动中自由和纪律的关系，对自由的地位予以充分肯定。他指出，自由贯穿于教育活动过程

[①] [美] A. 麦金太尔：《德性之后》，龚群等译，中国社会科学出版社 1995 年版，译者前言，第 18 页。

的始终。"教育的开始阶段和结束阶段的主要特征是自由,但是有一个纪律占主导地位的中间阶段,这时自由从属于纪律。"① 对处于成长与发展中的青少年而言,遵守纪律是他们取得外在利益并走向自由的不二法门。"通过纪律这种手段,我们可以学会对欲望进行控制,没有这种控制,人类就不可能获得幸福。因此,纪律甚至在很大程度上有助于人格的发展。"② 当然,对于任何人,人格都具有根本性的作用,它是一个人自尊和自立的基本内容,是一条具有普遍性和客观性的基本道德法则。

聚焦于学校道德教育的现实情形,不少青少年学生崇尚实用,过分计较自己的得失,人为地制造对自己有利的场景,甚至通过违规的手段企图获得不应属于自身的利益。浓厚的功利情结是青少年学生对外在利益的直接反应。青少年学生的功利意识致使他们将制度规则或道德规范视为外在的东西,从而表现为短视行为和片面的利己行为。如开设虚假证明获取贫困生补助,通过说谎掩盖过错,通过考试作弊获得高分,通过"拉帮结派"获取选票,通过"移花接木"推卸责任,通过"暗箱操作"以确保自己在奖学金评选中处于更加有利的地位,等等,这种仅顾个人利益而排斥他人的做法,是以损害他人的利益为前提的,因而是不可取的。亚里士多德对之也深有感触:"凡是属于最多数人的公共事物常常是最少受人照顾的事物,人们关怀着自己的所有,而忽视公共的事物;对于公共的一切,他至多只留心到其中对他个人多少有些相关的事物。"③ 倘若一味地索取,将自己的利益看得比什么都重要,从学生时代就拘泥于狭小的自我天地中,逐渐蜕变为一个只会索取而不讲奉献的人,为将来良好个性和健全人的形成造成难以估计的负面影响。这种不择手段的做法是良好道德品质

---

① [英]怀特海:《教育的目的》,徐汝舟译,生活·读书·新知三联书店 2002 年版,第 55 页。
② [法]爱弥尔·涂尔干:《道德教育》,陈光金等译,上海人民出版社 2006 年版,第 39 页。
③ [古希腊]亚里士多德:《政治学》,吴寿彭译,商务印书馆 1965 年版,第 48—49 页。

的死敌，很难保证学生在走上工作岗位后从自私自利的自我沉溺中挣脱开来，也无法保证他们能够确立起应有的担当意识与敬业精神，有可能成为新的社会寄生虫。"那些自幼就只顾自己不顾别人，只知按自己的愿望行事而把集体利益置之度外的人，长大就会成为一个自私自利的人，个人主义者。"① 如此，学校培养出来的人也仅仅是物质的工具，获得与美德相反的品性，而非精神高尚的人。

美国社会学家曼瑟尔·奥尔森（Mancur Lloyd Olson）在《集体行动的逻辑》中深入地探讨了个人利益与集体利益之间的冲突，他认为，要解决这个矛盾，需要借助制度这个基于共同利益之上的集体理性予以引导。现代西方经济学的鼻祖亚当·斯密也表达了同样的观点。他指出，个体基于自利的动机，为了最大化地实现自身利益，他通常不打算也不知道自己在何种程度上能促进集体利益，但现实情形是，他的自利行为的实现，往往也伴随着公共利益的促进。因为有一只体现集体"善"的"导引之手"，促使个人利益与集体利益之间形成良性互动。这个导引之手就是在权利与义务基础上的制度。它将个体的行为纳入集体行动的范畴之内。学校是一个大家庭，同学之间不是彼此分离的，而是相互作用、相互影响与共同进步的存在。个体的任何一个行为绝非孤立的、单一的，极易引起一连串的、多方面的联动反应。在实际生活中，我们经常会遇到被人们津津乐道并视为笑谈的情形：路边的一个人昂首朝天，他的举止引发一个路人的好奇心，"天上一定会有吸引人的东西"，于是也仰头朝天。紧接着，又过来几个人，大家也都跟着抬头望天，在这种连锁反应下，仰头看天的人越来越多。可是，天上并没有能够特别吸引人的东西啊！仰头时间久了，一个人感觉很疲惫，就问旁边的人为什么这样做。以此类推，一个一个问下去，最后终于找到了答案，第一个抬头看天的人是为了止鼻血，这种从众心理令人啼笑皆非，但在学校生活中也并不鲜见。如一个班级的某一名学生不爱护环境卫生，经常乱丢果皮、乱扔食品

---

① [苏] B. A. 苏霍姆林斯基：《帕夫雷什中学》，赵玮等译，教育科学出版社1983年版，第184页。

袋、随地吐痰，导致班级的"流动红旗"被"流动"到其他班级。那么由此可能产生两种反应方式：一是大家觉得"流动红旗"失而复得的可能性太小了，因而开始效仿，"他能丢垃圾，我也能丢"，"你能不遵守卫生，为什么我不能"，遂将乱丢垃圾习以为常，越轨违纪行为随之逐渐增多，这就是为什么很多老师面对同一个班发出了"这个班的孩子们的纪律观念太差了""为什么我们班的'问题学生'这么多""太难教育了"等感叹与无奈。因此，每个人不能对自己不负责任，因为自己的这种不负责任的行为会影响他人，给他人带来不利影响或损害。二是班里的同学们都抱怨或谴责不爱护环境卫生的学生，因为他个人的行为害得班级丢了流动红旗，或是出于自责，或是本人并不情愿但碍于同学们的不满情绪，该生逐渐改变了坏毛病，能够按照流动红旗的评选规则严格要求自己，开始注重个人卫生与周边环境卫生，加上大家的共同努力，流动红旗便会失而复得。这既是班集体的荣誉，也是班集体中每一个成员的荣誉。这便是集体利益与个人利益有效整合的一个很好的例证。

学校通过义利统一的制度设计，有助于引导青少年学生摆脱片面追求外在利益的蒙蔽，将他们对外在利益的获取建立在合乎道德及履行义务的基础上，这些外在利益对青少年学生而言，是一种客观的、公正的回报，任何人都不会有非议。也正是在这个过程中，引导青少年学生不断反躬自问，克服私心杂念，去除功利的动机和不良心态，自觉负起其应有的道德责任，在遵守纪律及合乎制度规则的前提下获得应有的物质奖励或精神鼓励，增进了青少年学生的道德认同感，这在一定程度上也体现了付出与回报的对称关系。邓小平同志鲜明地指出，革命精神的弘扬与重视物质利益并不矛盾，任何割裂二者的做法都是有害的。他说："不讲多劳多得，不重视物质利益，对少数先进分子可以，对广大群众不行，一段时间可以，长期不行。革命精神是非常宝贵的，没有革命精神就没有革命行动。但是，革命是在物质利益的基础上产生的，如果只讲牺牲精神，不讲物质利益，那就是唯心论。"[①]

---

① 《邓小平文选》第二卷，人民出版社1994年版，第146页。

这也完全符合马克思所提出的"合力意义"上的利益观。

学校制度文化通过建立义利统一的约束机制，帮助青少年学生正确理解利与义的关系，既不能将接受学校教育视为一种谋生的手段，也不能将遵守学校制度规章视为完成学业不得不服从的一种规定，更不能当作与学校进行交易的一种筹码，而是获得正确的自我认知，不断修正自身的缺点，逐步摒弃本能的冲动、功利主义思想与消极情感的驱使，引导他们从小确立起克制自我并关注他人、关注集体的行为习惯，进而守规则、讲信用、有规矩、有原则，做知礼守法的有道德教养的人，这对于他们今后的健康成长是极为有益的。

此外，由于青少年学生不是生活在学校这个封闭的场所内接受教育的，社会上的一些不良风气会侵蚀学校道德教育，诱导青少年学生以不当的方式去追求和占有外在利益，这与青少年学生良好品质的塑造的要求相去甚远。苏霍姆林斯基指出："最不良的、破坏儿童身上固有的好素质的影响，就是鼓励儿童去参加那种为了追求低级的，有损失于人的尊严的目的而进行的劳动。"① 因此，学校制度文化除了从学校内部加强义利统一的教育引导，还需得到社会的配合与支持。这在《公民道德建设实施纲要》中也得到了很好的体现。《纲要》明确提出，要"建立健全有关法律法规和制度，把公民道德建设融于科学有效的社会管理之中。逐步完善道德教育与社会管理、自律与他律相互补充和促进的运行机制，综合运用教育、法律、行政、舆论等手段，更有效地引导人们的思想，规范人们的行为"②。通过制度文化引导青少年学生对外在利益进行正当性反思并践行，用道德理想鞭策现实中的自我，是学校与社会发挥道德合力悉心培育青少年学生良好品性的基本保障。

二 内在利益的获得：拥有德性

就表现形式而言，"内在利益"是与"外在利益"相对应的一对

---

① [苏] 瓦·阿·苏霍姆林斯基：《关心孩子的成长》，汪彭庚等译，北京师范大学出版社1982年版，第17页。

② 《公民道德建设实施纲要》，《人民日报》2001年10月25日第1版。

范畴。在学校道德教育中,所谓内在利益,是指青少年学生经过社会实践活动,以善为价值指引,获得自觉向善与行善的德性,具有自律品格。"内在利益"是麦金太尔德性论中的一个重要概念。按照麦金太尔的观点,德性是一种关于善的品质,以内在利益获得为前提条件。由于德性存在于实践中,幻想脱离实践来阐明德性是徒劳的,只有在实践活动中才能获得德性,进而获得内在利益。由此,麦金太尔将内在利益理解为实践活动本身所固有的利益,它蕴含于此种实践活动过程之中,无法通过其他活动类型所获得。而且,内在利益的获得需要借助一定的实践经验予以选择与判断,缺乏相关经验的个体是难以企及的。德性、实践与内在利益是难以分割的。麦金太尔高度赞颂德性在个人实现道德自由中的价值,他指出:"德性必定被理解为这样的品质:将不仅维持实践,使我们获得实践的内在利益,而且也将使我们能够克服我们所遭遇的伤害、危险、诱惑和涣散,从而在对相关类型的善的追求中支撑我们,并且还将把不断增长的自我认识和对善的认识充实我们。"[1] 这与麦金太尔极力推崇的德性与个人实践活动难以分割的整体性关联相吻合。

内在利益具有公共的属性,一个人对内在利益的获得并不会妨碍他人内在利益的获得。内在利益的获得需要人的理性自觉。在康德的道德哲学中,道德法则与道德自由的关系是深邃与复杂的。按照康德的理解,道德法则是道德自由的前提。如果没有个体遵守道德法则的行为,道德自由就无法实现。反之,如果没有了道德自由,道德法则也就丧失了存在的必要性,因此,二者互为前提。由此可见,康德将先验的道德法则与意志自由进行了有机整合,这也是反复强调实践理性的依据所在。人的德性的获得是道德自由的标志,是人类实践活动的产物。因此,没有实践,就没有德性,就没有内在利益,也就没有善。"没有德性,实践就不可能维持下去,有着内在利益的任何实践和实践的卓越标准都必须把德性作为必要成分而

---

[1] [美] A. 麦金太尔:《德性之后》,龚群等译,中国社会科学出版社1995年版,第277页。

包括进去。"① 一个人拥有了德性，就会强化自身涵养，捍卫人格尊严，从内心产生出"没有任何理由与条件推脱""必须这样做""没有任何商量余地"等道德约束与自我控制力量，向着更高的道德目标挺进。

学校制度文化是推进道德自由的有力支撑。学校制度文化既对青少年学生的行为活动作出了限制，框定了边界，同时也包括对其实现道德自由的允许。"正因为规范可以教会我们约束和控制我们自己，所有规范也是解放和自由的工具。"② 学校要培养有自尊、有自信、有人格的志士，绝非缺乏自信、奴颜婢膝、摇尾乞怜的奴隶式的卑诺者。然而，外在因素始终是条件，而内在动力才是发展的根本。在学校教育中，尽管学生已经具有了遵章办事的意识，但道德冲突也时常发生。在一些特殊的、复杂的情景前面，既有制度规则或道德规范一定程度上也会显得苍白无力。在很多情况下会陷入进退两难的地步，如一个学生面对罹患绝症并卧病在床的祖父，如说出实情后可能使祖父更加痛苦不堪，若想使他过得快乐就得隐瞒病情，就得说谎。而且还有一些情景对青少年学生的切身利益构成了尖锐的挑战，如在暑假期间是去响应学校号召参加志愿者活动还是留在家里照顾生病的父亲，自己儿时的玩具是留作纪念还是留给亲戚家的孩子或捐献给灾区小朋友等，在这种情况下，冲突就不可避免地产生了。"在这样一些矛盾的境遇中，道德主体不能完全按照社会已确立的行为准则行事，因为这种准则没有告诉他该怎么办。他必须达到一个更为熟虑的层次，这需要他弄清与自己最终判断相关的，蕴含在他的境遇中的准则和事实。"③ 于青少年学生而言，这种道德判断是难以避免的，也是他们走向道德成熟的表现。因为真正的道德源自个体的积极体验与内

---

① [美] A. 麦金太尔：《德性之后》，龚群等译，中国社会科学出版社 1995 年版，译者前言，第 19 页。
② [法] 爱弥尔·涂尔干：《道德教育》，陈光金等译，上海人民出版社 2006 年版，第 39 页。
③ [英] 约翰·怀特：《再论教育目的》，李永宏等译，教育科学出版社 1997 年版，第 108 页。

化，幻想把绝对的、静态的、僵化的道德标准强加于青少年学生身上是不现实的，社会条件的不同、教育情景的不同、受教育对象的不同等变化，都会促使青少年学生进行深入的思忖与斟酌，细致入微地权衡各种相关因素和可能情形，获得自我调控的本领与技巧，具有高度的责任心与自觉性，强烈的自尊感，对邪恶的不妥协精神，在困难面前不屈不挠的意志，进而作出理性的道德选择，不断走向道德自律，充实自己做人的价值，使之具有纯洁的灵魂，成为一个具有美德的人，这也是学校制度文化在育人活动中的期许。因此，唤醒青少年学生的内驱力，激发他们的道德自我认知和自我更新的能力就显得尤为重要而迫切，这是任何外在指令计划或制度条文所无法比拟的，而且也是管理者更新思路，突破常规，发挥自身潜能创造性地进行工作，进而达到预期效果的源头活水。"鼓励自我更新能力的发展比行政命令更有可能激发创新的方式以达到期望的目标。"[①] 可谓一针见血。正是基于此种执着与坚信，青少年学生才能获得精神动力，减少道德自律的随机性，扩充善的愿望并转化为善德，立足现实，不断向前，提升德性，养成道德自觉的行为习惯，促进主体性道德人格的形成。

"教是为了不教。"这是学校制度文化育人的最高境界。习惯成自然，道德自律是制度他律的习惯使然。学校制度文化通过制度他律，使青少年学生养成良好的行为习惯，并正在指引他们于解决道德冲突中提升能力，正确地认识自我，改造自我，向着道德自由不断挺进。自我教育是道德教育的真谛，是道德教育的理想境界。学校制度文化要引导青少年学生进行自我教育，使之能够正确地认识自己，自育自学，超越功利，坚守道德良知，明理致知，崇德修学，为善弃恶，完善自我学习的动力机制，形成自律的道德品格，抵达至善至美的意境。

[①] [美]约翰·I. 古得莱得：《一个称作学校的地方》，苏智欣等译，华东师范大学出版社2007年版，第283页。

第三节 制度激励：激发道德活力

道德激励机制是学校道德教育活动的动力引擎。道德激励是在一定的制度环境中予以实施的。道德激励作用的充分发挥有赖于制度的维系与保障。美国制度经济学家丹尼尔·W. 布罗姆利（Daniel W. Bromley）指出，无论是对个人行为还是集体行动而言，形成激励集是任何一种制度的基本功能。这些激励集使个体的心情振奋，团队备受鼓舞，从而表现出合乎制度预期的有益行为。健全一套行之有效的激励机制，是学校制度文化不断增强办学活力，推动育人活动持续深化的朝气所在。学校制度文化育人过程中最关键的也是至关重要的一个环节，在于如何充分发挥制度文化的道德激励作用，激发青少年学生持续不断的向上意识与行善动机，这是学校制度文化获得青少年学生广泛认同的衡量依据，也是塑造青少年学生健全道德品质所必不可少的精神力量。

科学有效的学校制度文化本身具有强烈的激励作用。学校道德教育的行之有效，离不开对青少年学生道德行为的强化，而这种强化作用往往是需要激发与满足青少年学生的道德学习愿望，从而为道德行为的彰显、维持及推进提供强大的精神动力与道德活力。学校制度文化的激励机制有助于激发青少年的道德动机，培养高尚的道德情操，是指引青少年学生道德行为的内驱力，在学校道德教育活动中具有独特的意义。"制度激励（motivation of institution）是指通过社会结构的制度安排，按设定的标准与程序将社会资源分配给社会成员或集团，以引导社会成员或集团的行为方式与价值观念向设定的价值标准方向发展。"[1] 制度激励之所以可能，有一个基本的前提，即人是可塑造的，人性是可以改变的。"道德不是被动地接受社会道德规范对它的

---

[1] 高兆明：《制度公正论：变革时期道德失范研究》，上海文艺出版社2001年版，第107页。

约束，而是作为'自为的存在'本体内蕴着向善的呼求。"① 此种愿望的满足程度会引发青少年学生不同的道德感受，若认为自身的行为已经达到了"善举"的要求，就产生欢欣、自信与自尊之感，增强上进的愿望与动力，反之，则会萌生羞愧、责备与自强之感，进而改过迁善，激励自己不断前行，向着更高的道德目标挺进。

一　目标激励对道德需要的激发

人的行为受动机的支配与推动。社会心理学的研究成果表明，生存于社会中的每个人都会有各种各样的内部需求与外部需求，为了满足这些内外需求就会产生相应的愿望或目标，进而指导自己的行动。没有目标的行动是盲目的、低效的。目标是驱动人们努力工作的一种激励因素。正是由于激励机制的存在，目标方可对个体产生强大的导向力。按照美国心理学家埃里希·弗洛姆（Erich Fromm）的期望理论，在组织内部建立工作业绩与获得回报之间的制度激励措施，有助于调动员工的生产积极性，指引他们朝着既定的目标不断奋进。离开了目标激励，个体的行为就难以持久，预定的发展结果也难以从可能转变为现实。

学校制度文化的育人目标具有未完成性、抽象性和理想性等特点，需要青少年学生积极主动地实践与探索，这是育人目标具有激励作用的决定性因素。目标激励是激发青少年学生不断进取的有力杠杆，激励着青少年学生脚踏实地，将制度文化育人的目标转化为自己道德学习的需求和动力，一步一个脚印地朝着预期的道德目标迈进。按照美国人本主义学家亚伯拉罕·哈罗德·马斯洛（Abraham Harold Maslow）的需求层次理论，人的需求是一个不断提高的过程，是从低层次的物质需求到高层次的精神需求的升华过程。道德需求是一种高级的精神需求，制度文化的目标激励，可持续地激发他们的道德动机，引导青少年学生在满足低级的生理、安全、物质需求的基础上，激发他们高级的道德需求，不断向自我实现的方向挺进，最终指向实

---

①　朱小蔓：《情感教育论纲》，人民出版社2008年版，第109页。

现道德自律的需求。道德之所以为道德，毫无疑问是建立在个体拥护与服膺正义、善的基础之上的。因为人本身就是目的，人是道德的主人，这也是人区别于动物的伟大之处。人成为目的而非手段的一种重要标志，就在于是否拥有道德正义或道德自由并为之不懈努力。对于一个思维正常的人而言，没有谁会反对自由，倘若有，反对的也仅仅是他人的自由。因为自由是个人道德价值的体现，是个人奋斗的目标所在。如果没有道德需求的激发，没有道德意愿的积极参与，青少年学生便会将制度文化视为对自身的一种束缚，因而难以遵章守纪，无法将外在的纪律要求转化为内在的道德自主，就不可能去进行自主的探索与有效实践，也难以产生教育者所预期的育人效果。

学校制度文化通过育人目标的设置，将激励作为道德认知到道德行为的转换机制，在"知善"和"行善"之间建立必要的、稳定的动力机制，激发青少年学生实现道德目标的能动性与自主性，不断提高他们的思想觉悟与道德层次。这种目标激励的方式多种多样，可以依据青少年学生道德发展的规律，按照年龄特征或所处学段提出常态性的目标，也可依据实际情况，结合社会热点或道德教育前沿问题不定期地制定目标，激发学生实现道德教育目标的进取之心，强化他们对目标的追求动力，涵养道德品性，在实现目标中培养理解、合作、向上的宽广胸怀，形成积极的、豁达的、乐观向上的人格品质，乐于自我克制与自我约束，促进思想道德素质的提高。"正确的约束并非产生于外部的强制，而是产生于使人自然地去从事那些喜欢的而非厌恶的活动的心理习惯。"[①] 尤其是对于可塑性极强的中小学生而言，不断满足他们的道德需要，激发他们的向善动机，引导他们通过努力去实现道德目的，其效果更为明显。在目标激励中，他们反抗纪律的动机和愿望就会大大降低，乐于按照目标的规定不断提高自己，逐渐摆脱对成人的依赖，成长为道德决策与道德行动的主体。这种道德需求不是由于制度的压迫所致，也非教师的施舍而来，而是青少年学生

---

① [英] 伯特兰·罗素：《教育与美好生活》，杨汉麟译，河北人民出版社1999年版，第19页。

内在德性的彰显，是道德主体内在的、能动的建构的产物。

学校制度文化的目标激励是对青少年学生未来道德发展程度的一种预设，有助于引导他们树立远大的道德理想，把个人的道德奋斗目标与社会的道德目标结合起来。如在现阶段，可将个人的道德努力与践行社会主义核心价值观、实现中华民族的伟大复兴、实现海峡两岸的统一、实现社会主义现代化等紧密地结合起来，为推动个体道德进步和社会道德进步作出积极的贡献。

二 竞争激励对道德自信的孕育

于人类而言，竞争是一种普遍的、客观的社会存在，是人类与生俱来的一种社会情结。竞争是事物发展的强大动力，是人类社会不断进步的基本法则。无论在何种社会形态中，竞争无处不在，无处不有。正是因为竞争的存在，个体才能发现自身的弱点或不足，人们才能进行相互的比照与借鉴，才能激发自己不断上进的动力，推动着自我完善程度的提升。竞争点燃了人们对未来的希望，使人们的生活变得富有朝气，充满蓬勃生机与活力，点燃了人类文明前进之路的火炬。

竞争存在于学校道德教育过程的每一环节，是促进青少年道德发展的直接动力。没有竞争，也就无所谓青少年学生道德发展中的先进与落后、合格与不合格、优秀与平庸之分。毛泽东同志依据唯物辩证法的基本原理深刻地指出，不仅当前存在先进与落后之别，即使再过一万年，这种差别依然存在。为此，"我们在鼓励帮助每个人勤奋努力的同时，仍然不能不承认各个人在成长过程中所表现出来的才能和品德的差异，并且按照这种差异给以区别对待，尽可能使每个人按不同的条件向社会主义和共产主义的总目标前进"[①]。竞争是推动激励进程的有效方式。然而，在实际的教育活动中，不少人片面地将制度文化视作一种静态存在，仅仅关注其对青少年学生的规范与约束功能，其偏狭就在于漠视了制度文化所具有的激励作用。学校制度文化育人过程中的各种道德要求或比赛规则，能够有效地激励青少年学生

[①] 《邓小平文选》第二卷，人民出版社1994年版，第106页。

确立竞争意识，产生强烈动力，调动积极性和主动性，提升竞争能力，力争上游，并在竞争中充满自信，形成道德内化的精神驱动力。在这方面，美国社会学习理论的代表人物阿尔伯特·班杜拉（Albert Bandura）的贡献在于提出了自我效能感的概念。按照班杜拉的解释，自我效能感是个体成功应对某种竞争情境所应具备能力的一种预期。学校制度文化的竞争激励，有助于培养青少年学生的自我效能感，提升了道德主动性，强化他们在竞争中获得成功所必需的信念或信心，孕育与增强了克服困难的道德坚韧性，激发了"我能成功"或"我能行"的道德牵引力，将竞争激励与个体道德修养有机地结合起来，不断推动着青少年学生的道德成长与道德进步。这种基于充满自信的、朝气蓬勃的积极进取的心理特质，无论对于青少年学生自身思想道德境界的提升，还是对于学校道德教育工作的稳步推进，以及对于整个社会健康向上的道德风气的弘扬，均大有裨益。

学校制度文化提供了公平合理的竞争原则。在学校制度文化面前，对所有的青少年学生一视同仁，体现了公平性和公开性，能够确保激励功能的有效发挥。竞争激励的基本功能助推了青少年学生的自觉能动性。在竞争激励中，按照学校制度文化的规定，对于表现突出的、优胜的青少年学生进行肯定性评价，或是通过表彰的形式，给予一定的奖励，既包括物质方面的奖励，也包括精神方面的奖励，以此强化他们的上进心。这种荣誉既是对青少年学生积极努力的认可与鼓励，也是对合乎道德原则或道德规范的善心或善行的褒奖。也正是在奖励先进的过程中，青少年学生在体验成功后所带来的道德成就感与愉悦感的同时，倍加珍惜自己的荣誉，增强了竞争激励的道德吸引力，激发了他们积极上进的愿望，增强了道德自信，将对制度文化的认可与自己的道德行动、个人的道德进步与学校道德教育的发展有机统一起来。在这方面，学校制度文化所发挥的应有作用是有目共睹的，良好校风和学风的形成，均与优良的竞争机制不无关联。

在竞争中，尽管每个人都有渴望超越他人的心理，但并不是每个人都能如愿以偿，挫败是不可避免的。竞争的公正性和透明性，能够引导青少年学生正确对待竞争的结果，进行积极的、正面的回应。在竞争中个体获得了成功，取得了好成绩，得到了相应的奖励，极大地调动了青少年学生的道德积极性，推动他们孕育新的需要和动机的胚芽，为追求更高层次的道德目标注入活力。在竞争中处于劣势，也使青少年学生清醒地意识到，有成功就有失败，只有努力向上，才有可能获得成功，从而培养他们健康的竞争心理，正确地对待竞争中的得与失，经得起失败的考验。特别是在失败后能够进行道德的自我检讨，分析自己存在的问题与不足，总结经验教训，找出自身的差距，通过消化与吸收，采取切实的行动去努力拼搏，改过迁善，增强道德自觉和道德自信，激活他们奋力争先的积极性与热情，在自我激励中表现出更多的善行义举，从而推动学校道德教育更好地发展与进步。特别是在团队的竞争活动中，青少年学生协同合作，相互交流经验，在竞争中获得知识，取长补短，增强了集体荣誉感，增进了人际和谐与友爱团结，也培养了他们公正、合作、互惠的良好品性。既比出水平，又赛出风格，既努力争优取胜，评出积极性，又注重友谊，善于发扬风格，培养其高尚的精神境界，塑造良好的道德习惯。特别是一些团体性先优评选的竞争性激励活动，受团队精神的鼓舞，增强了激励活动对青少年学生的吸引力，放大了感召力，引导青少年学生自觉地提升自身的竞争能力，在竞争中发挥道德潜力，不断争先创优，超越自我，形成你追我赶、共同上进的良好风气，产生共振和鸣，从而提高青少年学生的整体道德水平。

此外，学校制度文化的惩戒机制是一种反面的激励方式，有助于扭转青少年学生故弄玄虚、追逐名利的不健康的竞争心理，将偏离正确发展航向的竞争引入正规，进行良性竞争而非恶性循环。这也是充分发挥学校竞争激励机制时必须高度重视并认真解决的关键问题。背离了竞争规则就要受到制度文化相应的制裁，依据情节的严重程度给予取消成绩、通报批评以及警告、严重警告、记过等处分。惩戒机制的运用，舆论的谴责与批评，可引发青少年学生内疚与自责的心理，在自我反思并澄清认识的前提下，时刻进行自我告诫，激发心目中的浩然正气，坚决同弄虚作假行为或违纪越轨行为作斗争，抑制或战胜投机动机，消除习惯性的惰性心理，尽可能预防、少犯或不犯错，抑制不良行为的再现。在此基础上，领略到克服道德困难所蕴含的生命意义与价值，进而对自己提出新的要求，激发顽强拼搏、不甘落后的精神，从消极的竞争中解脱出来，由被动转化为主动，以坚忍不拔的姿态投入到竞争活动中，充分发挥道德自信的激发力和吸引力，成为指引其道德行为的"定向器"，在加剧道德行为稳定化的道路上不断阔步向前。

三 关心激励对道德体验的充盈

没有爱就没有教育。关心学生是教师的基本道德规范，是构建良好师生关系的情感纽带。道德心理学的研究成果表明，道德教育的成效并不在于知识传授的多寡，而在于道德体验的广度与深度。关心是深化青少年学生道德体验并涵养道德品性的强大动力。强化青少年学生的道德体验以巩固道德教育效果的做法，已被越来越多的一线教育工作者所认可、接纳与践行。道德教育的出发点和落脚点是青少年学生，自然地，服务于青少年学生道德成长的制度文化必然体现着对学生的关心。德裔美籍思想家汉娜·阿伦特（Hannah Arendt）认为，文化本身代表着"关爱"和"关怀"，具有鲜明的人文关怀气息。她从"自然培育"和"历史照管"两个方面指出了文化洋溢着的关怀情怀。"文化，一方面意味着把自然培育成人类的居所，另一方面意味着照管往昔的纪念碑，正是这两种意义共同决定了在我们今天谈到文化时，我们所想的内容和意义。"[1] 在学校制度文化育人过程中，洞悉青少年学生心理需求，给予他们充分的关怀，如受教育权益保障制度、校长接待日制度、家长开放日制度、家访制度、贫困生补助金发放制度、学费减免制度、学习困难儿童帮扶制度、道德行为评价制度、优秀学生表彰制度等的推进，使青少年学生切实感受到学校制度文化的"道德温暖"，感受到来自师长对他们无微不至的关怀或关爱之情。特别是学校在落实彰显人文关怀的制度安排中，师长理解学

---

[1] ［美］汉娜·阿伦特：《过去与未来之间》，王寅丽等译，译林出版社2011年版，第197页。

生、信任学生、尊重学生，对犯过错学生的宽容及其循循善诱的引导，设法缓解与消除他们表现出来的焦躁、紧张和压抑等消极情绪，有益于加深他们对过错行为的悔悟，深化他们的道德情绪体验，就会以恰当的方式，主动地调控、表达与宣泄不良的情绪。自我责备心理的产生，良心的自我谴责，促使青少年学生虚怀若谷地接受来自各方面的意见，按照学校制度文化的育人要求，在遵守道德规则的体验中陶冶情操，培养改过迁善的进取精神，提高自身参与道德教育活动的积极性和主动性，将客观、外在的制度规则转化为自身内在的道德自觉，不断奋发向上。这种关心或体谅所引发的道德体验，特别是心灵上的欢欣与精神上的慰藉，其对青少年学生所带来的影响，远比单纯讲道理、摆事实的道德说教更易触及他们的灵魂深处。

学校制度文化的关心激励是一种精神层面的激励，有利于深化学生的道德感受或道德体验，萌生愉悦的道德情感，随着道德主动性的高涨以及道德自觉的激活，逐渐将遵守道德视为一种精神上的享受。长期致力于关怀伦理和关心教育的当代著名伦理学家诺丁斯指出，无论是从自然的角度而言，还是从伦理的属性而言，关心都反映着一种特殊的关系。在这个关系范畴内，作为关心者关心被关心者，而被关心者也意识到关心者对他的关心。她认为学校道德教育面临的一个危机是没有激发青少年学生内心深处的道德情感，缺乏对青少年学生的应有的关心。诺丁斯指出，学校的一个崇高的道德目的是关心青少年学生，尤其是要关注青少年学生真实的道德体验，让他们时刻感受到来自学校和教师的关爱，在愉悦情景中接受道德教育，在耳闻目睹中获得情感的激励与鼓舞，进而培养青少年学生关心别人的道德品质。必须要让青少年学生知晓，"学校是关心的中心，在学校里，他们受到别人关心，自己也被鼓励关心别人"[①]。诺丁斯呼吁，学校教育要用关爱滋润青少年学生的心田，引导他们关心自己，关心他人，关心周边环境，关心整个人类社会，并将学会关心视为学校道德教育的真

[①] [美]内尔·诺丁斯：《学会关心：教育的另一种模式》，于天龙译，教育科学出版社 2014 年版，第 89 页。

谛。在关心自己的过程中，青少年学生就要按照制度文化的育人要求，自觉坚守责任与纪律，充实自己的精神世界，形成稳固的、持续的、积极的道德情感，远离不健康、不文明的行为方式，通过内化美德以提升自己的道德修养，助推道德动机和道德行为的产生。在关心他人和社会的过程中，青少年学生的公共意识日渐增强，遵守公德的行为也更得到肯定或激励，就会以守纪、虔诚、自信的积极姿态融入育人过程中，做一个具有高尚情操的人，朝着制度文化预期的育人目标不断奋进。

按照海德格尔的洞识，关心是个体生命最真实的情绪体验。尽管教育者已经意识到教育中的关心是不可或缺的，但更应明白，关心不是自然而生的，如果听之任之，不去了解关心，不去研究关心，则难以发挥关心的应有之用。这就要求学校制度文化由盲目转化为自觉，应根据青少年思想品德发展的实际情况，有计划、有系统地去进行设计和组织，更好地发挥关心激励的功能。特别需要指出，随着社会的发展变化，青少年学生的道德体验结构也随之发生改变，因此，依据实际情况因势利导，加强情感沟通，创设深化青少年学生道德体验和彰显高尚道德情操的关心激励机制，就成为学校制度文化迫切解决的现实问题，这也是永葆育人工作活力的现实诉求。

四 示范激励对道德行为的强化

示范激励是学校道德教育中最基本的道德激励方式，具有润物无声之效。榜样具有形象、具体、直观的特性，具有较强的感染性与吸引力。在学校制度文化育人过程中，榜样的示范作用是巨大的。正如班杜拉所认为的那样，通过习得道德行为和表现道德行为的示范学习或模仿学习，对于个体道德行为的改变和道德人格的形成具有重要的甚至是决定性的意义。有了可供学习与效仿的典型示范或榜样事迹，青少年学生就有了自我激励的思想动力，行为就有了指向，积极向上的情绪油然而生，能够激励与鞭策青少年学生"学榜样""找差距""赶先进"的道德进取心，将他们作为自己心目中的楷模，按照榜样的要求自觉地矫正或引导自身的行为，形塑青少年学生的良好品行，实现思想境界提升与道德进步的育人目标。

《中共中央国务院关于进一步加强和改进未成年人思想道德建设的若干意见》也深刻指出了榜样激励在学校道德教育中的至关重要性，"要运用各种方式向广大未成年人宣传介绍古今中外的杰出人物、道德楷模和先进典型，激励他们崇尚先进、学习先进。通过评选三好学生、优秀团员和少先队员、先进集体等活动，为未成年人树立可亲、可信、可敬、可学的榜样，让他们从榜样的感人事迹和优秀品质中受到鼓舞、汲取力量"。通过学校制度文化对榜样示范行为的确认机制和宣传报道制度，对那些乐于助人、诚实勇敢、尊老爱幼、勤劳俭朴、自强自立的青少年学生进行奖励或表彰，为其他同学树立了行为示范的道德标杆。"三人行，必有我师。"孔子的"见贤思齐"所言及的也是这个道理。只有认识到自己同榜样之间的差距，才能进行深刻的自我剖析与自我反省，学习、模仿和领会榜样的行为，获得道德启迪，产生对善行的尊崇与向往，形成对恶行的鄙视与藐视，向着先进看齐，引发青少年学生学做先进、赶超先进的向上力，形成刻苦努力、乐观豁达、奋发进取的良好精神面貌。依据对象的不同，学校制度文化在育人过程中的示范激励可分为对个体的示范激励和群体的示范激励两种。

通过优秀少先队员、优秀团员、三好学生、美德好少年、学习标兵、优秀志愿服务者等的评选制度，表扬先进，激励先进，影响和感染其他学生，鞭挞后进，促使青少年学生向先进思想和先进事迹学习，激发他们自觉遵守道德准则的动机和意识，乐于执行学校制度文化的道德要求和行为规范，避恶向善，在行善的实际活动中获得情绪和情感的极大满足。当青少年学生的道德主体性被调动起来后，他们就不会想方设法逃避种种自己不情愿做的事情，也不再蛮横无理，而是能够按照道德的标准，约束自己的言行，向先进典型学习，感受遵守制度规章带来的道德成就感，趣味盎然，乐在其中，就会由后进变为先进。当遵守道德成为一种快乐与享受时，青少年学生就能自觉抵制各种非道德行径，并获得做好事的幸福和快乐，提升人的精神境界。"只有当我不只一次地体验过自己不受益而为他人做好事的快乐、这种仅仅由于做了好事而感受到快乐的时候,我才会在有人做坏事而于我毫无损害的情况下,也把它当作自己的不幸来感受和体验。"[①]也正是在这个过程中,不断激发青少年学生按照制度文化的要求做好事的意愿,同时也增强了他们同不良思想意识作斗争以及与相反行为习惯作战的勇气,获得从自责、惭愧、忏悔到反感、痛恶直至避而远之的深刻反省,意识到这是一种背离道德诉求的不光彩的行为,培养了学生积极健康的情感与励志心理,为锤炼道德品性提供了不竭的精神动力,始终保持良好状态,自觉践行道德行为,促进青少年学生道德自觉境界的不断提升。

需要教育工作者高度警惕的是,在运用制度文化激发青少年道德活力的时候,一定要加强引导,防止青少年学生对其误读,导致激励的过度或偏差,适得其反。如有些青少年学生受到制度文化示范激励作用的感染,具有强烈的做好事的良好心理,但没有形成足够的认识,苦于难以遇到需要自己帮忙的事情,因而倍感郁闷与焦虑不安。在此种情况下,一些青少年学生就开始发挥想象力,自己"创造条件"或"营造场景",如人为地创设"见义勇为"的场景,自己伙同他人导演一场"拾金不昧"的闹剧,将自己的钱或是从家里偷的钱交给老师,谎称是捡到的,等等。这样做的目的,无非是希望契合制度文化的激励条款,获得称赞或嘉奖,但严重地背离了制度文化的激励初衷,为青少年学生形成华而不实、移花接木、故弄玄虚等不良人格埋下了伏笔,对他们的健康成长是极为不利的。但令人振奋的是,不少学校已经意识到了这一点,并着手健全与完善相应的惩戒措施,彰显正面效应,传播正能量,实现全员激励,并用间隔强化代替持续强化,尤其是在杜绝舞弊现象与自我激励方面起到了积极的效果,为坚守道德信念注入强大精神动力,有力地促进了青少年学生道德动机和行为效果的统一,推进了青少年学生的道德社会化,培养和塑造他们优秀的品质,实现了学校制度文化育人活动的不断"增值"。

---

① [苏] B. A. 苏霍姆林斯基:《帕夫雷什中学》,赵玮等译,教育科学出版社1983年版,第194页。

第四节 信息整合：节约道德成本

无论是旧制度经济学派，还是新制度经济学派，都十分关注经济活动中成本收益的问题，并将成本分担作为制度的分析单位。与旧制度经济学相比，新制度经济学更加关注交易成本的研究，并将降低交易成本视为制度的基本功能。按照新制度经济学的解释，制度废改立的过程就是一个不断降低交易成本以增加收益的过程。人们在制度创新上所做的一切努力，实质就是通过信息整合，对各种收益及可能花费的成本进行核算，并经过权衡后选择获得最大收益的制度设计活动。信息整合是制度的基本特性。在美国现象学社会学家彼得·L.伯格（Peter L. Berger）看来，任何一项制度的出台并发挥作用，一般要经历"习惯性""制度性""合法性""社会性"的递进过程。"习惯性"是人类适应社会环境的一种有效手段。人们将生产和实践活动中习惯性行为方式的定型，就产生了相应的规章制度。任何一种新建制度，为了能够生存下去并扩大影响范围，必须取得合法地位，赢得人们的认可和拥护，"必须要求有一个合法化的过程与制度化的过程相伴，即借助于概念命题、知识体系和宗教信仰等手段对其进行意义的整合"[①]。这种信息整合简化了办事程序，减少了耗费，尤其是由不确定因素所带来的风险成本，是确保人们一致行动的前提，是引导人们遵守制度规则的普遍性的社会要求。其在学校制度文化育人领域的投射，就是要通过信息整合，预防或减少信息不对称带来的资源浪费，节约道德教育经费，提高育人的效益。

一 节减不确定性因素增加的成本开支

进行道德教育离不开一定的教育投入或资源消耗。按照教育经济学的观点，从事道德活动是需要成本付出的，包括计划、组织、实施和评价过程中所消耗的人力、财力、物力等各种费用。在通常的情况

[①] 马健生：《现代教育制度与思想》，高等教育出版社2004年版，第60页。

下，成本与收益成正比关系，即在道德教育中投入越多，道德实效性就越强，反之亦然。最大限度地降低交易成本并增加道德收益，是教育经济学密切关注的问题，也是推动学校制度文化育人工作常态化发展的重要内容。

道德成本的高低是衡量育人效益的有机链条，是学校道德教育直面的现实课题。学校制度文化是实现信息整合的有效形式与手段。"制度在一个社会中的主要作用是通过建立一个人们相互作用的稳定的（但不一定是有效的）结构来减少不确定性。"[①] 学校制度文化通过道德教育过程中各种信息的确证，有助于消除信息干扰、信息错位以及信息失真等不确定因素，从而节省信息获取与使用的费用，降低道德成本。信息不对称理论由美国经济学家乔治·阿克洛夫（George Arthur Akerlof）、迈克尔·斯彭斯（Michael Spence）与约瑟夫·E. 斯蒂格利茨（Joseph E. Stiglitz）共同创立。按照这一理论，市场经济活动中的各个参与主体掌握的相关信息是有差异的，这直接关系到他们在生产与经营活动中的收益。按照市场经济运行的规律，参与经济活动的主体掌握的有效信息越充分，往往在活动中越处于有利地位。相反，如果参与主体的信息比较贫乏，或者尽管掌握了大量信息，但信息不是及时的、有效的，也会在竞争中处于劣势地位。因此，买卖双方尽可能了解市场活动中更多的有效信息，建立信息刺激一致性的契约关系，增加信息透明度，并依据市场交易信号弥补信息不对称引发的风险成本，从而推进市场经济良性发展。鉴于他们在解决市场交换中信息不对称问题上的积极贡献，三人共同荣膺 2001 年诺贝尔经济学奖的桂冠。在学校道德教育活动中，信息不对称带来的不确定因素也时有发生，诚如顾明远先生所言，现代科学技术的发展固然丰富了道德教育形式，开辟了道德教育的新途径，但科技进步与社会变革也给学校道德教育带来了严重的冲击，当人们还没有厘清客观现实世界中各种不对称的信息关系时，来自虚拟的网络世界的浩如烟海、冗繁

---

① [美] 道格拉斯·C. 诺思：《制度、制度变迁与经济绩效》，刘守英译，上海三联书店 1994 年版，第 7 页。

多余的信息堆积在一起,更是让人感到眼花缭乱,使人产生扑朔迷离之感。信息的碎片化模糊了青少年学生的视野,助长了青少年学生选择的无助与盲从,甚或被不良信息与垃圾信息所俘获,滋生了种种负面心理,对青少年学生良好道德品质的养成产生了破坏性的作用。按照麦金太尔的解释,信息来源渠道的多元与多样,必然带来选择上的困难,甚至引发冲突。"多元有有序和无序之分。这种无休无止、无法找到终点的互不相容无从对话的道德争论,只能证明当代道德处于严重的无序之中。"① 这种冲突是各种信息相互抵牾、整合功能失灵的结果,其本身并不代表着思想解放和言论自由,只能带来更大的思维混乱或资源浪费。制度文化"是稳定地组合在一起的一套价值标准、规范、地位、角色和群体,它是围绕着一种基本的社会需要而形成的。它提供了一种固定的思想和行动范型,提出了解决反复出现的问题和满足社会生活需要的方法"②。依靠学校制度文化提供的价值标准和行为范型,可降低由信息多元、选择无助、失序混乱等不确定因素带来的道德风险,削减了学校育人活动的信息成本。

在学校教育系统中,学校制度文化通过教育机构设置以及教育制度安排,将道德教育主体、教育影响及其相互关系提炼出来,形成制度事实。"制度事实或受人力制约的事实显示出与原始数据相对的特性,可以用人类作为行为的主体和作为与其同胞们互助合作地生活在社区中的社会动物的特殊性质来说明。由于社会行为和互助合作取决于获得和交流信息的过程,就必须存在作为人类生活框架的制度事实,这些事实必然要包括关于'应当是这样'的信息和价值观念的信息以及关于原始事实的信息。"③ 通过对制度事实进行筛选与整合,汇集成规范的、系统的、完整的文本体系,从而更好地记录与传递来自教学、行政、管理等部门的相关信息,提供道德预期,规范教育教学活动,

---

① [美] A. 麦金太尔:《德性之后》,龚群等译,中国社会科学出版社1995年版,译者前言,第11页。
② [美] 伊恩·罗伯逊:《社会学》,黄育馥译,商务印书馆1990年版,第109页。
③ [英] 尼尔·麦考密克、[奥] 奥塔·魏因贝格尔:《制度法论》,周叶谦译,中国政法大学出版社2004年版,第100页。

消除内耗，节约道德成本，使有限的资源得到最大限度的利用。

二 节省道德教育资源配置的成本

教育经费相对欠缺以及得不到合理利用是制约学校道德教育效果的一大痼疾。得当的制度安排，为提高教育经费的使用效益提供了制度保障。恰当的学校制度文化有益于理顺学校道德教育中资源分配与使用过程中的分歧与矛盾，加强来自不同教育部门或机构的信息整合，用稳定性代替不稳定性，促进道德教育资源的优化配置，恰当地配置育人活动中所需的人、财、物等资源，使之发挥最大的效益，将育人资源的合理调配与道德教育的实效提升有机地融合在一起。

理顺教育投入体制，设计多渠道筹措经费的制度安排，是学校制度文化节约道德教育资源配置成本的一个重要表现。重视对学校办学经费的投入，是当前世界各国的普遍做法和基本经验。国务院和地方各级人民政府通过制度法规，如通过颁发教育法律、教育法规和学校部门规章等形式，坚持教育优先发展战略，落实政府的投入责任，逐步建立健全加大教育投入的保障制度。这在2015年4月新修订的《中华人民共和国义务教育法》中也得到了体现："国务院和地方各级人民政府用于实施义务教育财政拨款的增长比例应当高于财政经常性收入的增长比例，保证按照在校学生人数平均的义务教育费用逐步增长，保证教职工工资和学生人均公用经费逐步增长。"《国家中长期教育改革和发展规划纲要（2010—2020年）》也提出了完善投入体制、深化管理体制改革、建设现代学校制度等主张，为学校制度文化育人活动提供了蓝本。一方面，学校对国家和地方政府关于教育经费制度的执行，将"以政府投入为主"的经费投入制度落实到位，保证了道德教育经费的稳定来源和不断增长，降低因信息不明或信息获取困难而带来的损耗。另一方面，学校要贯通校内与校外不同层级教育资源间相衔接的通道，建立多渠道筹措经费的制度体制，或是通过土地出租、技术成果转让、公共咨询、社会服务等形式获得相应经济回报，或是通过激发师生员工、成功人士、爱国人士、团体和企事业单位捐赠助学的热情，或是争取专项道德教育主题活动经费，等等，以此追加道德教育经费，并打通来自不同渠道的教育资源的流动通道，降低师生员工在合理使用经费中的宣传、组织和培训的费用。

学校制度文化节约资源配置成本，还表现为提高资源的使用效益，体现"效益最大化"的原则。其一，避免盲目投入所造成的资源浪费。在道德资源优化配置中，我们必须澄清一个误区，即迷恋只要投入多就产出多的因果论。如一些道德教育工作者错误地以为，只要给予充足的人力、物力和财力，就一定会取得良好的育人效果。甚至还有些学校将育人工作量化，以单纯的工作量作为育人水平高低的衡量标准。这种线性思维的局限性是显而易见的，因为育人效果是多种因素相互作用的综合产物，对象的不同、情景的不同、内容的不同以及条件的不同等，使得教育工作者的艰辛付出并不一定会得到应有回报。试举一例，如果来自校行政、年级、班级等方面的育人要求不一致，相互抵牾，那么，付出再多，工作量再大，资源使用再多，效果也不会显著，甚至于事无补，久而久之，这种盲目的行动必将误导学校制度文化育人活动陷入只重形式而不讲实效的怪圈中，事倍功半。在实践中，我们也经常听到一些教育工作者的无奈之言，他们抱怨付出的劳动与回报不成正比，付出甚多但回报甚微。我们认为，必须从制度上掐断这个恶性循环的链条，以此杜绝教育经费的白白浪费。学校制度文化通过信息整合，建立起科学的经费预算制度和管理机制，尤其是形成了一种常规管理和相对稳定的均衡机制，充分地发挥道德教育资源整体配置效果，取得育人的整体效果。其二，加强对道德教育资源的整合力度，建立信息共享机制。"我们的制度环境，就像我们的自然环境一样，在我们周围设置了一套可靠的，可感知的模式……允许我们在有限的认知能力和计算能力的约束下，去应付我们所面临的问题。"[1] 公共性是道德教育的基本特性。道德本身就具有"公共财富"或"公共产品"的属性。通过制度安排的形式，学校道德教育将学校、年级、班级在道德教育工作中的得与失记录下

---

[1] [美]赫伯特·西蒙：《现代决策理论的基石：有限理性说》，杨砾等译，北京经济学院出版社1989年版，第162—163页。

来，尤其是将经过长期实践与反复验证的有效经验规定下来，形成一整套面向全校师生的公平的、公益的、共享的道德教育模式，为今后的育人工作少走或不走弯路提供依据，最大限度地提高资源的使用效率。其三，促进道德教育资源有序流动，避免了资源挤占、挪用、闲置以及流失等现象。学校通过完善的权力制约制度、经费使用制度和监督制度，提高了经费配置的公开性与透明度，从源头上杜绝了"当权者"在资源分配中随意行为或不公行为，减少不必要的浪费，使闲置的资源得到有效利用，保证道德教育经费及时到位，有效防止或减少了各部门之间因职责不清而导致的资源支配纠纷、相互推脱的不良现象，抵制了来自各方面对道德教育资源挤占或挪用所带来的侵害，确保资源得到最大程度的利用。如《中华人民共和国义务教育法》就明确规定："义务教育经费严格按照预算规定用于义务教育；任何组织和个人不得侵占、挪用义务教育经费，不得向学校非法收取或者摊派费用。"这为教育资源的优化配置提供了法律依据和制度保障，大大地减少了信息不明确带来的低效行为，促使物尽其用。

三 节约道德冲突化解的费用

作为一种特殊的道德选择形式，道德冲突在学校道德教育活动中是普遍存在的。在认识与处理利己与利他、公德与私德、个体与集体等关系范畴时，道德冲突往往由此而生。从辩证的角度来看，道德冲突尽管增加了育人工作的难度，制造了不和谐的音符，但道德冲突并非总是破坏性的，也并非一无是处，道德冲突是个体道德价值取向失衡的表现，萌发着个体道德能力提升的契机，是推动个体道德发展的直接动力。在化解道德冲突的过程中，个体的道德认知水平得到了提高，道德评价能力获得了发展。苏格拉底所提倡的"产婆术"，就是通过师生对话，诱发学生的道德认知矛盾和内心冲突，进而引导学生积极思考，实现道德的增进与提升。杜威更是直言不讳地指出，学生的道德发展就是在解决一系列冲突中完成的。毋庸置疑，化解道德冲突离不开一定的费用支出，包括信息收集、过程组织和管理评价等费用。合理的学校制度文化通过赋予青少年学生一定的社会角色，将道德冲突纳入制度体系中,以较少的资源损耗消除冲突,引导青少年学生进行积极的自我塑造,不断提升自我。"社会角色可以通过它构成的制度来详细说明个人所扮演的角色是哪些制度的一部分,是与哪些制度相关的。而在特性角色那里,就远不止这些,一个特性角色被某种一般文化的成员或这种成员的重要部分视为目标。这一角色为这种文化的成员提供文化的和道德的理想。"① 自然地,对作为特殊社会群体的青少年学生,学校制度文化也赋予其相应的特性角色,在化解道德冲突中不断推动青少年学生把角色要求和道德理想转化为个体的内在需要。

道德冲突必然涉及利益的冲突和取舍,这在前文已经谈及。在解决道德冲突的过程中,科学而合理的制度安排有利于引导青少年学生善于舍弃,去恶从善,果断地否决非法的或不合理的个人利益,认可其他同学和集体的利益,并通过自己的勤奋努力获取应得的利益,锻造优良的品质。"一个有效率的制度的最根本特征在于它能够提供一组有关权利、责任和义务的规则,能为一切创造性和生产性活动提供最广大的空间,每个人都不是去想方设法通过占别人的便宜来增进自己的利益,而是想方设法通过增加生产,并由此实现自己的利益最大化。"② 马克斯·舍勒(Max Scheler)高度评价了羞耻感在引导个体化解道德冲突以及修身养性中的重要作用。羞耻感厘定了利益选择中"人"与"非人"的界限,是一种"不可伤害的屏障"。在《价值的颠覆》一书中,马克斯·舍勒写到,羞是造就最尊贵品性或未来可能的人的类型不可或缺的推动力。他将羞耻感分为身体的羞耻感与灵魂的羞耻感两类。舍勒认为,二者在程度上是不同的,相对于身体的羞耻感,灵魂的羞耻感是更高一级的道德情感。人的灵魂羞耻感的丧失,不仅失去了身体的羞耻感,而且为了非法获益不再固守人格尊严与道德良知,这意味着人的做人资格的丧失。在道德冲突发生后,倘

---

① [美] A. 麦金太尔:《德性之后》,龚群等译,中国社会科学出版社 1995 年版,第 39 页。

② 樊纲:《渐进改革的政治经济学分析》,上海远东出版社 1996 年版,第 41 页。

若青少年学生采取了损害别人合法利益的行为方式,在掩人耳目或坑蒙拐骗等违纪行为后受到制度文化应有的惩戒之后,他们就会经历激烈的内心斗争,或怨恨,或无助,或惭愧,尽管思想斗争因人而异,但大部分青少年学生都会产生耻感体验,进而唤醒道德自尊心,刺激改过迁善的意愿,在羞耻中孕育灵魂之善,成为引领学生趋诚离虚、向善向上的有益精神食粮。

此外,通过得当的制度安排,可以协调学校内部个人之间、个人与团体之间、团体之间的关系,形成彼此认同的利益协调机制,在化解道德冲突中减少了利益冲突所增加的成本或费用,为提高道德教育资源的使用效率创造条件。"制度是社会利益关系的协调机制。协调机制也是一种整合机制,因为人们不同利益关系的协调,不仅使人们的相互合作成为可能,而且协调的目的在于使具有不同利益追求的人们的活动纳入社会整体发展的'轨道',把各种可能产生对抗、分裂的个体和团体力量整合形成为一种推动社会发展的'合力'。"① 当利益冲突或利益纠纷发生时,学校制度文化的道德规则既能有效地化解冲突所潜伏的大量道德风险,又能在信息整合中保全自己的利益不受侵犯。"如果我们的道德准则仅限于不伤害人、不撒谎、重信用、守诺言、爱财物等方面,那么这种道德准则与我们的自身利益之间的冲突可以相当容易地避免:我们可能会具有遵循这些道德准则的普遍性情,并且发现这些准则并不妨碍我们追求我们自身的利益。"② 正是基于这种信息整合功能,助推了道德矛盾与冲突的有效化解,为学校的育人活动注入勃勃生机,将学校办成一个时刻充盈与洋溢道德的场所,办成青少年学生喜欢的地方。这样的学校,才能增强对青少年学生的道德吸引性,才能成为他们道德理想放飞的地方。

四 降低了育人机构之间整合协调的成本

青少年学生道德品质的提升是在校内外的各种教育组织或教育场

---

① 陈纯仁:《社会主义制度文明建设论》,中国社会出版社 2006 年版,第 23—24 页。
② [英] 约翰·怀特:《再论教育目的》,李永宏等译,教育科学出版社 1997 年版,第 111 页。

景中展开的。随着学校与社会互动的加强，社会中的知识与信息在学校中得到了广泛的传播。在这个过程中，学校道德教育难免受到各种各样甚或相互抵牾的信息的影响。信息传递不畅或对这些信息的不当处理，必然带来育人过程中的推诿扯皮和效率的低下。在通过信息获取和广泛论证的基础上，学校制度文化为各部门或各组织、个人或集体协同育人搭建了互助合作的平台，尤其是家校合作、校企合作以及学社联携的运行机制，密切了学校与家庭、学校与社会的关系，降低了学校、家庭、社区单方面进行道德教育的费用，大大调动了学校教职员工、家长、社区以及各界社会力量参与育人活动的能动性，广辟实践育人的途径，使青少年学生不仅能从校内获得深刻的道德启发、道德滋润与道德感悟，而且能够将之拓展到校外，在整个社会大环境中进行道德的检验、巩固和升华，形成道德实践能力，促进道德行为的连续性和一贯性，时刻焕发学校道德教育的勃勃生机，让"道德"常驻学生心间，既节约了道德成本，又切实增强了育人工作的实效性，有助于将青少年学生培养成有道德的人。

统揽历史，不难发现，自学校诞生以来，受传统思想的拘囿，学校的育人活动曾一度远离家庭和社会而陷于孤军奋战的尴尬境地。不可否认，作为对青少年学生进行思想教育、政治教育、道德教育与个性心理品质教育的主阵营，学校的重要性自是不言而喻。质言之，学校之于青少年学生良好道德品质的塑造是不可或缺的，但并非唯一的育人机构，并不能代替家庭和社会的德育功能，因而不能无限地、任意地将之扩大，泛化了学校的育人功能。倘若不能准确定位与科学认识学校的育人功能，非但无法凸显学校之于青少年学生道德成长的引领与促进功能，反而酿造或诱发种种利益纠纷、道德摩擦与道德冲突，桎梏、阻挠或中止学校德育工作的正常开展，无论是对青少年学生良好道德品质的提升，还是对整个社会德育工作的纵深推进，其危害性均不可小觑。然而，在现实情境中，不仅家庭和社会推卸了应有的育人责任，而且学校与家庭、社会各自为政，不相往来。在育人活动中，学校、家庭与社会联系和沟通较少，缺乏应有的合力，不仅导致育人资源的极大浪费，而且容易产生饱受世人诟病的"$5+2 \leqslant 0$"

的负面情形，即在学校五天的正面教育被社会上两天的负面影响抵消和吞噬了，其危害性不可小觑。诚如联合国教科文组织在《学会生存——教育世界的今天和明天》所指出，生活在这样的环境中，容易引发个体精神错乱的危险。"5+2≤0"的现象，极易诱导青少年学生滋生为人圆滑与刻意逢迎的心态，甚至形成伪善人格，构成了学校道德教育工作的巨大障碍，在社会中埋下了诸多不安定的因素。合理的学校制度文化有助于形成学校、家庭、社会合作育人的长效机制，缩短了不同部门之间的磨合期和适应期，是改变这种不良局面的巨大推动力。学校通过信息整合功能，为规范与协调不同育人机构的合作育人提供了最优化的制度保障，避免了学校、家庭、社会之间教育合力的分化或离散，能够预防潜在的矛盾与消除各种偏见，取而代之的是相互间的配合与协作，在积极互动中肩负起育人责任，提高育人工作的效率，步入良性发展的轨道。

国际21世纪教育委员会在《教育——财富蕴藏其中》中也明确指出，教育应该成为全社会的事业，成为所有人的事情。"教育已成为社会的经常性生产任务，全社会都应对教育负责，只有通过教育，社会才能面目一新。"[1] 道德教育自不例外。在育人活动中，居于主导地位的学校，可革除信息失真的弊端，明确育人职责，统一道德教育要求，推进管理工作的规范化，为家庭、社会等各部门合作育人指明发展方向，在增强合作育人信心和提升育人效率等方面所起的作用有目共睹。在实际中，运转高效的、完善的学校制度文化代表了不同部门、不同群体的育人要求，有助于为学校争取更多的来自家庭与社会的育人资源，同时也使得学校与家、社会的关系逐渐变得更加紧密，减少各个部门之间内耗和扯皮的协调成本，将道德教育资源的损耗或浪费降至最低，从而为道德合力作用的充分发挥奠定良好的制度基础，加强相互之间的包容互鉴，促使学校、家庭和社区紧密衔接，实现互促共进，推进学校育人工作快速健康发展。

---

[1] 国际21世纪教育委员会：《教育——财富蕴藏其中》，联合国教科文组织总部中文科译，教育科学出版社1996年版，第101页。

第五节　行为预期：营造道德秩序

人是秩序的存在，道德是秩序的产物。夸美纽斯高度赞扬了制度在人类社会中的重要地位，并将其视为事物的灵魂。"真正维系我们这个世界的结构以至它的细微末节的原则不是别的，只是秩序而已；就是，按照地点、时间、数目、大小和重量把先来的和后来的，高级的和低级的，大的和小的，相同的和相异的种种事物加以合适的区分，使每件事物都能好好地实践它的功用。所以，秩序就叫做事物的灵魂。"[①] 英国著名的思想家、哲学家埃德蒙·伯克（Edmund Burke）也表达了同样的观点，他认为，优良的秩序是所有美好事物得以产生的基本前提。制度的基本功能是营造与增进秩序，消除人们行为活动中的偶然性、随机性与凌乱性。任何社会组织或社会机构的健康有序运行，都离不开制度。社会组织或社会机构以制度规则为基本尺度，以制度规则为执行机制，以制度规则为秩序保障。德国著名社会学家马克斯·韦伯也指出，制度就是特定圈子里的一整套行为规则。正是由于这些影响甚至决定人们社会交往与公共生活之间相互关系的行为规则，实现了知识的增值，保证了人们的行为活动始终处于一定的制度框架内，不至于在不相为谋的相互倾轧和强烈冲击下支离破碎，而能够有条不紊地进行，进而保障活动的规范性、条理性与有效性。

秩序是学校道德教育活动有序展开的价值吁求，是确保育人活动扎实推进的逻辑起始与基本担保。道德秩序是道德活动中所具有的延续性、一贯性、逻辑性与确定性。与自然而然形成的自然秩序有所不同，道德秩序是一种人为组织的社会秩序，使人通过制度安排所建立起来的一种平衡或一致。任何一所学校的稳定与长足发展，均需要一定的道德秩序作为保障。缺乏道德秩序，学校道德教育必然在各种冲突和矛盾中左右漂移，难以为继。"没有社会秩序，一个社会就不可

[①] ［捷］夸美纽斯：《大教学论》，傅任敢译，教育科学出版社1999年版，第60页。

能运转。制度安排或工作规则形成了社会秩序，并使它运转或生存。"① 学校是一个有规则、有秩序的规范性组织。学校制度文化是行动准则或行为方式的集合体。形成道德秩序，维护学校各项工作的正常运转，是学校制度文化发挥育人作用的环境支撑和制度保障。在安定有序、井井有条、和谐稳定的环境中，有益于教师在特定教育阶段确定何种道德教育目标以及学生如何自我调控作出一定的行为预期，大大减少了道德教育中的不确定性，有利于育人目的的有效达成。

一 提供稳定的预期：生成秩序

秩序意味着社会实践、活动交往、利益结构及相互关系的连续性和稳定性。制度起因于秩序的失调。提供稳定的预期以营造秩序，是所有制度出台的直接动因。这在夸美纽斯的学说中也得到了鲜明的体现。"哪里制度稳定，那里便一切稳定；哪里制度松垮，那里便一切松垮和陷入混乱；而制度恢复之时，一切也就恢复。"② 学校制度文化将青少年学生的学习活动、团体活动和交往活动中的各种关系规范化，结合道德教育的内容具体化为相应的责任、义务、角色和权利，把反映的道德规范或道德关系提炼和概括出来，展示了明确的信息，增加了透明度，指引着他们按照自己的身份、所扮演的角色、所承担的任务及活动的范畴等，确定自己的"可为"或"不可为"。学校制度文化固有的维护秩序的工具价值，对青少年学生的行为做出了明确的规定，何种行为是合乎道德的，何种行为是背离道德的，均一目了然。这种预期的稳定性与确定性，用麦金太尔的话来说，就像谁是我的朋侪、谁是我的仇家、谁是我的双亲那样泾渭分明，从而为青少年学生的道德取舍指明了行动的方向，为学校道德教育活动带来了确定性和秩序。"作为不断重复出现的情况 S 中的行为者人群 P，其行为

---

① ［美］丹尼尔·W. 布罗姆利：《经济利益与经济制度——公共政策的理论基础》，陈郁等译，上海三联书店、上海人民出版社1996年版，第55页。
② ［捷］夸美纽斯：《夸美纽斯教育论著选》，任钟印选编，任宝祥等译，人民教育出版社2005年版，第247页。

的规律性 R 在且仅在以下情况下成为行为准则，而且在 P 中这是一种共识，即在任何一种 S 的场合下，P 的成员：（1）每个人都遵守 R；（2）每个人都希望其他人遵守 R；（3）每个人在其他人都遵守 R 时也心甘情愿地遵守 R，因为 S 是一个协作问题，对 R 的一致遵守是在 S 中的一个协作性均衡。"[1] 正是通过制度文化的合理预期，促使育人活动在合目的性、合规律性的范围内有序进行。

制度文化是形成道德秩序的晴雨表，为道德教育营造了稳定的环境氛围。制度文化使得学校的一切活动具有预见性、稳定性或连续性。制度文化把学校各个组成机构及其人员整合、聚集在一起，并依靠制度规章规范着部门与部门之间、部门与个体之间、人与人之间的活动交往，使相互之间的关系有据可依。生活在学校中的每一个青少年学生或学生群体，都要受到各种各样的规章制度的规范与引领，如学生行为守则、教学管理制度、党团工作制度以及校训、学风等都赋予青少年学生一定的期望。这些预期是指引学生行为的指示系统。"不仅要确认行动是那些以特定目标体系和行动者的相对评价为基础的决定和选择的产物，而且要考虑规范和规范性规则作为行动的决定因素所起的作用。"[2] 循此逻辑，当青少年学生的行动在制度规章的框架内得到了合理的解释，则有益于预防或消解育人工作中由不确定性或模糊性所导致的意外情况，指引着青少年学生按照一定的方式进行选择与实践，形成规范有序的行为，确保他们行动的连贯性和一致性，维护学校道德秩序的稳定。

不可否认，具有能动性的人的行为是极为复杂的。其表现形式不但受个人思想认知所影响，而且受到自身参与其中的特定场景和各种复杂程度不同的活动方案所制约。如何准确预测人们行为并保证他们有秩序地生存，在卢梭看来，可通过社会契约的方式来解决。即建立制度与人以及由制度保障的人们之间相互信任、相互接纳的关系。这

---

① ［美］丹尼尔·W. 布罗姆利：《经济利益与经济制度——公共政策的理论基础》，陈郁等译，上海三联书店、上海人民出版社1996年版，第51页。
② ［英］尼尔·麦考密克、［奥］奥塔·魏因贝格尔：《制度法论》，周叶谦译，中国政法大学出版社2004年版，第191页。

种互相认可并做出承诺和守诺的行为,便构成了人们行动的秩序。因此,制度是预测人们行为并营造秩序不可缺少的准绳。学校制度文化将学校的各种行为关系固定下来,在师生员工的不断探索与共同验证中逐渐明晰起来,利于消除不可预测的元素,成为指引青少年学生了解他人并把握自身道德行为的基本规范,进而形成道德秩序。"制度提供了对于别人行动的保证,并在经济关系这一复杂和不确定的世界中给予预期以秩序和稳定性。"① 制度文化是了解学校的关键要素。在学校教育中,由于制度文化不是可有可无,而是青少年学生必须面对的客观现实。青少年学生的交往、对话或互动等行为,均是在特定制度文化指引下做出的应有反应。按照美国公共选择理论开创者之一的奥斯特罗姆的疑问及其解释,我们能够如此直接地根据经验和判断把握自身行为并预测未来,靠的是什么呢?尽管答案多种多样,但有一点是不容置疑的,那就是我们身处其中并指引我们融入特定生活之中的制度平台。学校制度文化影响着青少年学生的道德行为选择,并在很大程度上塑造着学校所期望的道德行为方式,使青少年学生成为学校所预期的那种人,表现在对个人道德品质不断提升和超越的实践活动中。倘若缺失制度文化这个载体或纽带,或是否定或摧毁了制度文化的权威性,学校教职员工和学校之间便不会存在自身的规定性,那么就无法减少青少年学生道德行动中的偏差,也无法遏制与防范偏离道德的行为,自然无以化解接踵而至的各种不确定性,杂乱无序便会顺理成章。

二 抑制机会主义行为:消解失序

作为秩序的对立面,失序是稳定性被击破而次序紊乱的现象。没有道德秩序的失控格局,学校的育人活动就难以有效展开。在一个冲突不断、严重失衡、凌乱不堪的教育场景中,非但不能巩固和强化道德教育的既有成果,反而极易引发潜伏的各种问题与纠纷,制造或扩

---

① [美]丹尼尔·W. 布罗姆利:《经济利益与经济制度——公共政策的理论基础》,陈郁等译,上海三联书店、上海人民出版社1996年版,第23页。

大教育环境中新的破坏性行为,延缓甚或中断道德教育活动。学校的育人活动既无法稳定,也不能持久。因此,当学校缺乏应有的道德秩序或既有的道德秩序被打破以后,道德教育便难以按照预期的方向前行,更为严重的是,这极易带来踯躅不前或任意妄为的道德退步。在美国法理学家埃德加·博登海默(Edgar Bodenheimer)看来,尽管人类向往与追求秩序,但不得不承受失序的困扰与考验。"人类对秩序的追求,时常会为偶然情形所阻碍,有时还会被普遍的混乱状况所挫败。这种规律层面上的混乱与失调的情形似乎在人类生活中要比在非有机的自然界中发生得更为频繁。"[①] 机会主义行为制造着混乱或无序,是人类在向往秩序中的一大阻碍。在新制度经济学看来,处于经济活动中的个人为了追求效用的最大化,会表现出投机取巧、见机行事、欺上瞒下、损人利己等机会主义行为。制度对社会分工和合作活动的规定和预期,规范着人们的行为,可预防或抵制机会主义行为,是消解失序的重要保障。"制度的一个功能就是使复杂的人际交往过程变得更易理解和更可预见,从而不同个人之间的协调也就更易于发生。在社会的混乱和无政府状态中,由于信息、监督和执行问题常常难以解决,劳动分工是不可能的。可靠的约定无法作出,人们相互沦为他人机会主义行为的囚徒而难以自拔。"[②] 学校制度文化通过铲除可预测的或可能出现的机会主义行为的土壤,防患于未然,掌控与调整学校道德教育活动的错乱,从失序走向有序,从而满足学校育人活动对道德秩序的客观需求。

失序是道德教育混乱的前奏。学校制度文化通过对人们行为的划定与稳定预期,抑制投机的或乖僻的个人行为,引导青少年学生按照制度文化约束自己的行为,形成公共生活的态度和应有品质,是营造道德秩序的重要体现。一如美国经济学家安德鲁·肖特(Andrew Schotter)所指出,正是由于制度的存在及其不断演进,才能保障整

---

① [美] E. 博登海默:《法理学:法律哲学与法律方法》,邓正来译,中国政法大学出版社2004年版,第234页。

② [德] 柯武刚、史漫飞:《制度经济学——社会秩序与公共政策》,韩朝华译,商务印书馆2000年版,第142页。

个人类社会不会在无序的自然状态下难以为继,尽管这个过程具有一定的随机性,但只要制度旋转的轮子不发生偏移,那么我们必将进入一个发展有序的现代社会。如果没有体制完备的制度文化作为基本支撑,那么,每个青少年学生的自主行为尤其是投机行为的自发运行将使整个学校育人活动堕入无目的、无标准、无秩序的失调状态,学校道德教育的正常运转将被中断,对育人的高标准和严要求只能是一种奢谈。按照麦金太尔的解释,"在很多情况下,个人与其角色之间存在着一定距离,结果是各种不同程度的怀疑,妥协、解释和玩世不恭介入这两者之间"[①]。表面上,认错态度诚恳,但口服心不服,即"嘴里说的是一套,心里想的是另一套",这种言不由衷、明迎暗拒的不良现象经常发生在青少年学生身上,这也是道德教育周期长、见效慢的一个重要缘由。对于此类行为,既要加强义利统一的教育,更多地从思想意识方面引领他们的行为,又要对青少年学生违反学校既有规定的"越界行为"或机会主义行为给予制裁,使之受到相应的制度约束和惩戒,培养学生遵纪守法的态度,坚固防线,同时又要注重他们思想的唤醒与激发,扶正祛邪,增加学生道德行动的潜力,坚定不移地坚持道德原则。

在营造道德秩序中,青少年学生的利己行为是制度文化不可规避的重要内容。不少青少年学生基于自身的需求而表现出众多违反纪律的机会主义行为,如插队、占座、作弊等。这种行径,方便了自己,却破坏了游戏规则,造成了道德失序。对于此类行为,需要充分发挥制度文化的预期与规范作用。在必要的时候要按照惩戒制度进行制裁,如批评教育、警告、留校察看等,将他们的行为纳入"利己不损人"的最低限度内,以此维护秩序的稳定。然而,与基于利己行为进而破坏道德秩序有所不同,还有一些青少年学生不时表现出种种"损人不利己"的行为,如随手把水龙头打开、损坏公共财物、在教室墙上涂鸦等。他们在做出这些粗鲁而偏激行为的过程中,并未从中获取

---

① [美] A. 麦金太尔:《德性之后》,龚群等译,中国社会科学出版社1995年版,第39页。

任何利益，有时还深受其害，这意味着，自己本人也成为受害者，是施害者和受害者的畸形结合。如破坏公共设施的行为，不仅影响了同学们（包括破坏者本人）的正常使用，而且增加了学校的维修费用，造成了资源的浪费。对于这种行为要区别对待，对于不明事理者，尤其是对于一些尚未认识到自己会带来不良后果或严重危害的年龄较小的学生而言，要加强常规教育与管理，进行反复训练，明理导行。对于明知故犯者，如或是为了逞能与显摆自己，或是为了打击报复、恶意破坏等，就要对这种典型的自暴自弃的不良行为进行强硬约束，对这些学生依据情节的严重程度给予相应的通报批评或纪律处分，同时，要在学校和年级的先优评选中扣掉他们所在班级的得分，督促班级进行整顿，引导他们树立自尊和自爱心理，增强他们自我约束的能力，使之在遵守学校既有规定的基础上内化规则，形成一种守秩序的精神，在恪守纪律中逐渐养成良好的道德行为习惯。

三 规范道德竞争与合作行为：塑造良序

人是社会的存在。社会是由彼此依存的人们构成的一个有机整体，任何人不可能孤立地在社会中生存。无论是人们之间的生产和实践活动，还是社会形态的演进或更替，均离不开竞争与合作。竞争与合作是人类永恒的主题。通过竞争与合作，人们不断获得自我更新与自我完善的动力，推动着经济发展与道德进步的步伐。从表面上看，竞争与合作是二元对立的范畴，但究其实质而言，竞争与合作并非截然对立，而是相得益彰的。强化合作意识，培养竞争观念，既合作又竞争，希腊的船业大亨亚里士多德·苏格拉底·奥纳西斯（Aristotelis Sokratis Onassis）对之进行了精辟的阐释。他说，一个人要想获得成功，需要有朋友的增援与协作；要想取得更大的成功，这就需要比自己更强大的竞争对手。由此不难得出，于个人实现自身价值而言，合作固然不可或缺，但竞争似乎更为重要。较之合作，竞争更能使人振奋精神，激发个体战胜对手的强大内驱力，从而鞭策人们精益求精，奋勇拼搏，不断充实与完善自己，以此保证竞争中的优势地位，竞争的结果是促进了开拓创新，大大提高了劳动生产率，实现了社会文明程度的逐步提升。然而，竞争与合作之间的关系并非总是正向的、互动的、和谐的，相反，肤浅的合作与恶意的竞争滋长了不稳定、不连贯与不协调的成分，助长了人们之间破坏性的对抗性行为，造成了失序与混乱。康芒斯认为，只有将这种对抗性的行为纳入制度体系内，方可为人们的行为提供预期，通过集体行动调控个人行动，形成道德秩序，方能充分发挥竞争与合作的积极作用，为实现共同利益而一致行动，满足与服务于人类对经济利益、道德理性或善的需求。按照康德的理解，尽管善良意志是一种无条件的善，但人们对善良的认识与自觉践履不是自然而成的，要通过人们之间的对抗性的竞争来实现。"大自然使人类的全部秉赋得以发展所采用的手段就是人类在社会中的对抗性，但仅以这种对抗性终将成为人类合法秩序的原因为限。"① 在康德看来，秩序是人的社会化的产物。人类的全部禀赋存在于人性之中，促使这种对抗性竞争最终朝着一致性的方向发展，最终形成一个有秩序的道德的整体。诺思从经济学的视角出发，对制度在经济活动中营造竞争与合作的秩序予以肯定："制度提供了人类相互影响的框架，它们建立了构成一个社会，或更确切地说一种经济秩序的合作与竞争关系。"② 学校道德教育活动中既存在道德竞争，也存在道德合作。学校制度文化通过对学校道德教育过程中各种竞争和合作关系的预期，通过理性的设计和安排固定下来，规范、调控、引导着道德竞争与道德合作行为，有效地规避了偏激性竞争、损害性竞争以及蓄意的合作、盲目的合作等造成的失序状态，营造了道德秩序，确保育人工作在秩序井然的环境中进行。

学校制度文化出台了基于公平、公开、公正基础上的竞争制度，减少任意性与不可知性，增强预见性和可操作性，规范着青少年学生的道德竞争行为，助推着良性的道德竞争，既在竞争中维护了道德秩序，又促进了自身道德能力的提升，对个体良好道德品质的塑造具有

---

① [德] 康德：《历史理性批判文集》，何兆武译，商务印书馆1990年版，第6页。
② [美] 道格拉斯·C. 诺思：《经济史中的结构与变迁》，陈郁等译，上海三联书店1991年版，第225页。

重要作用。它规定了何种行为应受到鼓励与支持，何种行为被反对和遏制，构成了学校有序行为不可或缺的有机组成。制度文化具有的权威性与强制性涵养着个体守秩序的精神，任何人都不能逾越。如通过执行学校的日常行为管理制度，对破坏课堂纪律、虚假行为或考试作弊的学生给予一定的惩处，不仅对违规学生产生一定的震慑作用，预防或减少此类不良行为，而且对其他学生具有良好的警示功能，推动着他们克服侵占、自私、懒散或追逐功利的不良倾向，从而发挥稳定道德秩序的作用。"如果有人由于自由散漫，不注意听讲，东张西望，阅读或书写与上课无关的东西，说闲话，分散自己和别人的注意力或犯有上述同样性质的错误，就必须及时给他指出，让他遵守秩序，直到他改掉这些毛病为止。"① 如果没有纪律作为保障，个人的自由散漫必然导致课堂秩序的混乱，必将打破公平竞争的环境，不仅难以提高竞争能力，而且会引发分裂与混乱。曾几何时，我们的学校教育拘囿于浓郁的浪漫主义情怀中难以自拔，痴迷于道德说教中故步自封。对于青少年学生的违规行为乃至极端行为的一味退让或纵容，长此以往，他们的纪律观念就会逐渐模糊，道德责任或道德义务便会丧失，形成放荡不羁的性格，表现出更大的"恶"来，助长反社会行为，其后果极为严重。就其存在形式而言，制度主要是一种强制的"硬约束"，使青少年学生表现出一种守秩序的行为。"这种强制力，或者通过强制个人来直接地实现，或者在强制个人时由个人的反抗而间接地实现，或者通过群体内部的传播力而实现。"② 因此，通过必要的制度文化，对急功近利者、损人利己者、违背道义者予以必要的制度惩罚或制裁，就成为有效化解竞争冲突并规范教育行为的支配性力量。

学校制度文化通过营造道德秩序，对道德合作行为进行稳定的预期，为青少年学生的交往互动提供了一套明确的行为规范，并采取等量齐观的防范性和保护性措施，有助于在道德合作活动中培养青少年

---

① [捷] 夸美纽斯：《夸美纽斯教育论著选》，任钟印选编，任宝祥等译，人民教育出版社2005年版，第346页。
② [法] 埃米尔·迪尔凯姆：《社会学方法的规则》，胡伟译，华夏出版社1999年版，第10页。

学生自觉遵守规则的态度，形成合乎道德的行为。"秩序，在本质上便意味着个人的行动是由成功的预见所指导的，这亦即是说人们不仅可以有效地运用他们的知识，而且还能够极有信心地预见到他们能从其他人那里所获得的合作"①，《教育——财富蕴藏其中》也将学会合作视为21世纪教育的四大支柱之一。只有学会合作，才能取长补短，才能焕发出开拓进取的精神。哈耶克指出，秩序的重要性不仅体现在它能够保证一切按部就班，而且更为重要的是能够生成一种个体在孤立状态下无法企及的新的力量，即在合作中追加利益，增进自由。自由是人的基本属性，但自由的实现需要秩序予以保障。美国学者塞缪尔·P.亨廷顿（Samuel P. Huntington）在《变化社会中的政治秩序》一书中将秩序之于自由的重要性说得更为精彩。按照亨廷顿的说法，尽管自由对于人类是如此的重要，但是在人类的实际生活中，人们可以在丧失自由却有秩序的情景中活下去，但难以在一个无秩序却拥有充分自由的情景中生存着。无论何时，秩序是实现自由必不可少的条件。人们可以在有秩序而无自由的环境中努力拼搏，积极争取应有的自由，但是在一个有自由而无秩序的环境中，人们最终难逃失却自由的厄运。亨廷顿认为，社会的发展需要创建保障自由得以实现的稳定的公共秩序，需要建立人们可预期的、连续的、有信心获得合作共赢的制度，在合作中维护并增进自由。这意味着，如果学校不重视道德合作，不重视道德秩序的营造，那么，独立意识不断增强的青少年学生就会放任地追求他们所理解的个人自由，致使学校成为一种没有方向、没有目的、没有控制的无序格局，育人功能自是无从谈起。学校制度文化鼓励着合作者的彼此尊重与相互信赖，打破被动的、强制的或高压的合作，真正构建起师生之间、同伴之间善于合作与乐于合作的自觉自愿性，引导青少年学生形成协同配合、团结互助、休戚与共的合作交往能力与公共生活能力，互利互惠，谱写出合作共赢的道德乐章，在公共秩序中朝着道德自由的方向不断挺进。

---

① [英] 弗里德里希·冯·哈耶克：《自由秩序原理》（上册），邓正来译，生活·读书·新知三联书店1997年版，第200页。

第五章 现行学校制度文化育人的困境

制度是学校的基本架构与强力撑持。学校是教育制度化的存在，是人为的制度选择和制度创新的凝结。通过对学校制度文化育人依据及表现的剖析，我们对学校制度文化在青少年学生德性塑造中应有的价值与意义深信不疑。由此，"应然"和"实然"跃入我们的研究视野。从字面上考究，"应然"具有必须、应该、应当的寓意，是一种理想的状态，属于价值范畴。"实然"是与"应然"相对应的一个词语，具有实际、当下、现在的意思，指的是当前存在的状况，属于事实范畴。"应然"揭示了事物自身运动发展的规律，而"实然"是事物当下的本真状态。从哲学的角度分析，"应然"与"实然"之间并非一一对应的线性关系，二者存有落差、脱节甚至巨大反差是事物发展的常态。"应然"指向未来的发展，是在可能条件下能够达到的境界。正是由于"应然"的存在，"实然"的改进与提升才成为可能。徒有"应然"的理性认知而无"实然"的可能性条件，"应然"便显得无足轻重。"应然"的生命力在于"实然"。在学校制度文化育人的主观愿望（应然指向）和客观实际（实然样态）之间，我们必须直面的一个核心问题是，如何让应然性变为实然性，如何使学校制度文化应有的道德功效得到最大程度的展现，便成为学校制度文化能否发挥育人作用以及发挥程度的权衡标准。因此，探寻学校制度文化育人过程中"应然"与"实然"之间的差距，找寻二者亟待了解的矛盾关节点，是实现"应然"与"实然"有机统一的重要环节。

识别与澄清问题是任何时代实现新跨越所应担负的历史使命。马克思指出，对一个时代而言，首要的难题不是谜底，而是问题。这对于我们把握时代发展前沿和洞悉未来发展方向具有普遍的指导意义。"问题就是时代的口号，是它表现自己精神状态的最实际的呼声。"①只有准确把握问题，才能解放思想，有的放矢，方可紧跟时代步伐，推动社会不断前行。紧扣时代脉搏，当前学校制度文化育人工作中的实然状况如何？在实施过程中究竟存有哪些不足、缺陷或新情况？其表现何在？对这些问题的认真查摆、梳理与提炼，这是探寻"应然"与"实然"之间的落差或背离的关键性步骤，也是有针对性地推进学校制度文化育人活动的基本前提。

对本部分研究资料的收集、整理与分析，笔者通过两种方式展开。一是通过对已有的相关文献进行检索，包括书籍、论文、报刊以及电子文献等，了解研究动态和最新进展，把握当前既存的、亟待思考或解决的问题。一是进行实地考察，掌握一手资料。鉴于研究需要及便利条件，笔者主要对山东省济南市、青岛市、潍坊市、泰安市、临沂市、德州市、菏泽市7个地市的14所中小学以及7所高校进行了实地考察，以访谈或参观考察的方式，从师生对学校制度文化的知晓程度、学校制度文化的设计、学校制度文化的执行与落实情况等维度探寻学校制度文化在育人过程中的问题或不足。

需要特别说明的是，本部分研究内容之所以采用深度访谈法②，旨在进一步了解受访者的真实意涵以及其背后的真正观感，进而获得关于学校制度文化建设与学校道德教育工作的发展现状及其存在问题之访谈资料，从而弥补本书中文献研究法之不足。本书使用目的性抽样，针对本书主题，来确定能为本书提供最大信息量的受访者③（见附录

---

① 《马克思恩格斯全集》第40卷，人民出版社1982年版，第289—290页。

② 深度访谈能够充分发挥研究者与受访者面对面重复的交互作用，其主要目的在于了解受访者以本身的语言陈述他们对其生活、经验或情况的观点等。这种方法基本上以半结构式或开放式的研究问题为主，在很大程度上，这有助于本书更灵活地取得真实的、深入的访谈资料。

③ 笔者根据学校的类型（普通学校、重点学校）、地理位置、是否愿意接受访谈以及本书的便利条件等来综合考虑，最终确定了三类受访者：学生、教师和校长。

第五章 现行学校制度文化育人的困境

一）；采用由一些半结构式或开放式问题构成的访谈提纲①（见附录二），主要目的在于从当前学校制度文化与学校道德教育的知晓程度、学校制度文化与学校道德教育工作的设计、学校制度文化建设与学校道德教育工作的执行与落实情况等维度探寻学校制度文化与学校道德教育在育人过程中的问题或不足。对于拒绝录音的受访者，经本人同意之后代之以笔录。所有受访者的访谈资料及其个人的信息资料全部保证匿名性。访谈时间一般是控制在半个小时到两个小时之间。

由于访谈记录一般是与访谈编码相对应，故本书中出现的实证资料均为笔者对访谈记录进行编码后的访谈资料。其中，英文字母A、B、C、D、E、F、G代表山东省的某一地级市，英文字母K、L、M、N、P、Q、R代表山东省某一高校；S代表学生，T代表教师，P代表校长或副校长，英文字母后面的数字代表该类受访者接受访谈的先后顺序，如S1表示第一位接受访谈的学生；150507代表2015年5月7日；日期后面的数字代表该受访者的访谈记录转为逐字稿后所呈现的文本中的位置（第几段话）。比如，"访AS1150507-6"表示2015年5月7日对A市某学校第一位接受访谈的学生进行访谈，位于该受访者访谈记录文本中的第六段话；"访ET5151021-17"表示2015年10月21日对E市某学校第五位接受访谈的教师进行访谈，位于该受访者访谈记录文本中的第十七段话。

在探寻问题过程中，我们发现，无论在学校制度文化育人的应然定位还是在实然操作中，均存有或多或少的失误，特别是一些偏狭认识与不当行为，致使学校制度文化走向了育人的对立面，甚或异化为控制、惩戒或奴役学生的工具，严重地背离了育人的初衷与旨归，对育人活动产生了难以估量的消极影响，导致育人活动荆棘丛生，身陷困境，令人堪忧。统而言之，根据学校制度文化的构成成分及其表现形式，当前学校制度文化育人存在的困境主要体现在三个方面，分别是正式学校制度文化育人的偏失、非正式学校制度文化育人的乏力、

---

① 笔者基于本研究问题、文献综述与相关理论等，分别制定了关于学生、教师和校长的访谈提纲，并通过咨询山东师范大学两位定性研究的专家来确定访谈提纲的内容效度。

学校制度文化育人实施机制的疲软，试分述之。

第一节　正式学校制度文化育人的偏失

正式学校制度文化是一种显形的、有形的、刚性的制度文化，以规章、纪律等明显的条文表现出来，依靠强制的力量执行，目的是标清教育行动的坐标，预防或杜绝盲目、无序或紊乱，增强指向性、目的性、秩序性和自觉性，使师生员工的一言一行、一举一动都有章可循，推动学校活动的整体性、协调性与稳久性。这种外露的、严格的、稳定的制度文化，规范与指引着学校的教育教学活动，以赋予权利或约束行为的形式，限定了师生交往互动的边界，为师生的信息交流与道德共生提供了基本保障。然而，由于正式制度文化是由人创设和实施的，人们在制度文化设计时的错误心态或不当认识，催生了诸多矛盾、争议与隐忧，为育人活动蒙上了一层阴影。

一　急功近利

制度造就了效率。人们在制度设计上的不断革新是效率的保证。提升效率是制度文化的基本含蕴。一个没有效率的制度文化，在学校道德教育活动中必将行而不远。制度文化与追求效率并不矛盾，本身无可非议。然而，我们不能据此以为制度文化是为了效率而生的，也不能将效率视为制度文化创设的根本价值所在。倘若抑制或遗弃制度文化在育人活动中的"使人成人"的目的价值，刻意追求高效率的工具价值，此种急于求成的心态将人物化，道德纠纷与冲突自是难免，直至走向道德的对立面。人是欲望与理性的有机结合物。"如果一个人的欲望不是去做理性向他表明最该去做的事的欲望，或者，他的行为倾向并没有得到系统的组织和规导，以便能有望达到理性提出的目标，那么，这个人就可能被另一些想法所动，这些想法或分散他对他知道是最该去做的事情的注意，或使他根本无视这些。因而，他所做的将不是最佳的，甚至对他来说也不是善的事情。"① 然而在学校制度文化的建设过程中，我们却常常陷入这种舍本逐末的误区。不少学校在制度文化创建过程中贪功求名，并不是用发展的眼光看待问题，幻想一蹴而就，被私利与贪欲要挟逼迫，过分追求效率，置法规于不顾，置常识于不顾，置学生道德发展于不顾，置崇高的道德理想于不顾，喜好于追逐短期的合乎道德的行为，而不去培养学生从内心认可的道德行为习惯，忽视长期的、持续的、连贯的道德养成，使得制度文化异化为束缚青少年学生道德发展的条条框框，失却了应有的道德教育意义，无助于他们的健康发展，进而遭到青少年学生对制度文化的疑惑和抵触。这也是制度文化无法得到青少年学生认可的基本原因之一，因而难以发挥实际效用。笔者在A市一所初中与10名学生进行深度访谈时，问到"你如何看待学校制订的规章制度"的问题，有7位学生认为学校制订规章制度的主要目的是便于教师管理和约束学生。其中，三位学生说：

> 制订这些校纪校规是为了更好地管理我们，让我们更听话，这样学校管理起来就更方便、更容易了。（访AS12150507-6）
> 学校的规章制度是老师管我们，尤其是管班上不听话的同学的"宝典"。有了它，老师管（我们）的时候就有了依靠。（访AS14150507-4）
> 学校制订的规章制度就是为了好让老师教育我们。因为它怎么制订的，制订的内容是什么，我们完全不知道，（学校）只需要我们遵守就好。（访AS2150507-10）

与此同时，有两位学生对制度文化的育人功能表示怀疑，他们说：

---

① ［美］阿拉斯戴尔·麦金太尔：《谁之正义？何种合理性？》，万俊人等译，当代中国出版社1996年版，第179页。

> 我觉得学校制订的校纪校规就是为了限制我们的各种行为。只要是不能提高（我们的）成绩的行为，就不让我们去做。如果真的是为我们好，想要帮助我们成长，就应该允许我们做（我们）想做的事情，除了坏事以外。（访 AS5150507-8）
>
> 校纪校规和班规都是要我们遵守的行为准则。可是，制订的时候，没有任何老师来问问我们的想法，都是他们认为应该包括哪些内容就有哪些内容。所以，我觉得制订这些规章制度就是为他们自己服务，主要是为他们好。（访 AS6150507-7）

仅有一位学生认为制度文化可培养学生良好的行为习惯。她解释说：

> 我觉得学校是为了我们好。制订这些规章制度，主要是为了规范我们的行为。如果没有规章制度，那同学们肯定是想怎么来就怎么来，调皮捣蛋的同学就更加不怕老师了。到时候，班上肯定就乱套了，老师也就没法给我们好好上课了。（访 AS7150507-12）

在 D 市、E 市的三所中学调研时，发现大部分学生对制度文化育人也持消极态度。这不能不引起我们的警觉与忧虑。

功利思想在我国亘古悠远。儒家"学而优则仕"（《论语·子张》）的教育制度安排，将"学"与"仕"完全等同或混淆，接受教育且学业优秀是通向做官为政的制度保障，其实质就是一种功利教育。尽管儒家提出学子肩负着"修身齐家治国平天下"的使命，但依旧难以推脱功利对人们价值观的侵蚀与扭曲。在功利化的蛊惑下，越来越多的学子将做官作为求学的最终目的和人生最高价值，官本位意识"深入人心"，"考什么就学什么""唯分是举""怎样考就怎样教"的浮躁风气盛行，学生被入仕制度所绑架，学校教育制度的人文精神一度被遗失或亵渎，甚至踏上了唯效果论、追逐功名利禄、唯利是图的不归路。"这种唯功利指向的教育所造就的一代人，他们的唯经济、唯功利的观念和行为使得教育在形成、加强、固化当代唯经济、唯科学的文化与制度中充当了重要帮凶。"① 功利教育的延续，使得学校制度文化建设披上了功利主义的外衣，学校的道德教育活动被功利所主宰，毒害了一代又一代的学子，直至今天依然有恃无恐。

调研发现，功利化的行为取向，是当前不少学校进行制度文化建设的惯用方式。面对名利的诱惑，一些学校在制度安排上丧失了应有的道德操守和基本的良知，把强制推行的制度文化视作谋求功利的尚方宝剑，学校制度文化的出台、运行和评价均紧密围绕着利益展开，在学校育人活动中一味地追逐当前的、现实的与表面的东西。学校领导为了给自己制造一点政绩，拔苗助长，以线性的思维思考问题，仅凭臆断而任意设计或轻率地做出决定，迷恋只要投入，就一定会有产出，把"功利"作为衡量制度文化优劣的基本准绳与根本准则，将英国哲学家、系统的功利主义的奠基人杰里米·边沁（Jeremy Bentham）的"给利益相关者带来实惠、好处、快乐"的功利主义思想发挥得淋漓尽致。② 在功利主义思想的怂恿下，一味地追求制度文化的实效性或制度文化带来的实惠成为学校行动的指示棒，动辄就出台各种评比、达标的原则或要求，幻想制度文化建设能够立竿见影，甚至实施金钱管理法，对青少年学生的道德动机和道德过程置若罔闻，仅关注行为的结果，把人培养成"经济人"。其道德代价是不以发展的眼光审视现实，选择了短时行为，遗弃了对青少年道德理想的高瞻远瞩，这种一孔之见定然会危害青少年学生道德的持续成长。"十年树木，百年树人。"人的道德品质的培养是一个长期的、复杂的、曲折的、反复的过程。希望通过短期性的突击行为培养学生的良好道德品质，这种做法的错误在于违背了个体道德发展的规律，在实践中也是举步维艰的，尤其是当青少年学生对物质生活或拜金主义趋之若鹜时，被功利思想牵引乃至裹挟，对于此种现象，我们倍感百味陈杂，学校制度文化究竟是在"育人"还是"愚人"？

欲速则不达。冰冻三尺非一日之寒。"习惯成自然"需要经历时

---

① 鲁洁：《道德教育的当代论域》，人民出版社2005年版，第156页。
② ［英］边沁：《道德与立法原理导论》，时殷弘译，商务印书馆2000年版，第58页。

间的洗涤与验证。学校制度文化供给的功利取向,使得人们已经忘记道德教育的起点,也不清楚制度文化的育人活动究竟指向何处。雅斯贝尔斯尖锐地批评到,在功利性思维的拘囿下,人们所认可的教育仅能够带来经济利益,而忘却了教育的本真意义。"当某一科学被运用于经济之中时,这门科学马上身价百倍,人们为了获利,纷纷追求它,并在学校中推广这一学说。研究者和教师也以此要求编入新教材中。"① 学校的唯功利主义倾向,使人成为制度文化奴役之下的工具,学生丧失了自我选择和自我确证的道德权利,沦为道德教育中的"局外人"和"旁观者",成为任人摆布的道具,难以找到道德的存身之处,这是对康德始终要把人当作人来对待的背离,无法培养真正意义上的服膺道德并躬行道德的有德之人。因此,制度文化的出台需经过长期的酝酿,指向青少年学生的德性提升和完善,绝非拍脑袋所能解决,一定要慎重对待,不能操之过急,否则必将自食恶果。拒斥功利的价值取向,告别功利化的制度文化,是推进学校育人工作的当务之急。

二 盲目移植

学校制度文化是学校特质的凝结与展现。我们必须清醒地意识到,由于办学历史、文化传统、发展前景等的不同,不同类别的学校存有差异,即使同一类别的学校也不是完全相同的,定然存有差别,人为地抹杀这种差异是一种欲盖弥彰的做法。相应地,学校制度文化的建设也不能机械化一,绝不能把先进学校的办学宗旨、管理技巧或育人经验照搬照抄,如法炮制。遗憾的是,在学校制度文化供给中,不少学校的校领导以及相关人员很少或根本没有时间仔细研读相关的文献资料,更没有进行深入的调研与广泛的论证,有限的涉猎范围和阅读水平无以胜任制度文化制定的需求,或是在制度文化设计中"只见树木不见森林",或是在制度文化中抱有偏见,为育人工作增添了

---

① [德]雅斯贝尔斯:《什么是教育》,邹进译,生活·读书·新知三联书店1991年版,第49页。

种种障碍。于是乎，经过深刻的"反省"和吸取"经验与教训"后，逐渐形成了一种投机取巧的惯性思维，即将目光投向外部，迷恋于"外来的和尚会念经"，简单移植，盲目照搬其他学校的制度文化，已经深深地积淀到不少制度设计者的思想结构中。笔者在 E 市一所中学调研时，在学生守则中发现有"传承沂蒙精神"与"具有沂蒙精神特质"的条文，就询问该校的一个副校长，这里的"沂蒙精神特质"究竟包括哪些内容，他解释说：

> 究竟包含什么，我也不大清楚，这是我们校长看到别的学校用这个词语，感觉不错，就挪用过来了。（窘迫地摊着双手）（访 EP1170312-3）

当问及如何具体落实时，这个副校长说：

> 暂时还没有进行细化，但下一步一定会落实。（访 EP1170312-4）

试问，这种机械地临摹，按部就班地套用却不解其意，何谈具体落实，以其昏昏，如何使人昭昭？如何将制度文化育人的活动落到实处？

更为重要的是，学校制度文化建设中对先进学校文化的端赖或尊奉的偏向，使得不少学校仅仅学到示范学校、重点学校在制度文化建设中的"形"，没有领略到学校制度文化育人的"魂"。令人不安的是，一些学校非但没有学到精髓，反而助长了许多劣习。如 A 市一位副校长在回答"您认为贵校是否重视学校制度文化育人工作"和"您认为学校制度文化育人工作开展得如何"时说：

> 我们学校还是比较重视（学校制度文化育人工作）的。我们是一所新建中学，学校起步晚，发展步伐慢，完全要自己开展这些工作非常困难。所以，我们想的是一定要学习重点学校的先进

经验，实现赶超。（我们学校）就借鉴学习了一所重点中学的学生管理制度，它已经有70多年的办学历史，（他们的学校制度文化育人工作）工作开展得比较成熟，我们就以它为范本建设了本校的德育工作周制度。（访AP1170420-5）

（学校制度文化育人工作）工作开展得不是很好。效果不好的原因很多，主要是缺乏应有的条件、设备，（学校制度文化育人工作）环境的氛围不是很好，加上老师的工作繁忙，经常产生时间冲突，所以他们也不是很配合。虽然最初几周还能勉强执行制度，但后来就无法残喘下去，最终就不了了之了。（尴尬无奈的神情）（访AP1170420-7）

无独有偶，一些学校在学习与吸收先进学校制度文化育人的成果时，对之抱有太高的幻想或期望，过分渲染或夸大了学习先进制度文化的重要性，将其当作解决学校道德教育中的困惑并落实育人要求的圭臬，视为解决一切问题的灵丹妙药。部分学校不顾本校的实际情况，生搬硬套，"乱点鸳鸯谱"，推崇"拿来主义"，凡是"拣到篮子里的都是菜"，将别的学校的制度文化纳入自己"腰包"。还有一些学校人云亦云，没有形成自己的特色，造成学校制度文化建设千篇一律，机械化一。显然，这是对《国家中长期教育改革与发展规划纲要（2010—2020年）》"探索适应不同类型教育和人才成长的学校管理体制与办学模式，避免千校一面"的严重背离。此种行为，实际是在学校制度文化建设中失去理论定力，丧失了自己的声音，缺乏了独立性和自主性，将领导权或理论阵地拱手送给别人，其弊端自是毋庸讳言。一味地汲取，盲目地欣赏，而不是在内化先进育人经验的基础上去开创制度文化所具备的某种"后发优势"，形成痴迷和屈从，这是一种典型的单纯倾听他人声音而自我失语的表征。

众所周知，犹如别人的思维代替不了自己的思维一样，任何学校的制度文化也不能取代本校的制度文化。任一学校、任一班级的特殊性，均需要建立一套具有学校特色和班级文化特色的学校制度文化，以此规范或维系学校教育教学工作的有序进行，不断提高育人的水平与质量。这种生搬硬套的做法，在简单地移用其他学校制度文化的育人标准和要求时，由于没有结合本校的实际情况，极易导致学校制度文化育人总目标和具体目标无法对应衔接的"两张皮"，具体表现有二：一是没有将育人的总目标细化为具体的子目标。如总目标为"做最好的自己"，但如果缺乏不同阶段、不同年龄的相应的目标层次、内容序列或保障条件，其总目标也只能成为一纸空文。一句话，仅有育人的总目标而缺乏对教师和学生的具体目标，就不会有具体的育人计划和切实行动，育人活动必然陷入敷衍塞责、混乱无序之中；二是移植了先进学校制度文化育人的总目标和具体的行为目标，但在执行时由于没有兼顾学校之间的差异，这种不加区分的引用导致运用时的"水土不服"，育人活动难以在实践中得到有效执行。这意味着，奉行"拿来主义"的做法，如果不进行实地考察，没有挖掘学校自身的资源，不去建设属于自己的制度文化，这种"外在"的学校制度文化建设便形同虚设，难以发挥其应有的育人价值与效应。

固然，在学校道德教育活动中，学习其他学校的先进经验无可厚非，对优秀制度文化进行适当的移植不仅必要，而且切实可行。但学校制度文化并非毫无选择地全盘引进的附属物。学校制度文化移植应度势而为，不能依样画葫芦，不能不顾条件、不考虑地区差异、不注重文化传统等因素的不同而随意地通盘照抄，这种不切实际、不作区分的急于跟风或机械照搬势必弄巧成拙，这已在不少学校产生了许多不良的影响，不仅伤害了真正意义上的学校制度文化建设，还必然会导致"南橘北枳""东施效颦""邯郸学步"，彻底偏离了学校制度文化建设的育人目的。直接挪用、盲目移植但却对精髓知之甚少，是对"他山之石，可以攻玉"的偏狭的、极端的误读。制度文化的弹性化、本土化被荒漠化，对学校制度文化的创新力构成严重威胁。判断制度文化移植是否有效，在于移植的制度文化能否与学校现有的制度安排具有某种相通性，产生应有的衔接，"只有相互一致和相互支持的制度安排才是富有生命力和可维系的"[1]。反之，必将严重地威胁

---

[1] [日]青木昌彦：《比较制度分析》，周黎安译，上海远东出版社2001年版，第19页。

立足本校实际情况的、富有生机活力的制度文化的创建。当然，我们反对盲目移植，但并不排斥相互间的交流学习、互通有无。"我们需要听到不同的声音，需要深度的冷思考，需要看清别人，更需要研究自己，以及弄明白自己与别人的关系。"① 否则，学校制度文化建设便走向另一个极端，在自我封闭、自我禁锢、自我孤立中走向"死胡同"。因此，单纯的移植是不合时宜的，只有让"自家的和尚学会念经"，才能建设真正属于自己的学校制度文化。

综上所述，在学校育人活动中，制度文化可参考借鉴但不能照抄照搬。学校制度文化建设绝非简单的向其他学校学习的过程，也并非将其他学校成功的制度文化进行刻意的挪用和罗列的过程，更不能是简单的"拿来主义"，而是在学习和借鉴的基础上进行制度文化再生产的过程。早在20世纪30年代，鲁迅先生就写了《拿来主义》一文，用以批判国民党对待文化遗产尤其是外来文化不加辨别、不加取舍地全盘吸纳的错误行径。时至今日，仍具有重要的启示价值。一个外来的、没有被青少年学生接纳的制度文化，如何能够发挥陶冶情操和净化灵魂的作用，又怎能培养他们良好的道德品质？

三 固守陈旧

赶超跨越、争先进位是推动事物发展的基本动力和基本法则。聚焦于学校领域，亦是如此。尤其是在学校制度文化创设中要紧跟时代脉搏，契合青少年学生道德发展的现实需求，并引领学校道德教育发展的未来方向。但在查阅文献资料以及调研过程中发现，不少学校在制度文化建设中的创新力度不够，一些过时的、效率低下的规章制度依然存在，不仅无法适应青少年学生不断发展的道德呼求，而且也窒息了制度文化变革的生机与活力。

在我国学校制度变迁过程中，改革创新力度不够是阻碍学校教育进步的一个永恒论题。我国传统制度文化建设中一直有着保守的意识

---

① 叶澜等：《全球化、信息化背景下的中国基础教育改革研究报告集》，华东师范大学出版社2004年版，第2页。

倾向。孔子的"述而不作，信而好古"（《论语·述而》）、孟子的"言必称三代"的思维方式，对维护封建社会固有的专制制度与集权制度具有决定性的意义。当西汉儒家思想取得社会的正统地位后，对孔孟的守旧思想大力推崇，固然有利于维护学校的道德秩序，但这种求同守旧的做法，阻挠或敌视改革，深刻地羁绊了学校道德教育变革的步伐，严重地窒息了人的道德潜力与创造精神，驯服与形塑了一批批逆来顺受的"良民"，构成中国学校传统道德文化的一个典型特征。当我们在学校教育中实行八股取士的考试制度，培养"两耳不闻窗外事"的维护腐朽封建制度的"卫士"时，西方国家却极力倡导寻求个性解放、批判与突破性的思维方式，学校教育不再把学生培养成"井底之蛙"，而是视野开阔并放眼全球的人才，伟大的航海家、意大利犹太人后裔克里斯托弗·哥伦布（Cristoforo Colombo）航海事件，密切了各国之间的联系，促使学校教育将视野投向全球，推动了世界市场的形成，揭开和助推了人类全球化的发展历程，市场道德与全球伦理由此进入学校制度文化设计者的研究视域。英国工业革命如火如荼地开展，最终建立了资产阶级的教育制度，冲击和粉碎了封建专制教育制度。与封建社会的学校教育制度相比，资本主义制度下人的道德主动性得到了极大的调动和激发，人格尊严、道德权利、道德自由得到了有效的保障与体现。当清政府夜郎自大，享受闭关自守、自我保护主义下忠君人才培养所带来的安逸时，1840年鸦片战争的爆发，西方列强的坚船利炮彻底惊醒了晚清政府"天朝大国"的美梦，中国人开始睁眼看世界，成立了总理各国事务衙门，兴办各种新式学堂，并派遣赴美、赴欧的留学生，以寻求自强之路。但守旧思想依然在人们的头脑中根深蒂固，封建守旧势力对新兴资本主义生产关系的负隅顽抗，维新变法运动中顽固派对变革的阻挠，袁世凯的复辟，民族资产阶级的软弱与妥协，高度集中的计划经济体制的实施，使得学校教育制度建设印上了传统的痕迹，直到党的十一届三中全会后，改革开放政策的实施，人们的思想受到了深刻的洗礼，但守旧思维意识依旧在学校教育中藕断丝连，一些不合时宜甚或陈腐的制度并不鲜见。

紧跟学校教育发展的需求，虽然中华人民共和国教育部、财政部、国家统计局等国家部门或地方教育行政部门颁发了诸多学校制度，如《小学生守则》《中学生守则》《小学生日常行为规范》《中学生日常行为规范》和《学生违纪处分条例》等诸多管理制度用以规范学生的言行，但这些条款主要是从宏观的层面制定的，尚需各级学校认真学习领会，并立足本校的实际情况制定具体化的实施规则，方能得以切实的贯彻落实。然而，一些学校基于非专业的、感性的、直觉的与笼统的判断，并没有深刻地意识到学生道德发展的情境性和复杂性，仅是单纯地执行上级部门的规章，被保守心理或不良的思想意识所腐蚀，并没有紧密地结合校情和学情研究新问题，精心设计本校的规章制度，学校制度文化没有得到及时的更新。还有一些学校有一种怀旧心理，认为既有的制度文化已经执行了十几年、几十年甚至更长的时间，倾注了老一代的大量心血，是学校成长与发展的见证，因而对之"恋恋不舍"，助长了抑制心理，守护着"劣根性"的制度文化粉饰太平，独立自主性减弱，从众倾向明显，错失了许多难得的发展契机，渐渐处于守势而难以与时俱进。在 A 市、B 市、F 市的一些中小学调研中，笔者发现，一些学校的创新动力不足，制度文化极为滞后。

  悬挂在墙上的一些规章制度如《班级公约》《学生日常行为规范》等的落款日期是 21 世纪初期，为 2001 年，还有的是 20 世纪 90 年代，为 1990 年。（观 F170323 – 1）

这些规定与日益变化的青少年学生的思想道德存有一定的差距，不少制度文化已经脱离了青少年学生的实际生活，忽视了青少年学生道德成长与发展的规律，与育人要求相背离。这意味着，尽管学生生存的社会环境在变化，学生的思想认识也在改变，但学校没有对其进行动态的分析与把握，处于被动或弱势的状态，与急剧变化的社会需求不相适应。我们不是反对传统，而是希望剔除传统制度文化中不合理、过时的道德因素，尤其是那些游离于青少年实际生活中的制度规则与行为标准,将制度文化纳入科学健康发展的轨道中。

学校出台的制度文化,不能随意设计和执行,但并不意味着固守不变。尤其是在向创造性学习迈进的教育变革中,没有依据学校的办学水平和学生的思想道德实况洞察发生在校园内外的"静悄悄的革命"[1],不能进行自我更新的制度文化绝不是有效的制度文化。尤其是对于一些过时的制度文化而言,温故难以知新,固守只能带来更大的倒退。制度文化建设的滞后,易产生令人忧虑的后果,其代价是严重地削弱了育人的效果,在一定程度上泯灭了人的善端。陈旧的制度文化在学校这个相对封闭的环境中苟延残喘,阻碍了新的道德内容与时代精神的充实。这种基于学校立场而非学生道德发展角度考虑问题的抱残守缺的心理,并没有充分尊重青少年学生道德发展的自身需要,这只能增加青少年学生对制度文化的枯燥和乏味,不仅扼杀了青少年学生的道德创造性,使他们渐渐失去了应有的道德热情与兴致,而且影响了学校制度文化与时代道德接轨的步伐。1918年,鲁迅先生在短篇小说《狂人日记》中提出了振聋发聩的"救救孩子"的呐喊,为禁锢在封建礼教中的孩子带来了光明和希望。然而,令我们难以置信与理解的是,近百年时光流淌过的今天,半殖民地半封建社会的耻辱历史已经终结,昔日任西方列强宰割的旧中国已经崛起,学校教育领域中的除旧布新也如火如荼,尤其是1949年中华人民共和国成立之后,经济的腾飞,民主的推进,道德的进步,为学校道德教育注入了强大的精神动力与发展活力,然而,"在封建礼教已经被推翻,孩子本可以幸福地度日、合理地做人的时代"[2],我们却不得不又要重温鲁迅先生"救救孩子"的呼吁。与鲁迅先生将孩子从封建礼教中解放出来不同的是,当前学校教育中的"救救孩子"是要把孩子从陈腐的、过时的、饱受诟病的制度文化的束缚中解放出来,造就勇于探索的、具有积极品质的人才。

---

[1] [日]佐藤学:《静悄悄的革命:课堂改变,学校就会改变》,李季湄译,教育科学出版社2014年版,第19页。

[2] 顾明远:《又该呐喊"救救孩子"了》,《中国教育学刊》2005年第9期。

四 过度规训

培养青少年学生遵规守纪的意识并规范其行为，是学校制度文化育人活动的基础性工作。但是在具体的落实过程中，不少学校为了便于管理、强化管理和提升管理的效率，过分关注制度文化在营造道德秩序和规范青少年学生行为中的作用，拔高了制度文化强制的管控功能，漠视了学生对制度文化的认可与接纳心理，僭越了制度文化在学生品德形成和发展中的作用机制，催生出一些荒唐离奇的校规来，甚至留下了许多笑柄。如笔者在 B 市一所中学调研中，翻阅文本材料时发现，该校在学生日常行为规范中竟然将"严禁和同学过生日"列入其中。固然，我们不能质疑学校通过规章条文培养学生爱惜劳动、勤俭节约的良苦用心，但学生过生日的方式多种多样，并不一定就是狭隘的相互宴请，大肆挥霍，增加经济负担，也并非就会弱化道德动机，助长讲究吃穿或铺张浪费的不良风气。此外，还有很多奇葩的校规，诸如：

> 请假两次相当于旷课一次；
> 不准随意出入他人班级或教室；
> 学校领导来检查宿舍卫生的时候，床上不许有人；
> 床下不能少于两双鞋；
> 严禁在宿舍吃西瓜；
> 禁止男女生之间成双就餐；
> 每周零花钱不得超过 10 元；
> 没有得到班主任许可，遇到困难时不得找异性同学帮忙；
> 男生和女生禁打一把伞；
> ……（观 B170324-5）

如此的校规只能异化为"笑规"，令人匪夷所思。在此种情形下，学校逐渐变为现代社会规训机构中的一种，成功地实现了对师生的束缚和控制。如"'课间学生不许在走廊、教室说话''女生不准留长发,男生不准剃光头''不准和授课老师顶嘴''课间学生在自己的座位上坐着,如有下地走动、大声吵闹说话者扣分',还有就餐时'不准在操场、校道、花园、楼梯口、空架楼、乒乓球桌等处吃饭,端饭后要自觉回教室就餐,违反一项扣1分'……"[1] 笔者曾在A市一所中学进行调研,发现该校的制度文化中对学生的行为举止均作出了一些非常详细的规定:

> 在校期间不嬉戏打闹,不勾肩搭背、不顶撞师长,服从管理;
> 上课期间必须端正坐姿:头正、身直、脚平、双手背后;
> 握笔坚持"3+1":眼距书本约一尺、手距笔尖约一寸、胸离课桌约一拳;
> 课堂教学中学生三不准:不准随意提问、不准讨论问题、不准发出异常声响;
> 学生回答问题必须举手,不能抢答,不能狡辩;
> ……(观 A170307-8)

学校之所以作出这些规定,其目的在于加强校园管理,推进学校各项工作有序高效地进行。殊不知,过严、过硬、过细的规矩容易造成学生"听话""守秩序"和"服从"的惯性思维,甚或没有主见,形成胆小甚微、懦弱安分、唯唯诺诺、遵循常规的不良人格,学生的批判意识、个性自由和创造激情在这种规训中慢慢地被吞噬了。笔者在G市调研时发现:

> 不少学生在课间休息时并未站起来活动,而是继续低头读书,或是规规矩矩地待在自己的座位上,很少和同桌或前后桌说话,整个教室十分安静。即使是离开班级外出的学生,大多也是不声不响,尽可能地把响动降到最低。(观 G150915-5)

---

[1] 胡金木等:《校规的制度德性审视》,《中国教育学刊》2007年第10期。

当笔者走进班级时，也很少有学生抬起头来，也没有主动和笔者进行交流的学生。在和两个学生私下交谈并问及原因时，他们解释说：

> 班主任不准我们在教室里大声说话，不准我们交头接耳，不要（我们）制造动静影响别人的学习。（访 GS1150915 - 16）
>
> 作业太多了，得抓紧时间做，要不还得熬夜。（访 GS2150915 - 13）

这意味着，教师利用手中的权力，或通过正式的制度文化文本对青少年学生的思想进行控制，进而规制他们的行为取向，将教室变成学生学习知识的单一场所，不同程度地将激发学生道德主体性的活动排除在教室之外。教师通过操控正式制度文化的权力，将制度文化"打造"成一种精细的控制技术，"把'精神'（头脑）当做可供铭写的物体表面；通过控制思想来征服肉体"①，学生被塑造成一个被控制构筑起来的"存在物"，严重地疏离了育人的要求。这是应试教育的死灰复燃，是推进素质教育的大敌。

古罗马著名的哲学家马库斯·图留斯·西塞罗（Marcus Tullius Cicero）指出，学校教育的旨归是让青少年学生挣脱现实的奴役，而不是朝着相反的方向前行。然而在实际过程中，过度的规训却使得学校制度文化育人工作走上了一条自我奴役的道路。规训表现为对个体的强制与操纵，"是一种对人的多样性进行规制化和程序化的技术"②。在制度文化面前，青少年学生被外在的制度文化强制规约，成为被摆弄的工具，没有任何主动性可言。访谈资料显示，不少学校的制度决策权往往集中在学校领导或行政人员手中。两位教师谈道：

---

① ［法］米歇尔·福柯：《规训与惩罚》，刘北成等译，生活·读书·新知三联书店1999年版，第113页。
② 金生鈜：《规训与教化：监狱的诞生》，教育科学出版社2004年版，第17页。

第五章　现行学校制度文化育人的困境

> 学校在开展（学校制度文化育人）工作的时候，基本上都不会和我们一线老师进行共同商讨，都是领导商定完以后，（学校）通知我们去实施这些工作的时候，我们才知道有这么个事。所以，学生就更不清楚了，因为（学校）压根不会去过问他们的想法。（访 ET4151021-20）

> 大部分（学校制度文化育人）工作，学校领导都没有征求过我们的意见，更何况（征求）学生（的意见）……总之，无论是我们老师的声音，还是学生的想法，都很难得到反映。（访 ET5151021-17）

可见，一些学校没有给青少年学生参与制度文化创设的知情权与参与权。把道德教育从具体的道德情景中剥离出来，不能为青少年学生提供更多的认识制度规则以及理解道德责任的机会，忽视了对青少年学生道德判断能力的培养与训练，对主体性道德人格熟视无睹，无法有效提升他们的道德品性。许多制度文化是在青少年学生不知情的状况下修订的，这种制度文化对于学生而言，充其量是一种外在的东西，这样不可避免的后果是，学校很多制度的出台多是学校分管领导的主张和意愿的体现，自是不能被大多数青少年学生所认同，因而难以引发自觉执行的行为习惯。如 A 市一所中学九年级的学生所言：

> 制定制度是学校领导和班主任的事情，与我们无关。我们的任务就是严格按照要求执行这些制度。（访 AS8150917-20）

倘若在制度文化设计中缺乏从当前与长远相结合的育人角度进行通盘考虑，致使消息失真，决策偏失，一叶障目而以管窥天，特别是为了应急、便于管理的短时需要而仓皇出台的制度，由于过度强调了驯服与慑服人的强制力，"把个人既视为操作对象又视为操纵工具"[1]，

---

[1] ［法］米歇尔·福柯：《规训与惩罚》，刘北成等译，生活·读书·新知三联书店1999年版，第193页。

道德选择与道德自主仅是一种假象而已，剥夺了不少青少年学生的道德鉴别力，扰乱了他们积极进取的道德理想。久而久之，在道德上，学生就会表现出冷淡的态度，难以从制度文化育人层面激发青少年学生强烈的道德共鸣。对青少年学生言行的严格限制，阻抑了青少年学生道德、个性和思维发展的空间，使得青少年学生不敢怀疑、不愿怀疑、不想怀疑，引发从众心理，青少年学生的道德行为看似明显增多，但这不是发自内心的自觉自愿的行为，潜伏的是无奈、无助甚或逃避的痛苦体验，青少年学生不再是一个充满道德求知欲、充满道德活力的个体，这对青少年学生道德的健康成长是极为有害的，其育人效果可想而知。

无可否认，适宜的规训有益于规范青少年学生的行为，为他们良好道德品质的养成提供保障条件。但是，若将制度文化视为一种奴役学生的工具，就走向了反面。学校制度文化的育人应重在引领，并非断章取义的一纸禁令。这种简单的、粗暴的行为控制方式，片面地强调制度的约束功能，拔高制度的监督控制作用，忽视文化的感染魅力，一厢情愿地将制度文化拘泥于"命令—执行""管控—服从"的圈圈中，展现的是外部的霸权优势，实践着钳制的形式，难以得到青少年学生发自内心的积极拥护、大力支持和密切配合，禁锢了青少年学生的个性和自由发展，窒息了师生互动关系的活力，致使学校制度文化的人文关怀日趋式微，异化为青少年学生身心发展的樊笼，必然成为学校制度文化建设的短板。

第二节 非正式学校制度文化育人的乏力

在培养学生良好道德品质的过程中，正式制度文化的作用固然重要，但并非全部，非正式制度文化的规范与约束功能也是不容忽视的。非正式制度文化主要包括人类生产实践中长期累积形成的意识形态、价值观念、道德传统或行为习惯，是一种不成文的、非外露的、不成形的、富有弹性的、较深层次的文化。与依靠强制力量制定和执行的正式制度文化有所不同，非正式制度文化是一种"软约束"，主要靠约定俗成的社会舆论或伦理禁忌发挥作用，对全体成员具有普遍的约束力，对于个体的思想和行为产生持久的影响力。由此可见，非正式制度文化的作用不可小觑。

在实际的学校制度文化育人活动中，非正式制度文化尽管"从未进入过正式规则，但也逐渐成了一种公认的制度约束"[1]。非正式制度文化在学校道德教育活动中的规范作用是广泛存在的。因为正式制度文化只占学校整个制度的一部分，对个体的规约范围有限，青少年学生的大部分活动领域均是由非正式制度文化引领和调整的，非正式制度文化渗透在青少年学生学习和生活的方方面面。诸如在考试中，如果一个学生没有从内心产生作弊可耻的体验，那么他就会想方设法地避开监考老师的视野而作弊，公然挑衅正式制度文化——考试纪律，反之，他就会严于律己，从内心深处鄙视或厌恶这种行为。因此，非正式制度文化在青少年学生良好道德品质形成中的作用是功不可没的，应高度重视学校道德教育过程中引发的非正式制度文化问题。

非正式学校制度文化是一种隐形的制度文化。一般而言，非正式制度文化中的文化传统或价值观念的改变明显滞后于正式的制度文化，是一个渐进的、缓慢的、复杂的过程。如同任何事物都具有两面性一样，非正式制度文化并非都是正向的、积极的。在实际运作过程中，非正式制度文化极易走形或扭曲，加之一些消极的非正式制度文化的存现，对于学校制度文化育人工作所释放的破坏性力量不断凸显，使青少年学生的心灵受到严重污染与伤害，阻碍了青少年学生道德人格的养成，其所招致的负面影响是不可轻视的。

一 价值迷失

诺思指出，"非正式制度在本质上是一种价值观念体系"[2]，集中

---

[1] ［美］道格拉斯·C.诺思：《制度、制度变迁与经济绩效》，杭行译，格致出版社、上海三联书店、上海人民出版社2014年版，第48页。

[2] 伍装：《非正式制度论》，上海财经大学出版社2011年版，第10页。

表达着人们在制度文化选择中的偏好。这种偏好尽管不能无视客观现实而随意建立起来，但易受客观环境和人主观意志的影响而产生某种偏失，尽管不具备正式制度文化的强硬约束作用，也没有任何机构强迫人们严格执行，但总是自觉或不自觉地规约着人们的行为取向。在偏失的价值观念体系的支撑下，学校师生员工错误的思想认识会逐渐形成，徘徊于精神迷惘中难以自拔，被外在的物质世界和个人私欲所俘获，疏离了学校立德树人的基本价值，遗忘了学校肩负的道德教育使命。

在舍勒看来，当今时代是一个制造价值颠覆和价值分裂的时代，以往任何一个历史时期都无法与之堪比。与以往传统的一元社会和与之相适应的一元价值有所不同，现代社会把人们抛入一个价值选择的十字路口，形态各异的、相互冲突的各种价值观争奇斗艳，致使人们的精神世界不得不承受价值混乱无序后的痛苦与煎熬，是满足生理的欲念需要还是追求高尚的精神享受，引发了人们对自身生存状态的怅然若失、满心彷徨而不知所可，"在精神深层中经受着来自于价值秩序混乱的道德困惑与道德不幸"[1]。这种现象折射在学校道德教育中，致使教师的道德价值遭受到不同程度的冲击，不少教师遗失了爱岗敬业、忠于职守、育人为本与终身学习的道德追求，促使他们从事教育工作的动因不是对教育的敬畏，而是对薪水的苛求，是基于工资待遇基础上的"利益驱动"，将物质利益奉为个人的最高价值追求，利己主义、享乐主义、拜金主义有恃无恐。具体表现有二，一是中小学教师的有偿补课，败坏师德行为，将教育部颁发的《严禁中小学校和在职中小学教师有偿补课的规定》抛到九霄云外。有的教师甚至在课堂上故意不讲重点，迫使学生不得不参加其组织的有偿补课活动。在F市调研时，三位学生说：

> 我上的辅导班就是我们班数学老师开的。我们一周去两次，

---

[1] 金生鈜：《德性与教化——从苏格拉底到尼采：西方道德教育哲学思想研究》，湖南大学出版社2003年版，第2页。

都是在老师的家里上课。(访 FS2161108 - 3)

我们班很多人都是报的(我们)英语老师的辅导班。之前我妈妈给我请的是家教老师,后来英语老师给我妈妈打电话,让我去她那里上课。而且班上去了好多同学,我妈妈也就把我送去老师那里补课了。(访 FS3161108 - 5)

老师补课可比请家教贵多了,在老师那里(补课)一个小时差不多是 100 元,但家教老师(的费用)便宜多了。(访 FS4161108 - 9)

如山东省教育厅颁布《关于开展"树师德、正师风"治理教师有偿补课专项活动的通知》,并印发给各个学校。但在督查组督导过程中,经由群众举报及查证,发现一些学校依然组织学生进行集体补课或以多种名义、各种借口强制教师在节假日到校上课等,顶风违规,中小学有偿补课现象屡禁不止。如寿光市圣城中学统一组织学生有偿补课,单县、济阳县、济南市区等地教师进行有偿家教等,[1] 造成恶劣影响。"日前济南市教育主管部门联合行动查处有偿补课在职教师 35 人,市教育局通报 10 起典型案例、16 名违规违纪教师。"[2]二是由追逐利益所导致教师的不合理流动。一些教师的爱岗敬业意识淡漠,心理浮躁,物质利益是诱导他们无序流动的刺激因素。部分教师在工作岗位上不是精心耕耘、爱生奉献,而是不遗余力地钻教师流动机制的漏洞,想方设法地向工资待遇高、条件比较好的学校"靠拢"。由于受我国传统二元经济结构的影响,城乡地区之间教师的收入差异较大。从总体而言,城市教师较乡村教师可获得较多的教育资源倾向,工资待遇相对较高。而乡村教师则处于相对弱势的地位,农村教师向城市的无序流动,导致农村师资紧缺、青黄不接,师资队伍长期处于不稳定状态。不仅城乡差别较大,而且即使是在同一城市,

---

[1] 《山东制定史上最严"有偿补课"治理措施 多名教师被查》,http://news.163.com/17/0725/11/CQ6HBRGD00018AOP.html,2017 年 7 月 25 日。
[2] 《有偿补课?济南 16 名教师被市教育局点名处理》,http://jining.dzwww.com/sdnews/201708/t20170824_16141012.htm,2017 年 8 月 24 日。

学校之间的办学水平也是不尽相同的。由于教师工资的增长幅度难以适应物价的增长幅度，尤其是对于刚毕业的大学生或研究生而言，面临着购房、买车甚至还贷压力，有限的工资面对"巨大"开支显得捉襟见肘。因此，不少教师频繁变动工作，一些优秀师资大量涌向办学条件好、福利待遇高的学校，加剧了师资分布的不合理情况，致使教师的流失严重。无论是从乡村流向城市，还是从欠发达区域流向发达区域，抑或是在同一城镇从办学水平较低的学校流向待遇优厚的高层次学校，其必然后果是导致学校之间差距的不断加大，最终导致师资水平"强者愈强，弱者愈弱"的马太效应，严重地影响着学校育人的质量特别是道德教育的发展步伐。因为教师流动影响了教师的教育热情，弱化了教师的道德责任，其道德激情或敬业精神也在不断地淡化，直至麻木不仁。更何况新教师对学生的了解有一个过程，学生对教师的适应也需要一定的时间。倘若不是扎根于一个学校，教师也很难在短时间内有效彰显自己的道德智慧或聪明才华，进而弱化其道德教育效果。而且，在调研中发现，此种流动导致部分教师"身在曹营心在汉"，黯淡了笼罩在教师头上"人类灵魂工程师"的光环，值得我们深入地探讨与思考。

聚焦于高等教育领域，不少教师既没有高尚的师德，也没有教育情怀，更没有教育理想。在他们看来，获得更多的收益才是最为重要的。工资高、条件好等待遇优厚的工作是他们的首选，因此也出现了一些教师的不合理流动。尤其是随着我国"双一流"建设方案的颁布及其推进，不少人更是将教育与经济收益紧密地挂起钩来，导致人才的不合理流动，如频繁跳槽、教授"裸奔"等现象。一些高校为了吸引人才，狠下血本"挖人"，开出了年薪30万—300万元不等的薪酬待遇，甚或更高。L高校的一位教师解释说：

> 很多跳槽的老师都是这种想法，就是说"趁现在还能卖个好价钱，年纪再大就不好使了"。他们认为如果抓准时机，谈好条件再跳槽，就能既拥有更优越的物质条件，也能换个新环境。何乐而不为呢？（访 LT2161212-6）

第五章 现行学校制度文化育人的困境

基于此种想法,不少教授无序流动,致使"哪里的年薪资高就去哪里"的非良性流动现象屡见不鲜。对此,L 高校人事处的两位老师说:

> 面对教授跳槽的现象,尽管我们(高校)是极力挽留,也紧紧抓住对方的人事档案不放,但还是无济于事。因为一些老师直接就在新单位重新建档,甚至也有一部分老师在人事档案还未转出后,就已经在新聘任的单位就职了。我们并不想让自己的人才流失,但是目前也没有很好的办法来从根本上解决问题。(访LT4161213-18)
>
> ……还有一些单位干脆对人事档案"不闻不问",这样就在局部范围内导致那些想要跳槽的老师没有太大的包袱。只要条件相当,他们就往那些能够提供更高待遇的高校流动。(访LT6161213-23)

雅斯贝尔斯指出,高校不仅是一个公开追求真理的舞台,也是一个进行精神陶冶的场所,是一个人文精神传递的殿堂。[①] 只有深挖高校的人文精神积淀,才能引领大学的未来发展方向。倘若高校教师将对真理的追求建立在获得物质利益的基础上,必然会弱化大学的存在意义与价值,不仅无法建设一流大学或一流学科,反而舍弃了对大学与学科的敬畏之心,助推师生狭隘肤浅的功利心态与浮躁心理,失却了价值信仰和道德追求的精神动力。

对于道德价值观尚未完全定型的青少年学生而言,倘若缺乏有效的教育与引导,其后果必然是助推了他们的道德价值迷失,由此导致思想混乱而引起各种道德冲突与精神焦虑,严重地腐蚀着青少年学生的心灵。价值澄清学派的代表人物路易斯·拉思斯(Louis E. Raths)和悉尼·西蒙(Sidney B. Simon)等在《价值观澄清——教师和学生

[①] [德]雅斯贝尔斯:《什么是教育》,邹进译,生活·读书·新知三联书店1991年版,第169页。

实践策略手册》一书中指出，现代社会的急剧变化使得青少年学生面临着更多的价值选择，给他们的心理造成了巨大压力，以致很难形成清晰的价值判断。因此，学校就会将成人的价值观直接强加于学生。殊不知，这种在学校极为流行的做法并不一定就能解决青少年学生的价值困惑，尤其是师长们从自身的视角出发且自认为被他们的经验所证明的价值观对于青少年学生也是有益的做法，并潜移默化地将其推销与兜售给青少年学生，迫使学生不假思索地服从或做出选择，使之采纳来自师长们所认为的某些"正确"的价值观，剥夺或代替了青少年学生进行价值思考和道德推理的机会，使其无法选择或确立起自己的价值观。"这种偏见导致学校价值观教育效益低下"[1]，有损于青少年学生道德人格的培育。更何况教师本身在道德价值上的迷惘无措或精神迷失，使得学校道德教育在这条充满荆棘的道路上越走越远。

二 意义式微

学校非正式制度文化的形成是一个长期累积、持续发展的过程。与学校正式制度文化不同的是，非正式制度文化直接构成了师生的理想信念与生存样态。从个体道德发展而言，非正式制度文化是不断强化学生内在道德信念，启发与唤醒他们道德自觉，使之领悟人生真谛的渐进过程。这种非正式制度文化以理想或道德信念为支撑，对学校的道德教育产生一定的预期，是激发师生员工奋发有为、积极向上的凝聚力与情结所在。

学校道德教育是一种有意义的活动，是指向人的德性丰盈的实践活动。积极、正向的非正式制度文化能够帮助学生辨别何种生活是道德的生活，引导他们形成一种趋善弃恶的生活方式。然而，令我们不安的是，随着现代社会物质生活水平的提高与消费文化的兴起，物质至上、利己主义、道德相对等构筑了意义式微的生活方式。这里的意义式微是指个体的精神追求与道德理想渐趋萎缩，对学校存在的根本意义产生疑惑，尤其是质问学校道德教育存在的意义，遗失了应有的

---

[1] 袁桂林：《当代西方道德教育理论》，福建教育出版社2005年版，第90页。

意义世界与精神归宿。对此，刘小枫教授进行了精准的解析。他认为，这是灵魂与肉身彼此分离招致的结局。"身体轻飘起来，灵魂就再也寻不到自己的栖身之所。"① 道德信仰的衰微，精神上的焦虑与迷惘使得道德虚无主义乘虚而入，严重地羁绊了青少年学生道德素质的培养与提升。

意义式微表现之一，是学校人文精神的缺失，贬抑道德教育的意义与价值。在 E 市的一所初中调研中，发现当该校的校长或教师在场时，大部分的受访学生都说道德教育是必不可少的，放在学校首位也是名副其实。但是在个别或私下访谈他们时，不少学生认为道德教育并不是很重要。一位学生甚至直言不讳地说：

> 现在学校抓道德教育工作有点"过了头"。抓这些工作有什么用，又不能把我们的分数提高。如果我们的学习成绩不好，即使道德水平再高，能保证上重点高中和重点大学吗？（访 ES3161012 - 14）

而且，很多学生对学校德育课程产生了怀疑与悲观情结。在我国学校德育课程建设中，尽管经历了学界对"道德教育能否作为一门课程来设置"的质疑与讨论，但历史和实践证明，道德教育不仅可以作为一门课程开设，而且意义深远。然而，在 G 市的一次随机访谈中，一个初二的学生认为将品德课作为一门课程开设既没有意义，也没有必要。这激发了笔者的深入思考，就这一话题，笔者又访谈了 30 余名中学生。本以为对德育课程不感兴趣是一种个别现象，但结果却大大出乎笔者意料。有六成以上的中学生表示，在学校开设的所有课程中，思想品德课是他们"最不切实际的课程"，是他们"最不喜欢的课程"。缘何被他们列为"最不受欢迎的课程"，问及原因，得到的答案是多元的。但主要集中在：

---

① 刘小枫：《沉重的肉身——现代性伦理的叙事纬语》，上海人民出版社 2000 年版，第 96 页。

学好学不好一样，纯属浪费时间。(访 GS2161123-4)

考试又不考，学了有什么用？(访 GS3161123-6)

道德水平高又不能帮助我上名校，也不能给我带来实际性的好处。(访 GS5161123-10)

思想品德课很无聊，老师上的内容都很枯燥。讲来讲去，都是在说教我们。而且，讲的那些内容都是些很久远的故事，一点儿也不接地气。(访 GS6161123-3)

……

在此种情况下，学生将大部分精力甚或全部精力用在了标准化试题的训练中，异化为应对考试的机器，视道德教育为不得不完成的"额外任务"，疲于应付，在道德学习中自然无以感受、体验和获得精神上的充实与欢欣，失却了应有的道德活力。在 A 市、E 市和 G 市等地调研的访谈资料显示，不仅学生对学校道德教育失去了期待与愿景，而且令人难以接受的是，一些老师也表达了这样的观点。其中，两位初中老师解释说：

每个孩子都有自己的思考与认识，树大自然直。倘若一味地强求道德上的一致性，只能带来更大的不道德。(访 AT3161019-21)

道德是一种社会现象，我并不反对在学校中进行道德教育，但我认为这主要是社会的责任，在学校中将德育置于首位，我觉得有点儿小题大做。(访 GT6161123-27)

在这种思想的支配下，他们对道德教育工作更多的是"敬而远之"，直接的后果是遮蔽了学校本应具有的浓郁的人文气息。这种现象不仅出现在基础教育领域，在高等教育领域也不容乐观。一些高校不遗余力地拔高大学生的发文数量、获奖数量、毕业率和就业率等，甚至偏袒或纵容学生篡改数据、伪造材料和抄袭剽窃等行径，不惜以牺牲道德为代价。如同一个迷路的孩子找不到回家的路一样，学校人文精神的失落，必然使得学校道德教育偏离发展的航向，误入歧途。

意义式微表现之二，是学生对未来人生的迷惘。在尼采发出"上帝死了"的感慨后，多迈尔的"人也死了"的惊心动魄之语，更是形象地说明了不能准确定位以及把握自身发展方向的人们之精神漂浮、盲目性和非理性。笔者在C市一所小学进行随机访谈时，一个三年级小学生关于愿望的回答令我记忆犹新。当问及"你有什么愿望"时，这个三年级小学生回答说：

> 我的愿望是能够马上退休。叔叔，你知道我什么时候才可以退休吗？（访 CS3161120-11）

当笔者问及他为什么会有退休这种想法时，他说：

> 退休就可以不用做作业了，也不用上各种辅导班了，更不用和班主任打交道了。而且退休以后，我就能像爷爷那样，打打太极拳、逛逛公园、溜溜狗、散散步，也可以无忧无虑地上网、玩手机、看动画片……（访 CS3161120-12）

一个小学三年级的孩子竟然有这样的"愿望"，不能不令人震惊。甚至一些大学生也不清楚自己未来的发展目标，从哪些方面做出努力，应该成为什么样的人，何谈为了理想而努力拼搏！其所导致的结果只能是迷失自我，找不到人生的发展方向。而且，一些学生感觉学习压力太大，整日忧心忡忡，将接受教育视作一种"心理包袱"。还有一些学生抗挫折能力极差，稍有不顺就精神高度紧张、身心疲惫，或束手无策，或自我贬低，或心理崩溃，或自暴自弃，看不到未来的希望。据媒体报道，一些学生在压力和困难面前失去了信心，觉得活着太累，没有意义，丧失了生存的信念，因而采取了极端的方式，过早地结束了自己的生命。据《齐鲁晚报》2016年4月报道，自2016年以来的近4个月，济南市连续发生了6起疑因考试分数不佳被家长训斥、学习成绩不理想被批评、痴迷手机游戏被家长指责等原因引发的中小学生跳楼或坠楼事件。① 由 21 世纪教育研究院组织实施的全国大型调查以及发表的《2013 年全国中小学生自杀问题调查》的数据显示,大多数中小学生的自杀具有偶然性和非常规性,小学高年级和初中一、二年级的学生自杀比例最高,且从小学六年级之后逐渐攀升。究其原因,与学习压力过大有关的原因所占比例高达 75%。与此同时,成绩下降以及师长的批评也成为学生选择轻生的不可忽视的重要缘由。② 此外,高校大学生跳楼现象也屡见不鲜,引发整个社会的高度关注。如山东大学、山东建筑大学、山东政法大学、济南大学、齐鲁师范学院等高校跳楼身亡的报道不时见诸报端,使人唏嘘不已。特别需要指出,即使令无数人都梦寐以求的"985""211"高校,如北京大学、清华大学、浙江大学、中国人民大学、复旦大学、南开大学等高等学府,也不时传出大学生因精神压力、感情纠葛和寻求解脱等原因而引发的自杀现象。③ 此种现象,既令人痛惜,又令人费解。学生接受教育的过程本应是不断战胜挑战和压力并实现超越的过程,自然不能一帆风顺,困难和挫折也在所难免,完全可以通过适当的措施予以调节,为什么采取逃避的态度,用极端的手段和方式来应对呢?我们的学生缘何心理承受能力如此脆弱,缘何不珍惜自己的生命,缘何拿自己的生命当作儿戏!缘何没有百折不挠、乐观向上、积极进取的人生态度,缘何没有生存的勇气!人生没有永远的坦途,倘若一遇到波折就悲观绝望而选择轻生,那么我们的教育应该如何引导学生走向未来幸福美好的生活,社会又如何进步?

意义式微表现之三,是学生"得过且过",走向平庸,遗失卓越德性。态度倾向和理想信念是非正式制度文化的重要组成,是学校道德教育不容忽视的精神维度。持久而稳定的道德倾向是个体道德成长的自我维持系统,是个体道德逐步完善并走向卓越德性的内在动力。

---

① 《多大挫折?仅 4 个月,济南发生 6 起中小学生坠楼事件》,http://sd.sina.com.cn/news/b/2016-04-24/detail-ifxrpvea1143155.shtml。
② 《〈2013 年全国中小学生自杀问题调查〉引人深思》,《光明日报》2015 年 4 月 1 日。
③ 《大学生自杀事件频繁发生》,http://news.sina.com.cn/z/gxyyz/。

第五章 现行学校制度文化育人的困境 >> 191

然而,聚焦于当前学校道德教育领域,不少青少年学生缺少了对道德的向往与追求,在伦理道德观念上滋生惰性,引发精神忧伤,对于道德及道德教育大有一种敷衍了事的应付之态。一些中小学以学生服从安排、遵守纪律、不犯错误为道德教育的任务,重在维持而忽视发展,在一定程度上弱化了学生的道德求知欲和道德创造精神。据《楚天都市报》报道,湖北一特级教师、某小学校长在关于《教育的断想》的报告中发出惊人之语,即从学校的层面而言,教育就是让学生"睡好觉,不跳楼"。固然,这种提法具有保障学生身心健康的积极意义,但将其作为对教育的理解,忽视了学生道德潜能的挖掘和人格的完善,遗失了学校教育之于人的发展的广度和深度,的确有些荒诞不经。因为教育之于个体道德引领的深邃含蕴远远超出了吃饭、睡觉或休息。[①] 在 L 高校调研时,一位大三学生说:

> 刚上大学时确实树立过"雄心壮志",用道德精神激励斗志。但随着时间慢慢推移,那些激情不断地退化和萎缩。对于撒谎、厌学、逃课、夜不归宿这些不太好的行为,我曾经自责过、失落过。我也知道这样不好,但我发现身边的很多同学都这样做,所以我就被他们"同化"了。(访 LS3161212 - 19)

对于这种推卸责任、缺乏主见、随波逐流的说法和做法,我们实在不敢恭维。正是从众行为,助推了高校大学生的考试作弊、学术道德失范等不良现象的滋生与蔓延。在调研中发现,一些大学生认为在进入高等学府后,就可以"歇一歇"了,遂弱化了上进的动力,甚至认为上了大学之后就要学会享受,一味地娱乐消遣。在迷惘中逃课、沉迷于网络游戏和网购,用以打发时间和消磨日子,日子过得百无聊赖,陷于阿伦特所说的"平庸的恶",将理想追求与精神境界提升视为一种累赘或负担,遗失了道德理性。其所依赖的陈旧理念,深

[①] 杜时忠:《无奈的荒唐:睡好觉不跳楼就是好教育?》,《中小学德育》2011 年第 6 期。

深地嵌入学校道德教育的各个环节与角落。这种精神层面的危机，无法提升青少年学生的思想道德觉悟，品学兼优的育人目标也就难以落到实处。

三 关系断裂

和谐的人际关系和融洽的互动氛围是彰显非正式制度文化育人活力的精神纽带。亲师信道既是中华民族的传统美德，也是良好师生关系的典型表征，更是提升非正式制度文化育人效果的情感支撑。教师以其自身的卓越见识与人格魅力，拉近师生之间的亲密度，增强彼此间的信赖感，在消除误解中共建和谐融洽的师生关系，形成其乐融融的发展局面，在不断信任和彼此接纳中实现道德教育的初衷，趋达互利共赢的道德境界。诚如苏霍姆林斯基所言，教育的成败"是由师生相互关系来决定的"①。然而，令我们倍感不安的是，一些学校的师生关系紧张、对立甚至恶化，难以彼此认可与和睦共处。对之，顾泠沅教授曾形象地作了一个比喻。他说，如果用一句话概括当前我国中小学师生之间的关系，那就是知识授受的大门在不断拓宽，而情感沟通的渠道却在大幅度地萎缩。断裂的师生关系严重地窒息了非正式制度文化育人的勃勃生机。

师生关系断裂的表现之一是信任匮乏。信任是人际和谐的前提，是交往双方协调分歧、增进理解并产生集体行动的关键。青少年学生对学校的信任、对教师的信任以及同学之间的相互信任，能够有效地促使他们遵守学校的道德规则，强化内在的自我道德约束。失却信任根基的道德教育必将事倍功半。无数事实证明，倘若师生之间不能坦诚相对，势必导致教师不相信学生，学生不信赖教师，教师与学生之间相互猜忌，进而产生不必要的误解或隔阂，也必然造成师生关系紧张，最终对学校育人工作的健康有序发展产生不良的影响。一方面，学生容易产生怨恨或逆反心理，不尊重老师，处处与老师为难，或故

---

① [苏]苏霍姆林斯基：《教育的艺术》，肖勇译，湖南教育出版社1983年版，第75页。

意顶撞老师，或阳奉阴违，内心被消极情绪笼罩。如 F 市一所中学的一个学生给戴眼镜的任课教师取名为"眼镜蛇"；D 市一所中学的一些"调皮捣蛋"的学生以"气哭女教师"而自豪；B 市一高中的部分学生喜欢在课堂上搞恶作剧而扰乱课堂秩序，令任课教师叫苦不迭；等等。另一方面，基于对学生的不信任，教师生怕学生招惹是非。因而，尽管表面上给了学生自主权，但依旧以怀疑的眼光看待学生，以既往的管控方式对待学生。在 A 市一学校调研中，谈到师生关系这个问题时，两位学生说：

××老师根本不相信我们，他虽然口头上说我相信你们一定能够依靠自己的力量做好，但却时刻在监督和控制着我们。好几次（他）明明说了不检查作业，可结果照样检查我们的作业。而且，因为没有检查出什么问题，他似乎还有点儿生气。（访 AS9161102－7）

尽管政治老师跟我们说要尝试进行无人监考的考试，可当我考试时不经意抬头，就看到窗外老师偷窥探出的头时，我顿时有一种被欺骗、被愚弄的感觉，内心感觉糟糕极了。（访 AS10161102－10）

凡此种种，均是师生之间由守信问题引发的猜疑、纠纷或对立，双方自是难以达成心理默契。师生之间信任的不断流失，恶化了师生关系，严重地削弱与摧毁着学校道德教育的效果。

师生关系断裂的表现之二是伦理错位。教师的专业伦理是教师在教育教学工作中必须遵循的基本道德规范与行动准则。教师既要做"经师"，更应做"人师"。[①] 教师与学生之间不仅是一种知识授受的职业关系，还是一种尊重、关爱与引导的伦理关系。然而，一些教师误读了这一关系，造成了专业伦理错位。据《南方都市报》2016 年

---

① 顾明远：《既做经师　更做人师》，《北京师范大学学报》（社会科学版）2015 年第 1 期。

10月报道，仅是因为一个中学生没有参加学校以自愿方式组织的秋游活动，广东省中山市一所中学的一个班主任就认为这个学生缺乏集体主义精神，逼迫学生写"断绝师生关系书"，并责令学生写下"今后不再接受老师的指导""有任何事都不去找老师解决"的字句，并强迫其按下手印，简直荒唐至极！更有甚者，江西一实验中学的学生写信举报所在学校违规有偿补课竟然遭到学校劝退。① 因为这些教师已经忘却了"教师究竟是谁"的深邃含蕴，忘却了《中华人民共和国教育法》《中华人民共和国教师法》以及《中华人民共和国未成年人保护法》中对青少年学生受教育权的规定和法律保障，忘却了人民教师神圣的职责与任务。在笔者关于师生关系的访谈中也发现，有的教师对于部分学生置之不理，或鄙视，或冷眼对待，甚至劝退学习成绩差的学生，这种行为着实令人发指。三位普通中学的学生说：

> 因为我小学多次惹班主任老师生气，在毕业前夕她对我说，你以后别再说你是我的学生，因为我感觉丢人。（访 ES4160616-5）
> 由于我的成绩不好，老师认为我拖了班级的后腿，对我总是冷嘲热讽，经常说"你要不在我们班就好了""如果大家的成绩都像你，我真怀疑我是否有勇气将这个班带下去""你要能考上重点大学，我的教育观将从此改变"。这些话很伤人，让我非常难过，也让我的内心总有一种被抛弃的感觉。（访 BS4170508-12）
> 我现在的这个班里的老师人都挺好的，没有听到过老师（对我们）说重话。但是，我以前在的那个班，那个老师就经常说一些"我怎么这么不走运，分到你们班当班主任""我担任教师近20年，从没带过像你们这个班这么差的学生"的重话。（访 BS5170508-9）

态度倾向构成了非正式制度文化的心理层面。教师对学生的嘲讽

---

① 朱娟娟：《投诉学校违规补课收费　赣州一学生遭劝退》，《中国青年报》2017年9月20日第3版。

也会拉大师生之间的心理距离，有害于学生的道德成长。我们并不否认教师使用"激将法"在强化学生的上进心和锐意求新意识，但使用这一方法的前提是要恪守教师的职业道德规范，依据青少年学生的年龄特征和身心发展规律。否则，来自教师的善意批评会诱发学生的偏激心理，引发师生之间的对立、紧张甚至冲突关系，彼此之间无法敞开心扉，丧失应有的道德教育意蕴与本真意义。关爱学生与为人师表是教师最基本的职业道德规范。放弃对部分学生的教育与引导，或是对学生的不负责任，均是教师伦理错位的表征。这是对教师职业道德的亵渎，也是对师生关系的一种异化，其所带来的负面影响始料未及。

师生关系断裂的表现之三是共识破裂。教育教学过程是师生双方达成意义共识并共同提高的动态过程。这里的意义共识是指通过师生的交互活动，共同建构一种知识共享与精神共享的教育共同体。因此，教师的积极引导、学生的密切配合以及师生的心理相契是形成共识不可或缺的条件。尤其是教师的有效指引和帮助，是师生消除分歧并朝着共识方向不断前行的引擎。按照班杜拉的说法，在大多数情况下，学生的道德学习是发生在他们对教师日常行为的观察与模仿之上的，并得以强化再现。因此，教师不仅要以身示范，而且要营造愉悦和谐的合作氛围，激活学生参与教育教学活动的道德内驱力，以此强化师生间的默契与融通。然而，令我们不安的是，一些教师平时不注重自己的行为，如迟到早退、随地吐痰、举止不文明等，会见闻习染地影响他们在学生心目中的地位与形象，延缓与窒息着师生之间合作共进的步伐。需要特别指出的是，一些教师的严苛要求与不当管理方式极易引发师生共识的裂谷，桎梏着学生良好道德品质的培育。随着教育民主化进程的推进，回应现代教育的诉求，大部分教师能够规避简单粗暴的肉体体罚教育，转为较温和的方式，如写检讨、值周、体力劳动或罚抄课文。但在执行过程中却又走向了另一个极端，如对写错的字词抄写100遍，没有按时完成作业要抄写课文30遍，上学迟到者要连着说20个"我错了，下次一定改正"，等等。如果任课教师或班主任以为这样做就可使学生意识到自己的错误、内疚自责并改过向上，实则大谬不然。因为这种方法可能在局部或一段时间内有效，但从根本上讲，此种外在的强制方式难以唤醒学生内心深处的道德体验或情绪品质，长此以往，不仅无法调动学生悔过自新的意识，反而极易引发他们的抵触情绪或叛逆心理，形成不良的个性心理品质，沿着共识的相反方向发展。这样不可避免地导致两种结果，一是在惩罚面前佯作已经认识到问题的严重性，向老师承认错误，并主动请求惩罚，实则"口服心不服"。二是"破罐子破摔"，大有一种能奈我何的"洒脱"，甚至不计后果地反抗来自教师的要求，由此出现了老师心目中的"差生""捣蛋者""调皮者"，等等；发出了现在的学生"太任性了""太不听话了""太难管了""太难教育了"的感慨。此外，还有部分教师在不遗余力地拔高自己的权威，操纵话语霸权，盛气凌人，颐指气使，对学生提出了一些强硬的要求，缺乏对学生应有的尊重。尤其是对学生训斥、冷漠和挖苦，学生就会怨声载道。双方的各执己见、师生关系的冷漠和疏离，造成师生关系断裂，难以形成共识。A市某学校的一位学生在总结自己中考成绩不佳的原因时，就说道：

> 语文老师太可恶了，说话总是尖酸刻薄，而且整天绷着一张脸，好像谁欠了她多少钱似的。我一看见她就觉得烦，根本不想学习语文。（访 AS11170619－17）

当学生之于教师的意见充耳不闻，师生之间便难以形成朝着预期方向挺进的内驱力，也难以步入教学相长与合作共享的发展境界。

四 习惯定式

任何非正式制度文化的产生都是历史积淀的产物，是一个逐渐被人们所认可与接纳的过程。非正式制度文化表现为传统风俗、思想禁忌和精神理念等。某种特定的非正式制度文化生成之后，必将对个体的行为选择产生定向作用，并逐步形成一定的道德价值、伦理取向与行为习惯。习惯是非正式制度文化的重要组成。"制度实质上就是个人或社会对有关的某些关系或某些作用的一般思想习惯；而生活方式所由构成的是，在某一时期或社会发展的某一阶段通行的制度的综合，因此从心理学的方面来说，可以概括地把它说成是一种流行的精神态度或一种流行的生活理论。"① 毋庸讳言，良好的习惯使人终身受益。这些习惯固定和影响着人们的生活方式，并构成了化解冲突与和睦相处的基本法则。"历来的习俗就把一切都调整好了。"② 然而，我们不能忽视的是，不良的习惯则容易使人逾越道德的边界，与良好道德品质的生成背道而驰。海尔集团董事局主席张瑞敏在对比我国与日本职员的行为习惯后指出，我国不少员工缺乏坚持的精神，具有投机心理。以擦桌子为例，倘若让一个日本员工每天擦桌子六次，即使在没有任何外在强制与监督的情况下，他也能认真地擦六次；但对于我国的许多员工就不能相提并论了，在第一天，他们会按照要求擦六次，但随后的几天就可能是五次、四次、三次、二次、一次，甚至好几天才擦一次。因此，出现"临时抱佛脚"并形成一些陋习也就不足为怪了。因为他们心目中没有自觉执行良好行为习惯的责任意识，而是被许多负面思维所包围。在推行学校制度文化建设的过程中，培养学生良好行为习惯的道德教育活动也如火如荼地进行着。师生员工在此过程中产生了一定的联系，形成了一定的情感倾向与价值判断，但也正是在互动中滋生了一些不良情形，导致不少师生被潜规则所俘获，不知不觉地形成了不良习惯，败坏着学校的人文气息，阻碍着学生健全道德人格的塑造。

学校非正式制度文化是对师生员工的一种无形的规范。由于非正式制度具有较强的隐蔽性，一般不易被人们觉察，因而人们总是在不自觉中选择了习惯性思维。晕轮效应是习惯定式的重要表现。这种影响教师对学生行为问题知觉的重要特征是以偏概全，一好遮百丑，爱屋及乌。学习成绩好的学生往往成为"优秀学生""优秀班干部"

---

① ［法］卢梭：《论科学与艺术的复兴是否有助于使风俗日趋淳朴》，李平沤译，商务印书馆2011年版，第59—60页。

② 《马克思恩格斯选集》第4卷，人民出版社1972年版，第93页。

"优秀少先队员""优秀共青团员""优秀共产党员"的先决条件。甚至"三好学生"中其他"两好"——"品德好"和"身体好"在"学习好"面前,也倍感无力。因为在先优评选中,学习成绩在整个指标体系中比重在 50% 至 70% 之间,甚或更高,而不少学校的德育成绩仅占 10%—20%,甚或更低。更有甚者,在调研中,不少中小学班主任相当坦诚,他们表示喜欢学习成绩优秀的学生。因此,即使是在评选"美德少年""见义勇为标兵"以及各类"小达人"等与学习成绩关联性较弱的活动中,学习成绩不佳的学生也被排除在外。"一好遮百丑""抬高优等生,贬抑差等生"等不良现象仍旧存在,如一些学校尽管没有制定明确的制度条款,却形成了如此的"校园制度文化"精神以及"尽可能让学习成绩好的学生当班干部""优等生可以免除某些劳动或惩罚"等惯性思维。老师这些心知肚明的规矩便是潜规则,已经深深地镌刻在不少学校教师的头脑中。在 A 市某学校和一些学生私下闲聊时,一位学生向笔者反映了她们班的一件让她愤愤不平的事情,她说:

> 我们班的学霸有一次迟到了,班主任就只是说了句"下次要注意",然后就不了了之。而紧跟着一个成绩不好的同学迟到了,她就大发雷霆,就说:"你为什么现在才到,就不能早点吗?"接着又说:"大家看到了吧,都不能按时到校,像他这样,学习成绩能好吗?"还要这个同学写检讨……(访 AS13170619 - 9)

同样是迟到的学生,然而班主任却采取了截然不同的态度,尤其是对迟到的优等生的"特殊关照",是对教育公平与公正的亵渎。这无论是对于迟到学生本人,还是全体学生,均会产生不良影响。这种潜规则的长久存在,对于学习成绩好的学生,将助长他们骄傲或自满的情结,对于其良好行为习惯的养成极为不利;对于学习成绩差的学生,将伤害他们的自尊心,使之心怀不满,导致他们失去自信,望而生畏,甚至引发叛逆心理和偏激行为,进而腐蚀道德品质,以致产生极为恶劣的影响。所以,在 A 市三所中学随机访谈中,当问及"你觉得老师能公平对待学生吗"这个话题时，不少学生的回答相当一致。他们说：

  不公平，老师只喜欢学习成绩好的学生。（访 AS15170619 - 26）
  我觉得有时候老师有点儿偏心。（访 AS16170619 - 19）
  我觉得老师对我们不是很公正。因为老师在编排座位时，是让学习成绩好的（同学）优先选择座位，而我们学习成绩不好的（同学）只能坐角落。（访 AS17170619 - 14）
  还可以吧，但我还是觉得老师不太关注我。每次课堂回答问题时，尽管我把手举得很高，但老师几乎都不让我回答。（访 AS18170619 - 11）
  ……

当然，也有几个学生认为老师能够公平对待学生，当笔者仔细询问后，才得知这几个学生几乎都是"优等生"，由于得到了老师的"特殊照顾"，所以持肯定态度。

教师这种厚此薄彼的做法，难以获得学生应有的尊重与认可，不仅容易引发师生之间的冲突，而且会损害学生的自信，影响到他们良好道德行为习惯的养成。由于非正式制度文化难以在短时间内发生突变或质变，因此，改变不良的非正式制度文化是一个缓慢的、渐进的过程。在这种情形下，如果尚未破除习惯定式，也就不能及时发现学生不良的思想倾向，难以有效地发挥预防和引领的功能，那么新习惯的培育必将困难重重，育人活动便难以深入推进，也难以实现新的拓展。

第三节　学校制度文化育人实施机制的疲软

通常情况下，学校制度文化育人功能的发挥并非自然而成，而是凭借相应的机构及其组成人员助其完成。学校制度文化育人实施机制是介于正式制度文化与非正式制度文化之间的文化样态，是显性和隐性的有机结合。执行力是落实制度的基本前提和关键要素。有了规章制度不执行或执行不到位，制度便难以深入人心，难以成为人们的行为准则，其流弊尤甚于没有制度。"再好的制度如果没有人去执行或执行力不到位也是没用的。"[1]特别是当规章制度沦为一纸空文的时候，人们就会对制度的公信力产生质疑，浑水摸鱼、滥竽充数、阳奉阴违等"搭便车"的投机行为就会有恃无恐，其结果是损害制度的威信，降低制度在人们心目中的地位，无论是对制度建设的深入推进，还是对人们遵纪守法或自觉自律等良好品行的养成，均产生极为不利的影响。

学校制度文化的生命力在于切实贯彻与落实。学校制度文化育人实施机制的规范化运作是有效贯彻与落实制度文化育人活动的基本保障。反之，学校制度文化育人实施机制的"软化"，必将扰乱或损害青少年学生道德成长的一般规律与运动轨迹，偏离道德发展的航向，模糊了青少年学生的道德视界，降低了他们的道德识别能力，增添了青少年学生道德成长中的风险，学校道德教育的成效就难以保障。也正是在这种意义上，我们认为，制度文化育人活动的效果如何，关键在于能否有效地落实与执行，对制度的切实执行是发挥制度文化育人功能的关键环节。缺乏应有的执行力，制度文化就成为一种摆设，成为一种独具形式的装饰品，在育人活动中难以发挥应有的作用，甚或成为阻碍学生道德品质培养的帮凶。由于学校制度文化育人实施机制涉及同一机构的不同主体或不同机构、不同主体的利益关系和矛盾冲突，对其协调和处理不当，极易引发阳奉阴违、有规则不实施等诸多症候，胁迫着学校道德教育的持续推进。在调研中我们发现，一些学校尽管有了明确的制度文本、实施规则与实施方案，无奈学校却对制度文化的执行不到位或执行力度不够，主要表现为两个方面：一是将制度文化搁置起来，视制度规定为无物，静态地将其束之高阁，只可观望而无法触碰，或呈现在文件中，或悬挂在墙壁上，或静静地躺在

---

[1] 孙明强：《制度胜于一切》，新华出版社2007年版，第87页。

文件柜中，制度文化成为一种摆设，难以掷地有声；二是为学校制度文化的执行戴上了假面具，将制度文化置于"走过场"的层面，在执行过程中走了样，犹如蜻蜓点水一般，若浮光掠影，浅尝辄止，不求实效，催生了学校制度文化育人的形式化和表面化，最终流于形式。

一 落实上级部门育人要求的走过场行为

人无德不立。在各级各类学校中重视学生良好道德品质的培养，是学校教育的根本任务，这在《中华人民共和国义务教育法》《中华人民共和国高等教育法》《中华人民共和国教师法》等法律文件中均有明确的体现。如《中华人民共和国义务教育法》明确指出："学校应当把德育放在首位，寓德育于教育教学之中，开展与学生年龄相适应的社会实践活动，形成学校、家庭、社会相互配合的思想道德教育体系，促进学生养成良好的思想品德和行为习惯。"[①]《中国普通高等学校德育大纲（试行）》更是明确指出，各级各类学校要坚定不移地把德育放在学校各项工作的首位。要实现这个任务，需要建立相应的机构，"建立与健全实施德育的规章制度"[②]，采取多样的、切实可行的措施，尤其是通过学校制度文化建设推进育人活动，是近年来的一大亮点。但在育人活动中，不少学校在执行上级教育行政部门或主管部门时无视制度的权威，缺乏应有的执行力度，存在种种走过场行为。在调研中我们发现，按照文件的精神，几乎所有的学校均成立了相应的德育工作领导小组，明确了责任分工，做出了详细的部署和规划，但是在执行过程中却不能按照既定要求严格落实。即使是组织的一些育人活动，也往往是视作不得不完成的任务，或是为了应付检查，或是为了评估需要。尤其是在专家组或督导组进校时，临阵磨枪，刻意安排，追求排场，大造声势，制造场面热火朝天的育人氛围来装潢门面，试图给检查者一个良好的印象，热衷于作表面文章。如

---

① 《中华人民共和国义务教育法》，http：//www.law-lib.com/law/law_view.asp? id = 163284。

② 《中国普通高等学校德育大纲（试行）》，http：//www.chinalawedu.com/falvfagui/fg22598/19422.shtml。

为了迎接教育局的检查，A 市一所学校要求师生周日到校"备战"，在检查之前临时补齐以前缺乏的材料，甚至再三叮嘱学生，当调研者或检查者问及相关问题时，一定要采取积极正面的态度，不要给学校脸上"抹黑"，不能败坏学校的形象与声誉。该校一位学生解释说：

> 督导组进校之前，班主任老师给我们开了集体的动员会，告诉我们检查组进校后要注意的事项，特别是让我们不要乱说话，不要抱怨自己的学校，要注意维护学校和老师的正面形象。（访 AS20170622－27）

而在笔者参与的关于全面了解山东省高校章程执行与落实情况的评估调研中也发现，一些高校尽管按照教育部要求制定了本校的章程，但是具体落实过程中存在着对章程的宣传力度不够、师生对章程的育人价值认识不到位、相关配套制度的操作性不强、参与章程执行的积极性和主动性不足等问题。一些高校临时按照评估要求修改相关资料，甚至让学生一块儿造假，着实让人大跌眼镜。这种做法看似"高明"，实则隐患巨大，极易使青少年学生习得投机取巧和见风使舵的伎俩，沾染虚假失信的不良风气，其弊病对青少年学生思想的毒害尤甚。在 P 高校和 R 高校调研时发现，大部分学生对于高校章程的具体内容毫不知情，更遑论章程的执行与落实情况。对此，一些学生解释说：

> 高校章程是什么东西？我从来没有听说过。（访 PS3170513－3）
> 我知道有高校章程这个东西。但是它的基本构成部分是什么，我并不清楚。（访 PS2170513－2）
> 高校章程的育人要求，没听人说过。它的内容，学校没有进行宣传，所以我们对此也是一无所知。（访 RS1170520－8）
> 我知道大学都应该有自己的章程，但章程具体包括哪些制度就不清楚了。因为没有老师提过这个事。（访 RS5170520－6）
> ……

尽管各个学校均有校务公开和信息公开制度、教职工代表大会制度、学生代表大会制度等成形的制度文本，但师生对其的认知与关注不够，漠视了高校章程在维护其合法权益、规范和保障学校正常运转尤其是促进学校道德教育方面的积极意义。更为重要的是，不少学校在上级部门检查过后往往是"昙花一现"，既不对育人工作中的有效经验进行总结与提升，也不对暴露出来的问题予以分析和解决，致使检查和督导难以发挥出应有的导向、激励、反馈、改进和提升之用，学校文化制度的育人目的自是难以得到有效达成。

学校制度文化育人实施机制的疲软，比没有制度文化的危害更为严重。倘若师生意识到应有的学校制度文化之缺失，极有可能激发他们建设制度文化的内驱力。但当他们认为学校制度文化仅仅只是一种摆设或是愚弄人的工具后，便从内心萌发抵触情绪，不愿、不屑或被动地参与学校制度文化育人的实践工作，这必然会压抑人的道德创新精神与实践能力，导致学校制度文化建设缺乏应有的生机与活力，管理效果自是低下，育人质量难以保障，学校制度文化育人工作也将扭曲为戕害学生道德成长的精神炼狱。

二 学校内部育人机构的形式化运作

按照马克思主义认识论的基本原理，形式决定于内容，并反作用于内容。内容与形式的统一是事物有序发展的基本工作法则。倘若在工作中仅重视形式而忽略了内容，就走向了形式化，难以取得预期效果。从学校内部而言，一些学校虽大张旗鼓地推出制度文化育人的工作方案，建立了相应的规章制度和组织机构，但没有从思想深处高度重视起来，形式主义严重，仅仅是摆摆样子，仍停留在表面上或文本上，制度文化的育人活动空于形式，讲起来口若悬河、滔滔不绝，但执行起来却不够严格，并不能持之以恒、一以贯之，只是应付了事，甚至弄虚作假，把制度文化育人当成了口号，导致制度文化无法落地，严重地损害了制度文化的权威，亟须引起教育工作者的高度重视。

在调研中发现，尽管一些学校建立了推进学生道德教育工作的各种制度文化育人实施机构，在机构设置与人员安排上也无可挑剔，如学校德育工作领导小组、教书育人工作小组、管理育人工作小组、班主任工作小组、学生德育评价工作小组等众多组织及机构，而且明确了人员分工与基本职责，但在执行过程中出现了诺贝尔经济学奖获得者冈纳·缪尔达尔（Karl Gunnar Myrdal）所言的"软政权"现象，即尽管规章制度文本和组织机构齐备，但不督促落实，人们普遍缺乏对法律或制度规则的敬畏，在规章制度面前可以讨价还价，有规不依的现象比较突出，贯彻落实能力退化。具体表现为：一是在具体实施过程中浮于表面，只重过程，不求效果。如各组织机构在落实制度文化育人工作时所开展的各项工作如例会、研讨、交流与反馈等活动，尽管能够按照既定的要求进行，但内容空洞，仅是泛泛而谈，无法触及问题的实质和矛盾。N 高校的一位曾参与过相关工作的老师解释说：

> 工作开展起来很"鸡肋"。领导有时候是想给我们开会，让我们反映这些工作的问题，然后总结经验与教训，以便日后更好地落实（育人要求）。但是很多开会的老师并不重视，认为把学生成绩提高才是最要紧的事情。所以，开会也不理会领导的想法，更不会去总结和反思，而是在那里聊天、拉家常，或者是彼此之间发牢骚。（访 NT2170518 - 17）

还有一些活动纯属走形式，仅是应对了事。如师生座谈会、"结对子帮扶"活动、督导检查活动等只停留在文本记录上，以此作为年终检查或考核的佐证材料。各育人部门或执行机构敷衍塞责的低效率做法，使得制度文化育人实施机构在育人活动中严重"缺位"，势必导致育人活动难以取得实质性的进展。二是缺乏整体规划，不从全局考虑问题，制度文化的贯彻落实呈现出短期化、分散化的倾向，囿于"头疼医头，脚疼医脚"的临时应对之中。我们在前文反复强调，学生品德的形成绝非一朝一夕，也非单独某一方面的力量所能奏效，这种临时的、条块分割的"救火工作"，不仅难以从根本上解决问题，而且导致多个部门之间相互推诿，何以确保制度文化得到不折不扣的貫彻落实！如面对青少年学生道德发展中的问题，一些学校的老师互相推诿，都不愿意出面解决，以致学校形成一股空疏浮躁的风气，严重地削弱着学校制度文化的育人效果。A 市一所初中的年级组长这样说道：

> 学生出现（道德发展的）相关问题后，通常是没人愿意处理，大家都是推来推去的。要是让普通老师加以解决，他们大多都很不情愿，有的老师甚至会说："这个问题我管不了，得找班主任。"去找班主任的话，她又会说："这个问题具有普遍性，找德育处吧。"问题转到德育处这里了，他们也振振有词，说："这不归我们管，找年级组长吧。"最后，这些问题就推到了我这里，让我感觉十分无奈……（访 AT7170623-21）

三是对于一些违规逾矩行为不能得到及时的监督、纠正与追究。部分学校的监督信箱或投诉信箱当作摆设给别人看，但仔细观察便发现它们很久都没有投入使用或者是打开过。

> 信箱没有上锁，在一个角落里敞开放着。（观 L161214-2）
> 信箱上面锁着一把小锁，小锁上面蒙着厚厚的一层土。（观 R170520-1）

而且，不少学校的各种组织机构中，普遍存在着一人身兼数职的现象。由于工作繁忙，举办的各种活动大多只是走走形式，根本无暇顾及执行的效果，抹杀了制度文化育人实施机构本身应具有的职责与功能。倘若越轨行为、有章不遵行为得不到应有的惩戒，那么制度文化的权威就会被违规行为所腐蚀，引发师生对制度文化育人功能的偏狭认识，产生逆反心理，导致一些学生对制度规章置若罔闻、视若无睹，滋长了他们懒散、庸俗、执拗、偏信、傲慢等不良性格特征，进而其行为容易偏离道德发展的轨迹。凡此种种，均导致形式主义的滋生蔓延，自然地，学校制度文化育人的长效机制也被无情地中断。

三 家校合作育人活动中的敷衍了事

无论是杜威所倡导的"学校即社会",还是陶行知所推崇的"社会即学校",均表明学校与社会的联动是促进青少年学生道德成长的重要保障。纵观学校教育发展史,尽管前辈哲人对学校育人功能进行了孜孜不倦的探究,取得了催人奋进、令人鼓舞的新进展,成为当前深入推进道德教育的有益资源,但由于内外条件所限,也在一定时期、一定范围和实践领域内断章取义,存有拔高或贬低的些许误读,在学校和社会层面各执一端,使道德教育工作陷入二元对立的境地。具体表现有二:一是学校道德教育"万能论",对学校道德教育寄予厚望与期待,赋予其无限功能,鼓吹学校道德教育可"放之四海而皆准",只要学校道德教育抓得好,个体的道德素质自然会有长足进展,社会道德风尚就可焕然一新;二是学校道德教育"无能论",认为学校道德教育之于青少年学生品德完善与社会文明水准提升的效果甚微,甚或主张取消学校道德教育。这两种观点之所以都经不起推敲,是因为都一厢情愿地将学校道德教育的内部环境与外部环境的影响绝对化了,颠倒了绝对和相对的关系,必将钳制与束缚着学校道德教育有效性的发挥。[1] 我们应理性地看待学校道德教育的"限度":在学校是一个言行如一、忠诚正直、遵纪守法的好学生,并不能表明他们在社会上不去违法乱纪,也不能保证他们的行为不与学校道德教育背道而驰。这意味着,学校中的好学生与社会中的好公民是不能画等号的。同样,在家庭是一个孝敬父母、尊敬长辈、勤俭节约的孩子,也很难保证他在校就能表现出尊敬师长、团结同学、爱护公共财产等文明行为,现实中不少孩子的"两张皮"现象就是有力的佐证,即在学校表现的是一个样子,在家庭中却是另一个样子,校内外的表现截然不同,不能始终如一。这说明,既不能让学校道德教育包办一切,也不能认为学校道德教育一无是处。由于家庭是社会的基本细胞,在学校与社会的合作过程中,家校合作育人的重要性自是了然于目。因

---

[1] 杜时忠:《当前学校德育的三大认识误区及其超越》,《教育研究》2009 年第 8 期。

此，学校道德教育工作要健康持续发展，不仅要强化家校合作的意识，而且要有相应的、有效运作的家校合作制度及其实施机构。在调研中发现，不少中小学尽管建立了家校合作制度，甚至健全了学校层面、年级层面和班级层面的家校合作育人委员会制度等，但在具体执行过程中，家校合作育人活动依然是停留于表面，虚与委蛇，经常是隔靴搔痒，只管呼吁不管实干，甚至存在从内心抵制但又不得不为之而作秀的嫌疑，难以发挥家校合作委员会和家长学校的应有作用，使得家校合作的实践环节极为薄弱。

在家校合作育人活动的组织实施中，无论是学校还是家长，均表现出一些片面的、错误的甚至是偏激的理解，致使育人活动走向短期化和表面化。O市一所中学的教师形象地将家校合作育人活动比喻为"补窟窿"，即家校合作育人活动不是持续的、一贯的行为：或是为了响应上级号召而采取的应急性行为，或是为了解决一些具有严重"问题倾向"的学生不得不采取的行动。一些班主任也应付差事，仅是按照学校要求僵化地执行制度，在家访、家长开放日、家长大讲堂等活动中草草了事，最后以几百字总结而告终，而不注重提升家长的合作能力以及育人的效果。在A市一所小学调研时发现，虽然该校已经建立了学校家长委员会、年级家长委员会、班级家长委员会三级家校合作的工作制度，推选了主任委员、副主任委员、秘书长、常务委员以及委员，并明确了各自的职责，也进行了具体的组织分工，但在合作育人方面成效甚微。在问询"您是否能够严格按照规定积极推进家校沟通与道德协作"和"您是否每学期对家校合作育人的效果进行充分交流、反馈总结与调整改进"时，A市一普通中学的一个班主任说：

> 我们已经按照规定和要求做了，可是效果却不是很理想。一方面，我们面临的升学压力很大，我也知道要加强家校合作力度，可是我们的时间、精力也有限。最主要的工作还是提高班上学生的成绩，家委会什么的就只能是先放在一边。另一方面，班主任的工作本来就很繁杂，现在又加上家校合作这事，工作量就

更大了。每学期能够开展一两次活动就很不容易了，哪里还有多的时间去交流、反馈和总结。（访 AT8170623-22）

再者，一些学校甚至不能与家长平等相处，将家校合作育人视为学校对家长进行指导和帮助的活动，在家校合作活动中颐指气使，甚或吹毛求疵，大有一种"我的地盘我做主"的强势姿态，并没有给家长应有的话语权，家长在整个活动中始终处于被动应对的状态。[①] 合作育人活动异化为学校对家长的"批斗会"，家长敢怒不敢言，家长被学校"绑架"的现象较为突出。此种活动，不仅为家校合作添上了一个浓墨重彩的污点，而且贬抑了学校制度文化育人活动在家长心目中的地位。

此外，家长在合作活动中的参与程度不够、推诿育人责任也导致家校合作难以有效推进。不少家长甚至家委会的成员存在一种认识误区，他们错误地以为学校制度文化尤其是家校合作文化只不过是一种点缀或装饰，无法领会家校合作文化乃是发挥道德合力的一贯性与连续性的有力之措。不少家长认为孩子到学校主要是学习知识尤其是书本知识，将家校合作育人活动视作浪费时间的活动。甚至 A 市一位高二学生的家长，虽然是某重点中学的一名教师，但谈到家校合作时依然抱怨道：

孩子在学校由老师教还不够吗？还用得着我们家长吗？况且，我们也不是很专业。而且孩子马上就要高考了，时间那么宝贵，家校合作能给高考加分吗？孩子道德品质高能保送大学吗？我不是反对家校合作育人，但为了高考，我还是希望在高中就不要进行家校合作了。（访 AT9170524-9）

加之一些家长缺乏必要的家校合作的基本知识与技能，必然阻碍

[①] 冯永刚：《儿童道德教育中家校合作偏失及其匡正》，《中国教育学刊》2011 年第 9 期。

家庭和学校之间形成有机的共同体，导致家校合作的质量大打折扣，严重制约了家校合作育人的实效性提升。B 市一所高中的班主任在谈及家校合作效率低下时，也是颇感委屈，她说道：

> 家长不与我配合，我一个人也无能为力。现在高考压力大，学校对此也不是很重视，我实在没有办法改变现状。（访 BT3170417－15）

英国著名哲学家约翰·穆勒（John Stuart Mill）告诫家长们，倘若人们只顾把孩子生育出来，仅满足孩子的经济来源而不注重他的心灵修炼与道德人格培养，无论对孩子还是对整个社会而言，那就是一种道德犯罪，是家长的道德责任缺失的表现。从穆勒的论述中不难发现，家长的道德监护是不可或缺的。于家长及家庭教育而言，其对孩子的抚育不仅在于经济上的投入，更重要的是道德上的投入，即"育"。这既是强化家校合作育人制度"落地生根"的必然抉择，也是塑造青少年学生健全道德人格的殷切吁求。

第六章　学校制度文化育人的桎梏因素探析

按照马克思主义的学说，问题或矛盾是推动事物发展的基本动力。没有问题就没有发展，就难以有拓展性的突破。[①] 对问题视域的强烈关注是马克思主义理论以旺盛的生命力适应社会发展需求、迎接时代挑战并不断得以丰富、发展和完善的基本特质。在马克思看来，我们不但要有善于发现问题或提出问题的自觉认识，也要有探究其因的自觉认识，即追问为什么会发生这些问题？是什么因素引发或助推了这些问题？只有找到问题背后的制约因素，科学的发现、理论的创新以及时代精神的升华才有望产生。由此可见，原因剖析是联结问题发现与问题解决的调节器、枢纽和中介，仅停留在问题表征的层面上于事无补。而且，只有准确地理解和掌握事物发展的制约因素，找出问题的源头，方能对症下药，有的放矢，从而根治"顽疾"。

学校制度文化的育人活动不是单向的、孤立的、静态的过程，而是双向的、多维的、互动的复杂过程，势必受到学校内外部各种条件、各种因素的影响与制约。这些影响或制约或是直接的，或是间接的，甚至是二者相互交织在一起。对这些关系调节与处理不当，就会引发各种问题，对学校道德教育的影响持久而深远。其一，由学校制度文化供给不当引发的问题。毋庸置疑，学校制度文化的育人工作要有整体安排，并以预想或预设作为前提。因为育人目标总是指向未来的，是有待完成的

---

① 王伟光：《深入研究中国发展道路和发展经验　丰富和发展马克思主义社会形态理论》，《中国社会科学》2011年第1期。

设想。但如果在学校制度文化自身建设过程中没有进行充分的调研或论证,其育人目标存在背离学校道德教育规律或疏离学生道德发展的做法,势必引发种种纠葛、矛盾与冲突。其二,由学校制度文化贯彻与执行不当引发的问题。学校制度文化没有得到师生员工的认同和接纳,在运行过程中或机械僵化,或被动执行,难以发挥其固有的道德教育功能,容易偏离学校道德教育的预期,甚至在一定程度上以学校制度文化的名义刻意嘲弄、歪曲与摧残着道德,不仅走向了制度文化建设的对立面,而且走向了学校道德教育的死胡同。其三,由育人环境不当所引发的问题。在探究问题成因时,我们发现,制度文化育人过程所必须依赖的制度环境也是不容忽视的因素。正如美国伦理学家莱茵霍尔德·尼布尔(Reinhold Niebuhr)在《道德的人与不道德的社会》一书中指出,制度环境是个体道德产生和发展的场所,我们很难想象,一个道德的人如何在一个不道德的制度环境中生存下去,其结果要么是处处碰壁,要么是同流合污。[①] 道德所赖以生存的制度环境如果提供了不道德的市场,如同向水中泼墨,使本来清澈的水变得浑浊不堪,这种污染的后果不堪设想。没有道德在场的制度环境必将助推残缺不全的学校教育,而残缺不全的学校教育肢解了育人的整体性,培养的也仅是残缺不全的人,这必将影响青少年整体素质的提高,进而影响整个国民素质的提升,直接关系到国家的文明发展之步伐。直面学校制度文化在育人过程中的困境,要化解问题,整体推进学校制度文化的育人活动,就必须对其影响因素进行准确的分析、归类与把握。下文试从四个方面入手,对此进行归因分析,深刻剖析问题根源,探讨症结所在,从而在学校制度文化育人活动中扬长避短,长善救失。

第一节 学校管理行政化

学校管理的行政化在我国有着深刻的历史渊源、思想基础与制度

[①] [美] 莱茵霍尔德·尼布尔:《道德的人与不道德的社会》,蒋庆等译,贵州人民出版社1998年版,第257页。

根源。在古代，西周时期就有鲜明的"学在官府""官师合一"的文化传统，尤其是儒家"学而优则仕"的求学目标和政治抱负、《礼记·大学》中的关于求学者"修身、齐家、治国、平天下"等政治理想、隋朝创建且沿袭至清末的官吏选拔制度——"科举制"等，无不体现着学校在统治阶级推行政治教化中的重要作用，学校一度成为统治阶级实施政治教化的工具。行政化渗透到学校管理的各个环节之中，包括制度文化的出台、运行和评价等过程中。学校管理的行政化背离了学生道德发展的规律，偏离了学校制度文化育人的初衷。当前，学校管理的行政化已引发全社会的普遍关注，尤其是得到中共中央和国务院的高度重视。这在《国家中长期教育改革和发展规划纲要（2010—2020年）》中也得到了体现，"探索建立符合学校特点的管理制度和配套政策，克服行政化倾向，取消实际存在的行政级别和行政化管理模式"[1]。学校管理行政化对学校制度文化育人的阻碍，主要集中在政府部门对学校管理的行政化倾向和学校自身管理的行政化倾向两个方面。

一 学校管理的外部行政化

所谓学校管理的外部行政化，是指政府及其教育行政部门以管理行政部门的方式和手段来管制学校的做法。作为一种教育机构，学校应以明理导行、教书育人为己任。但是，由于多种原因，我国各级各类学校均不同程度地存在着行政化的色彩，推行线性的垂直管理模式，奉行刚性的操作程序，体现出较强的集中性，学校沦为行政的附庸。从一般的意义上讲，行政管理制度遵循的是下级服从上级的逻辑方式，而学校教育管理重在管理育人与服务育人，并非简单的强调听话或鼓励服从，尤为重要的是要调动师生员工的自主性或自觉性，不是窒息而是塑造独立人格。不难发现，教育行政化越严重的区域，学校制度文化育人工作中暴露出的纠葛或矛盾就越多。

---

[1] 《国家中长期教育改革和发展规划纲要（2010—2020年）》，http：//www.moe.edu.cn/srcsite/A01/s7048/201007/t20100729_171904.html。

政府部门对学校管理的行政化倾向集中体现为管办不分，即政府及其教育行政部门将学校作为下属行政机构进行管理的一体化设计。按照学校所在区域以及学校的办学规格，政府部门将一些中小学校长按照行政等级划分为科级、副处级或正处级等，将高校校长划分为正处级、副厅级、正厅级、副部级或正部级等。以此类推，各级各类学校的中层干部也相应地被划定为从副科到正厅等不同的等级，这种定位将学校教育管理等同于行政部门的管理，按照行政部门的方式管理学校，形成了一套完备化、系统化的制度结构与管理体系，实行的是集权型的、指令式的管理范式，导致管办不分，政教不分。人类文明史的发展表明，分工是社会走向文明的体现，是生产力发展的标志。诚如马克思和恩格斯在《德意志意识形态》中的洞悉，"一个民族的生产力发展水平，最明显地表现在该民族分工的发展程度上。任何新的生产力，只要它不仅仅是现有生产力的量的扩大（例如开垦新的土地），都会引起分工的进一步发展"[①]。政教不分，是阻碍学校制度文化育人活动的一个顽疾。政教不分在我国有着悠久的历史。在古代中国，自进入奴隶社会后，教育与政治就扭结在一起。在一定程度上，政治取代了教育，或者说教育就是政治。特别是在"学而优则仕"的封建社会，政治之外无教育，接受学校教育成为个体的一种特权，成为学校教育服务政治主要的甚至是唯一的形式。西周时期的"学术官守"、秦朝的"以吏为师"的文化教育管理制度，造就了政教合一的管理制度。政教合一，使得教育活动不得不依附于政治，成为政治的婢女。在传统教育体制下，行政指令根深蒂固，成为学校制度文化育人工作不可或缺的有机组成部分，划定了学校管理活动一条难以逾越的鸿沟。然而，我们认为这些属性是传统教育所固有的，实则不然。事实是，尽管历史的车轮已经驶入 21 世纪，但人们的管理理念和行为取向并没有与之完全同步，仍处于新旧变更带来的迷惘、困惑与抉择中。在时代变迁、社会进步的当今时代，目前我国大多学校制度文化依旧没有摆脱传统模式的禁锢，身陷行政指令与管理权力膨胀

[①] 《马克思恩格斯选集》第 1 卷，人民出版社 1972 年版，第 25 页。

的沼泽中无法自拔。政府部门对学校的严格控制以及学校对教育行政部门的依附,大大削弱了学校在制度文化育人过程中的能动性,对学校道德教育造成了难以预估的不良影响。

此外,教育行政部门对学校的包办太多、介入太多、监管太多、干涉太多,影响了学校的自主发展。如在制度文化设计与安排中,尽管学校具有独立法人资格,但其关于教师招聘和管理的人事自主权却没有得以落实,丧失了应有的独立性与自主性。笔者在 D 市调研时,一所学校的校长直言不讳地说道:

> 现在我市的教师招聘考试均由教育局统一安排和组织,其本意是为了加强管理,规避部分学校的违规违纪(现象),凸显招聘的公平、公正,将优秀的毕业生纳入到教师队伍中。但实际上,这种"一刀切"的制度规划使我们学校很难招到我们所需要的教师。不少初试排名靠前的毕业生,综合素养较低,缺乏应有的教育情怀、教育技能与技巧。在全国中小学教师资格统考中,不少非师范出身的毕业生在培训机构进行集中培训后,初试如愿通过。而且,由政府部门组织的教师资格面试中,也有不少学生参加了面试培训班,虽说临阵磨枪,但确实使不少毕业生掌握了应对的技巧,甚或蒙混过关。(访 DP1161220 - 35)

此种招考制度导致的不良后果是,学校无法招收到他们所需要的教师,尤其是部分不合格师资的加入,必然会给学校增加了培训、再培训等繁重的工作,不仅造成大量教育资源的浪费,而且阻碍了学校教育教学质量尤其是道德教育效果的提升。一如这个校长所言:

> 近几年我校新招聘的很多教师不是我们所愿意要的,他们爱岗意识不强,对学生不够耐心,导致师生关系紧张,但我们没有任何的选择余地。因为教育局组织的初试就将我们看好的一些教师淘汰了,我们所能做的,也仅是在初试通过的毕业生中筛选相对好一些的师资。(访 CP1161118 - 23)

此外，一些教育行政部门的个别工作人员具有浓郁的官僚主义作风，刚愎自用，独断专行，"直接干预学校的办学，动辄用行政权力，对学校指手画脚"①，甚至进行"粗暴的干涉"，导致权力的使用明显越位，不仅模式化、同质化现象突出，而且培植了等级思想或特权制度的土壤，构成了学校制度文化育人活动的无形干扰与障碍。

政府及其教育行政部门管理学校的职能和方式，应是一种宏观的管理而非直接的行政命令。虽然学校是培养人的教育机构，但由于学校管理的行政化，尤其是学校承担了大量政府及其教育行政机构的非教育功能，甚至为了得到上级教育行政部门或领导的赏识，就会投其所好，见风使舵。因此，在学校制度文化育人过程中滋生的被动性、强制性、平庸化的现象也就不足为奇了。

二 学校管理的内部行政化

受学校管理外部行政化的影响，一些学校内部也被浓郁的行政化氛围所裹挟，总是自觉或不自觉地向行政部门看齐，行政权力干涉过多，导致学校内部的制度安排及管理也按照行政部门的逻辑运行，逐级贯彻执行，行政权力遮蔽、压制或替代学术权力的现象较为突出。学校管理的内部行政是指利用行政管理方式来治理或决策学校内部的教育教学事宜，以及配置与使用教育教学资源的活动。学校管理行政化的使然，使得学校领导的"长官意志"思想严重，"行政本位""官本位"色彩浓郁，他们习惯于按照行政管理的框架组建学校内部职位分层、权力分等的科层制，行政权力集中，党政不分，以党代政，学校内部管理泛行政化。"科层制能使组织规模成长壮大，能使控制加强，能使效率提高，这是一种进步。但它需要付出精神或情感方面的沉重代价。"②聚焦于制度文化育人活动领域，科层制容易使师生员工形成表象认知或假性认识，即根本不了解制度文化的价值指

---

① 范先佐：《教育如何去行政化》，《人民日报》2013年12月5日第18版。
② [美] D. P. 约翰逊：《社会学理论》，南开大学社会学系译，国际文化出版公司1988年版，第292页。

向和运行规则,也没有理解制度文化所涵具的道德深邃,只能机械地按照制度文化规定或行政管理要求亦步亦趋,导致制度文化中的道德功能难以充分发挥,学校道德教育在畸形发展的道路上越走越远。

在高度集权、等级森严的科层制管理模式下,学校自身管理的行政化倾向,使得一些校领导掌握着制度文化建设的绝对权力,并且获得了合理与合法的地位。不少校长将自己作为学校的"大家长",实行家长制的管理方式。C 市某中学的两位普通老师谈道:

> 感觉校长在学校制度文化设计中就像是我们和学生的大家长一样,什么事情都是他自己拍板。我们这些普通教职工,还有学生都处于一种被动地位,缺乏参与制度文化建设的平等权。(访 CT1161118 - 30)
>
> 我们学校领导眼里容不得一点沙子,比如说在你刚刚问到的制度文化育人工作中,学校领导就是奉行"一言堂",完全是他们说了算,而且对于他们自己决定的事情,容不得我们老师有任何的质疑或者是反对意见。要是谁敢这么做,那他们就觉得你这是在向他们公开叫板。(访 CT3161118 - 41)

上述做法,必然导致三种结局:一是致使不少教师噤若寒蝉。对于校长的霸道做法,一些教师担心自己的"反抗"会得罪领导而影响自己将来的发展,因而敢怒不敢言,在道德教育工作中得过且过,缺乏积极性与主动性,望而却步,明哲保身,甘愿无为,不敢越雷池一步,因而难以凝心聚力。二是按照校长的制度安排趋之若鹜,刻意回避问题,溜须拍马,投其所好,幻想被领导委以重任。"我们仇恨真理,他们就向我们隐瞒真理;我们愿意受奉承,他们就奉承我们;我们喜欢被蒙蔽,他们就蒙蔽我们。"[①] 三是转岗离职,另谋生路,导致优秀师资的流失。当然,有些校领导也希望通过论证会或汇报会

---

① [法] 帕斯卡尔:《帕斯卡尔思想录》,何兆武译,陕西师范大学出版社 2003 年版,第 66 页。

等民主形式推进学校制度文化育人工作的发展,但在具体的执行过程中却偏离了航向。如在学校制度文化建设中,居于权力之巅的校长高高在上,并不是以一种建设者、参与者的角度与师生员工共同商讨,而是发号施令,将自己的意志强加于人,甚至将论证会或汇报会异化为现场批判会。校长的横加指责,使得参与会议的教师们战战兢兢,担心曲解了领导的意思,生怕说错了话而引起领导的不满,因而不愿说实话也不敢说实话,只是顺着校长的思路讲校长愿意听的、喜欢听的话题,这就使得调研会和汇报会失去了应有的意义,学校弥漫着紧张、压抑的气氛。教职员工无法积极主动地参与学校管理和文化建设,自是无法反映工作一线中存在的道德问题与困难,也不能有效地总结与提升育人的工作经验教训,无法形成鲜明的学校制度文化与育人特色。

在行政化管理方式下,学校制度文化的制定者为了维护自己的绝对权威,管理方式逐渐向行政部门靠拢,全力以赴地动用行政资源,以高压的方式制定制度或强迫执行制度,必然缺乏亲和力,抹杀了制度文化的道德意义,严重损害了制度文化在教师和学生中的威望。而且,为了保证这种直线型的行政管理方式畅行无阻,不少学校将其纳入学校制度文化建设中,用制度条文的形式规定下来,使其披上了"合法的外衣"。学校内部有关部门对学校制度文化育人工作的管理方式过于直接甚至操控其内部治理结构,使得学生成为被控制和支配的对象,背离了学校育人的目的。聚焦于现实,为什么不少学生在违反制度规则后总是找这样那样的理由与借口呢,是因为制度文化对于他们而言是一种外在的、可有可无的东西,因而不会不折不扣地执行制度。制度对他们来说仅是不得不面对的外在现实,难以产生维护制度权威与敬畏制度的积极心态,奴役、钳制、扼杀了学生积极参与学校制度文化育人工作的动力与活力,导致制度文化的育人活动难以有序开展,问题不断,困难重重,其阻滞作用致使制度文化的育人作用难以得到有效彰显。

学校不是官场,学校领导也并非行政官员,学校要以追求学术和育人为本位。然而,学校管理内部的行政化氛围,导致行政权力过度膨胀，学校制度文化异化为单一的规训工具。从观念到行动上，教师服从学校安排，学生服从教师安排，这种典型的下级服从上级方法，在一定程度上桎梏了个体道德主动性的发挥。众所周知，在制度文化育人过程中不能容忍别人的不同意见或反对声音，道德实践能力与创新精神就难以调动起来，这种无动力、失缺活力的僵化体系和统一的管理模式，易导致集体沉默，助推个体屈从的不良人格。然而，人的道德主体地位决定了人并非一个故步自封、因循守旧的惰性者、服从者或盲从者。人居于宇宙的中心，人们不断地冲破宇宙秩序的禁锢，在挣脱羁绊的过程中找寻自己存在的人生价值与意义。"人们过去常常把自己看成一个较大秩序的一部分。在某种情况下，这是一个宇宙秩序，一个'伟大的存在之链'，人类在自己的位置上与天使、天体和我们的世人同侪共舞。"① 只有对既有秩序的怀疑和对道德自由的渴望，才能给人以追求自身解放的动力。倘若在制度文化育人活动中将命令与服从的关系奉为圭臬，这是一种画地为牢的做法，得不偿失，必将窒息学校道德教育的活力，进而死气沉沉，归于沉寂。

第二节　工具理性的宰割

制度文化是人类理性思考与现实选择的产物。工具理性是法兰克福学派社会批判理论中使用比较频繁的一个重要术语。马克斯·韦伯从事物存在的"合理性"层面出发，将理性分为工具理性和价值理性两种形态。在他看来，工具理性以精确的计量为依据，受追求事物最佳效率的功利心态所驱使，无视或遗弃了人的道德理性与精神价值。而价值理性则从发生学的意义出发，探究人之存在的意义与价值，关注人内在的精神世界，追求人性的完善，崇尚的是个体行为的合目的性、合规律性和合道德性。学校制度文化建设偏航的一个典型表现是工具理性的无限膨胀，僭越了价值理性，边缘或疏离了学校制

---

① ［加］查尔斯·泰勒：《现代性之隐忧》，程炼译，中央编译出版社2001年版，第3页。

度文化应有的道德诉求,导致学校育人活动误入迷途。在学校制度文化育人活动中,当工具理性被大肆宣扬并得到尊崇和推行时,手段就变成了目的,成为套在学校道德教育活动中的一条难以挣脱的铁锁链,这是学校自我毁灭的一个关键性动作,带来诸多负面效应,无论是对于学校制度文化建设而言,还是对于学校道德教育的推进,均是一个极大的障碍。

一 效率导向的奴役

教育是公益事业,教育不能产业化。以育人为己任的学校道德教育,更是如此。然而,在工具理性的支配下,当前我国不少学校的道德教育逐渐失去了自己本应坚守的阵地,在道德教育中刻意追求效果、青睐短期行为,博取政绩的行为不时被媒体报道出来,被专注效率或利益最大化的效率导向所俘获,道德教育完全被效率化和工具化。马克斯·韦伯认为,科学技术构成了工具理性存在的前提。丹尼尔·贝尔(Daniel Bell)将工具理性归结为增进效率的科学技艺。通过发展科学技术在市场竞争中取得最大的收益,是效率导向的基本法则。但我们不能仅仅停留在科学技术发展带来巨大收益的沾沾自喜中。因为科学技术既可以造福人类,也可以给人类带来隐患。近现代以来,随着科学技术的飞速发展,科技给人们带来便利和效率的同时,逐步侵蚀着人们对生存意义的探寻与追问。毋庸置疑,在学校制度文化育人活动中,科学技术的发展可高效地处理各种信息,畅通师生了解制度文化的渠道,推进制度文化建设的开放和共享,为制度文化育人工作的开展搭建了服务平台,大大便利了学校道德教育工作的开展。但是,我们必须明确的是,科学技术的进步只是学校制度文化育人的一个外在工具,而不是束缚人、压制人和奴役人的异己力量,倘若通过科学技术手段强硬地推行所谓"必须的""应该的""无条件的"的制度规则,追求贯彻制度文化的最佳方案与最佳手段,强调制度文化落实的结果却不顾及过程,不注重唤醒青少年学生认识、理解和领会这些道德规则的内驱力,这种单方面的为了获取效率而被控制的紧张关系,将科学技术作为目的而非手段的行为,致使道德被技术所操控，将制造新的隔阂或矛盾，扩大人与人之间的紧张与对立关系，久而久之，导致了人的物化，吞噬了学校制度文化育人的本真。美籍德国犹太人、著名的人文主义学者埃里希·弗罗姆（Erich Fromm）在其晚年之作《希望的革命：通向人道化的技术》一书中写道，价值的最终根源应从人身上体现出来，是人的发展而并非单纯的技术进步。确切地讲，是作为主体的人的长足进步和优化发展，而不是物质生产和经济利益的最大化，人道化应成为权衡技术发展对人类所做贡献的准绳。海德格尔反复强调，对技术的推崇和效率的崇拜造成了人性的肢解，人异化为科学技术的附庸，使人产生无家可归和没有精神寄托的空虚感。这种做法，不仅无法使青少年学生内化道德，而且会滋生与助长他们反控制的"突围心理"。于是乎，学校道德教育活动极易陷入技术崇拜者的一厢情愿的活动，缺乏学生的有效配合，联动效应便难以产生。

　　在以效率为取向的工具理性的奴役下，学校的育人目标发生了偏移，偏重于社会效益而忽视了人性的完善，极易培养精于算计的物化的人，必然导致学校制度文化育人活动受阻。学校教育究竟培养什么样的人，如何育人，对这个问题的作答涉及国家教育方针政策中对教育目的的规定和陈述。中华人民共和国成立以来，我国教育目标以马克思主义的全面发展学说为理论基础，经过了多次变化和调整，以适应和满足当时社会发展对人才的需求。1949年，第一次全国教育工作会议指出我国教育的目的是为人民服务，尤其是为工农兵服务。1957年，毛泽东同志在《关于正确处理人民内部矛盾的问题》提出教育的目的是培养"有社会主义觉悟的有文化的劳动者"[①]。1978年，《中华人民共和国宪法》将教育目的表述为为无产阶级政治服务。1985年，《中共中央关于教育体制改革的决定》规定，教育要为社会主义培养各级各类合格人才。1995年，《中华人民共和国教育法》指出，教育目的是"应培养德、智、体等方面全面发展的社会主义事业

[①] 郭笙、王炳照、苏渭昌：《新中国教育四十年》，福建教育出版社1989年版，第12页。

的建设者和接班人"。2002年，党的十六大报告再次重申了教育的目的是培养建设者和接班人。"坚持教育为社会主义现代化建设服务，为人民服务，与生产劳动和社会实践相结合，培养德智体美全面发展的社会主义建设者和接班人。"2007年，党的十七大报告在延续十六大报告关于教育目的基本精神的基础上，又增加了新的元素："培养德智体美全面发展的社会主义建设者和接班人，办好人民满意的教育。"但统揽新中国成立后60多年教育目的嬗变，不难看出，我国教育目的经历了从培养劳动者到培养人才的转变，再到培养建设者和接班人，基本上是从社会需求的层面框定教育目的。尽管十七大报告提出了"办好人民满意的教育"，这是对教育目的表述的新进展，意义深远，反映了国家对教育的态度与立场的转变。教育目的中的"为人民服务"是站在党和政府的立场上，主体是政府和国家，更多的是从社会的层面制定教育目的，而"让人民满意"则是站在人民的立场上，主体是人民，因而考虑到了个体的生存和发展需求。但需要指出的是，"办好人民满意的教育"的前提是要"培养社会主义建设者和接班人"。因此，在社会需求和个人需求相互冲突的时候，如果对其不能进行整体协调和恰当处理，将滑向社会的一边，以牺牲个人的需求而满足社会的需求。"无论在哪里，教育首先是在满足一些社会需要。"[1] 毋庸讳言，教育的社会功能决定了教育必须为政治、经济和科技的发展提供智力基础或人才条件，但如果过分强调教育目的的社会作用，便会催生教育被社会本位主义绑架的危险，出现教育政治化、教育经济化和教育科技化等弊端，使得教育不再是促进人身心发展的社会活动，而异化为一种工具和手段。裴斯泰洛齐（Johan Heinrich Pestalozzi）认为，这种从社会需要制定教育目的的做法，贬抑了作为受教育者——学生的主体地位、尊严与价值，不利于他们的自主发展和自我提升，无助于良好道德人格的培养，无助于培养德才兼备的人。

我国是社会主义国家，教育的确肩负着为无产阶级政治服务的功

---

[1] 张人杰：《国外教育社会学基本文选》，华东师范大学出版社1989年版，第11页。

能,但如果再将之拔高,工具价值超越了目的价值,则伤害了真正意义上的教育。这是因为,尽管教育的目的多种多样,但首要的目的是培养具有良好道德品质的人。如果一味地追求教育的社会目的,而忽视了教育的本体目的——育人,那么,我们的教育有可能培养出两种畸形的人,一是毫无主见、唯唯诺诺的奴隶式人格。按照柏拉图的解释,奴隶之所以是奴隶,是因为他没有主见,不是自己在思考,而是别人代替他思考并帮他做出判断,这严重地背离了教育目的的指向——"使人成人"。"教育目的的中心内容应该是使学生成为一个具有道德自主性的人。"[①] 人的道德主体地位的丧失,使得个体丧失了能动性和自主性,也就无法有效地发挥自身的道德主体性,无法进行独立思考和价值判断,自然难以实现道德自主,沦为俯首帖耳的顺从者、逆来顺受的妥协者。二是培养了精致的利己主义者。"精致的利己主义者"是钱理群先生在质疑当前学校教育目标时提出的一个词语。按照钱老的说法,当前的学校教育正在培养一批精致的利己主义者,这些人智商高,喜好逢迎,懂得随机应变,擅长利用体制钻空子和"搭便车",进而实现个人的目的。令人忧虑不安的是,这些高智商的人一旦掌管了权力或资源,其所带来的危害比一般的贪官污吏更甚。钱老的话令人深思,倘若我们的教育忽视了"育人"这个首要的、基本的教育目标,尽管培养的人认识水平再高、技术再娴熟,但道德水准低下,赖以生存的精神动力后天乏力,也于事无补。尤其是在信息网络技术日渐普及的当今时代,学生自主发展的时空渐趋增多,加之他们接触的知识和信息的碎片化、多元化,以及网络道德失范和高科技犯罪现象的增多,这对学校道德教育提出了更高要求,要求学校培养具有道德自主精神的人,锤炼预防或抵制外在各种诱惑或风险的道德意志,以德统才,以德润才,德才兼备。显然,精致的利己主义者无法适应这一要求,甚至格格不入,这对学校制度文化的育人工作提出了严峻的挑战。

[①] [英] 约翰·怀特:《再论教育目的》,李永宏等译,教育科学出版社1997年版,第158页。

二 决定论思维的禁锢

决定论思维具有定量计算、严谨性、标准性和线性的基本特征。这种思想的逻辑基础是数学化的思维方式。"数学的特点是：我们在这里面可以完全摆脱特殊事例，甚至可以摆脱任何一类特殊的实有。"[1] 这是一种强调普适性、抽象性和标准化的理性认识方式。按照这种定型化的认知范式，"人们一旦掌握了公式，就能对具体的实际的直观的生活世界中的事件作出实践上所需要的，具有经验的确定性的预言"[2]。按照决定论思维的判断，自然界和人类社会具有因果性，有其因必有其果。宇宙中的任何事物，均是按照因果规律而发展变化。因果性是普遍的、客观的存在，个体的任何行动都由因果关系决定。用决定论思维来认识和看待学校制度文化的育人作用，便会得出"学校制度文化总是有效果的""学校制度文化越多越好""学校制度规则高于一切"的结论，便是一种抽象还原和精确量化的逻辑运演，其结果必然导致学校制度文化育人活动中工具理性的蔓延。

我们必须澄清一个事实，即学校制度文化并不总是有效的，也非普适通用。人们在挪用、创设和使用制度文化时，往往要遭遇一定的风险，付出一定的努力和代价。这是因为，制度文化并不总是有效率的，无效率的、僵化的制度文化不仅浪费了人力和物力资源，而且阻碍了教育工作的有序推进。况且，受主观认知以及客观条件所限，人们在制度文化安排上的感性认识和主观意志的膨胀，极有可能走向制度文化的对立面。米洛凡·吉拉斯（Milovan Djilas）在《不完美的社会》一书中指出，作为人的文化活动的产物，人们在制度建设上必然是佹得佹失的，幻想移植别人验证过的一种无风险、无代价的制度，将遭受更大的风险，付出更大的代价，因为动态变迁始终是我们不得不面对的客观现实，妄想一了百当是徒劳的。因此，建设一种适合本

---

[1] [英] A. N. 怀特海：《科学与近代世界》，何钦译，商务印书馆1959年版，第21页。

[2] [德] 埃德蒙德·胡塞尔：《欧洲科学危机和超验现象学》，张庆熊译，上海译文出版社1988年版，第51—52页。

校实际情况以及体现本校特色的制度文化，尽可能减少学校制度文化运作过程中所产生的费用和所付出的代价，引导学生形成符合制度文化育人要求的德性，沿着向善的道路行进，这并非盲目移植和固守陈旧所能奏效的。然而，奉行决定论思维方式的制度文化设计者却反其道而行之，其实施必然受阻。

用精确的运算法则和机械思维指导学校道德教育活动，频繁引发学校制度文化设计中所表现出的一些负面现象，如迷信传统、按部就班、抵制革新、过度规训，等等。他们自以为只要建立健全相应的学校制度文化就可高枕无忧，就可趋达预先设定的道德教育效果。因而始终认为，"在时空世界中的无限多样的物体的共存本身是一种数学的理性的共存"①。尤其是随着科学技术对学校影响的日益扩大，不少教育工作者过分地依赖技术，痴迷技术，甚至片面地认为，只要充分利用技术就能有效解决学校制度文化育人活动中存在的各种问题，尤其是通过技术理性可深化学校制度文化的育人效果。如机械唯物主义者托马斯·霍布斯（Thomas Hobbes）就认为，"人类的最大利益，就是各种各样的技术"。在技术理性的怂恿下，致使不少教育工作者把学校制度文化育人的效果完全寄托于技术，甚至对技术顶礼膜拜，利用各种尖端技术维护过时的和失效的制度文化，学校制度规则本身的合理性、合法性"退隐"幕后，无法得到应有的彰显，致使低效率或无效的制度文化比比皆是。"他们始终只是单调刻板的，并习惯于墨守陈规俗套，不思改变，而对于高尚与奇特的事件则畏缩不前，把自己葬送于庸庸碌碌与安逸之中。"② 不少德育工作者固守陈规，漠视已变化了的客观现实，也无视学生主动参与学校制度文化的积极性，模式划一地通过技术手段强制学生遵守制度规则，压抑学生的道德主体性。如此，技术在学校制度文化育人活动中的运用，不仅没有发挥其在学校道德教育工作中所具有的拓展视野、激情凝趣、互动共

---

① ［德］埃德蒙德·胡塞尔：《欧洲科学危机和超验现象学》，张庆熊译，上海译文出版社1988年版，第72页。
② ［德］赫尔巴特：《普通教育学》，李其龙译，人民教育出版社2015年版，第19页。

生等应有之用，反而造成技术对人的强迫和裹挟，成为控制和奴役学生的"帮凶"，这是对制度文化育人的严重伤害，异化了师生员工对学校制度文化育人活动的希冀。

按照吉登斯的说法，由于现代社会充满各种逻辑判定与现实抉择，对普遍存在的因果法则提出了质疑与挑战，因而建立在动态生成基础上的反思之重要性就日渐显化，他反复强调，反思性是现代社会不可或缺的基本支撑。现代社会是由具有反思性的制度性秩序架构起来的，反思性是制度动力机制的基本助推力。这是因为，任何理论、任何学说都不是一成不变、准确无误的，所有的知识也不可能"放之四海而皆准"，无法"毕其功于一役"，更不能获得永久或永恒的确证，仍待持续不断地改进。"对现代社会生活的反思存在于这样的事实之中，即：社会实践总是不断地受到关于这些实践本身的新认识的检验和改造，从而在结构上不断改变着自己的特征。"[1] 不容置疑的是，社会转型、经济体制转轨引发新的诉求，知识与信息不断更新，已是学校制度文化建设不得不面对的既定现实。由于过分迷恋知识的确定性和自明性，使得学校制度文化本身没有从结构或体系上进行深入的反思与更替，对制度文化就会知之甚少，或是一知半解，难以领会其实质，因而使得育人功能被推理论证的因果关系所固化，淹没在标准化逻辑的旋涡之中。

客观而言，用决定论思维的因果关系来认识学校制度文化育人活动的复杂性和多变性，非但难以保证学校制度文化自身的正当性和合道德性，而且难以体现学校制度文化育人的情景性和针对性，无法适应和满足学生不同的道德发展需求，这极易引发学生对制度文化的抵牾心理，必将严重侵蚀学校制度文化育人活动的应有魅力，其严重后果不容忽视。

三 价值理性的式微

价值理性的衰落，也是引发学校制度文化育人问题的"元凶"之

---

[1] [英]安东尼·吉登斯：《现代性的后果》，田禾译，译林出版社2000年版，第34页。

一。透视当前的学校教育,不少中小学校长为了提高学校的知名度或树立良好的形象,从而使自己在竞争中处于相对的优势地位,将关注的焦点转向了实证实效的工具价值之拔高,必然导致以完善人性为目的的价值理性之丧失,使学校制度文化育人活动趋利失善,人生意义被挤压,最终远离了真正的道德目的。国际 21 世纪教育委员会在《教育——财富蕴藏其中》一书中明确宣称,引导人类掌握和支配自身的发展方向是教育的首要任务之一。道德及道德教育是人类把握自身的一种方式,也是引领人类不断完善自己的精神动力。欲使人们在今后的社会变迁中坚守道德良知,能够在社会变革中不迷失自己,并支撑和引领他们通过实践去建构自身的德性大厦,从而完成对现实的改变与超越,就要求学校教育将价值理性作为崇高的使命与追求,奠定学生赖以立身的精神支柱与生存根基,充盈学生的精神世界,为培养学生自律的道德品性做出积极的努力。然而,早在 21 世纪初,国家统计局调查的数据表明,高达 56.9% 的成年人认为"学校重智轻德,片面追求升学率"是阻碍未成年人道德进步的一大顽疾。[①] 不少中小学重视对学生的智育投资,而对制度文化建设和育人活动并没有提升到应有的高度,甚至持漠然置之的态度。时至今日,这种现象依然有恃无恐,在应试教育的道路上一路狂奔,简直是"如醉如痴",偏离了制度文化育人的发展航向。

价值理性贬抑的一个重要表现,是学校陷入了认识论误区。对于学校领导而言,当社会、上级教育行政部门或家长将学业成绩或升学率作为评价学校办学水平的重要衡量标准时,进而影响到学校的社会声誉以及未来的发展时,他们就将学生的智育成绩置于首位,搁浅了学校制度文化育人活动,甚至将学校制度文化视为影响学生成绩提升的短板,是在不得不落实上级教育主管部门要求的无奈或无助之举。以下是笔者在调研中,C 市一位在校长岗位上工作了 17 年的老校长的心声:

[①] 李松涛、陈娉舒:《国家统计局一调查报告显示:片面追求升学率严重影响未成年人思想道德素质》,《中国青年报》2005 年 1 月 14 日第 2 版。

现在的中学校长要承担超大的压力和重任,学生的智育成绩上不去,就无法升入重点大学或名牌大学深造,影响他们的进一步发展。因而学校几乎所有的工作都围绕着怎样提高学生的考试成绩这个中心转,致使学生的道德教育被搁置了,不少班团活动、学校文化活动不能有效开展起来。到了高三年级,即使常规的主题班会活动也不得不让位于高考的核心科目如语文、数学和外语等,以此提高学生的高考成绩。现在社会上都流传着这样一句话,"不追求升学率的校长绝不是一个好校长"。尽管我不赞同这种观点,因为学校是学生道德、智力、人格和社会性等全面发展的场所,我们不能以偏概全。但是,如果一个学校的升学率上不去,我们校长是否也应该承担相应的责任,我们能否就此推卸责任或为自己辩解:我们学校和其他学校不同,我们不仅重视学生的智育成绩,而且更关注学生的道德成长,这个说法连我自己也说服不了。这样,如何在升学率和学校道德教育两个方面统筹兼顾,就成为校长不得不面对的一个严峻现实。而实际上,我经常陷入了这种两难的境地无法自拔,我总感觉到,现在社会的评价机制是以分数为准绳,对学生的道德品质关涉太少或者几近没有。因此,学校将学生思想品德的培养置于无关轻重的地位也是我们的无奈之举。(访CP3161116-34)

尽管这位校长已经认识到忽视学校制度文化育人之不足,但依然没有从内心深处挣脱"应试教育"的枷锁,依然按照升学的标准要求教师和学生,纵容了学校制度文化育人实施机构在培养学生道德品质中的走过场和不作为行为。对于教师或班主任,当学校将学生的成绩和所带班级的升学率与他们的薪酬分配、职称评定、职务晋升等联系起来时,他们就将主要精力用在提升学生的成绩上。为了达到这一目的,不少教师或班主任甚至不惜以牺牲学生的道德发展和学校的形象为代价,不仅本人不遵守制度文化中的规则,反而带头违反道德规范,为人所不齿。如在上级部门进行检查中,为人师表的教师诱导学生集体说谎,如"万一领导问起来,就说这些副科一直都在学,将来还要考试"①、学校没有发课外资料、学校从来不留家庭作业、学校没有利用周末或节假日补课,等等,而且还威胁学生,如果说出实情,影响此次检查评比的成绩要从重处理等;如"潮州湘桥区接受'教育强区'省级督导验收,学校各出'奇招':城南小学为让班级人数达标,组织数百'超编'学生冒雨外出'参观';有学校临时组织学生外出看电影,或紧急调整课时表,或装饰美化校园等"②。另据新华网报道,素有"严谨治学、辛勤耕耘"之称的人民教师,竟然在学生高考之前,向学生销售作弊工具、传授作弊"秘籍",还有的监考老师在考试中为学生作弊提供便利,暗示、怂恿、帮助学生作弊,③ 成为学生反道德行为的帮凶。试问,作为"身正为范"的教师,其师德何在,颜面何在,其行径着实令人震惊。此种例子比比皆是,不能不说是学校道德教育的悲哀。

对价值理性的遗弃,也渗透在学生的思想意识深处。在 B 市某中学的一次调研中,不少学生不仅对学校制度文化了解甚少,也表示不愿意作进一步的了解,因为他们觉得升学考试才是他们上学的主要的甚或唯一的目的。笔者在和高二的一名学生的访谈中得知,该生的父母均在教育系统工作,父亲为 B 市某高校的教师,母亲为一所中学的语文教师,对话如下:

笔者:请问你听说过学校制度文化这个词语吗?
学生:听说过,好像是我们开班会的时候老师说过,但不知道它指的是什么。
笔者:那你是如何理解学校制度文化这个概念的?
学生:我觉得没有必要理解啊(做鬼脸)。我们现在的任务主要是好好学习,将来考个好大学,这个好像和高考的关系

---

① 《为了应付上级检查 老师竟教学生撒谎》,《烟台新闻·网络》2007 年 8 月 25 日。
② 《上级验收"教育强区" 超编生冒雨外出"参观"》,《南方都市报》2015 年 1 月 21 日。
③ 王猛:《人民教师为何沦为高考作弊帮凶》,http://www.hb.xinhuanet.com/jdwt/2009-06/15/content_ 16816991_ 2. htm。

不大。

　　笔者：请问你觉得高考重要吗？

　　学生：我觉得非常重要，如果高考落榜或者是考不上好大学，那读书的意义就不大了。

　　笔者：为了落实学校的道德教育工作，那你们现在有没有开展什么团队活动或者是集体活动？

　　学生：这些活动高一的时候多一些，现在少了很多。班会也是隔一周才开一次，因为老师经常要占用我们的活动时间进行补课。

　　笔者：那你觉得学校重视你们的道德品质培养吗？

　　学生：我觉得这个不够重视，学校还是重视成绩。学习成绩好的学生很受老师欢迎，你看现在很多的优秀团员、三好学生、优秀班干部大都是学习成绩好的学生。

　　笔者：你觉得你们的道德品质不被学校重视的原因是什么？

　　学生：我觉得道德教育跟高考的关联不大是重要的原因。另外，评价一个人的道德是很难的，不如学习成绩那么明显，有一个明显的判断标准。所以老师还是十分关注学习成绩的提升。

　　……（访 BS3170410－28）

　　学校不是工厂，学生也不是应试教育的产品，学校教育不能沦为线性的工作流程。归根到底，学校教育是一个长期的积累过程而非简单的商品生产的流水过程。马克思强烈地谴责了资本主义制度下把人也等同为商品生产的做法，认为这是一种"非人的"方式。"不仅把人当做商品、当做商品人、当作具有商品的规定的人生产出来；它依照这个规定把人当做既在精神上又在肉体上非人化的存在物生产出来"[①]。按照马克思的解释，在资本主义生产过程中，人不是在肯定自己，而是在不断地否定自己。在工具理性的恣虐下，中小学既不关注制度文化建设，也不关注学生道德的发展，而是片面拔高对升学率

[①] 《马克思恩格斯全集》第 3 卷，人民出版社 2002 年版，第 282 页。

的重视程度，因而一味地进行知识注入，大搞题海战术，学生的智育成绩提升了，但脸上的笑容却越来越少了。长此以往，不仅窒息了教师的工作激情，也扼杀了学生的道德潜能，这不啻是对学校制度文化育人工作的巨大嘲弄。《学会生存——教育世界的今天和明天》指出，教育的广义目的在于培养一个健全的、完整的人，旨在促进人的自我发展与完善。"把一个人在体力、智力、情绪、伦理各方面的因素综合起来，使他成为一个完善的人，这就是对教育基本目的的一个广义的界说。"[1] 仅仅关注知识水平提升的教育是一种残缺不全的教育，潜伏着酿造人格分裂的危机，将导致人的发展不完善，这种行为是不可取的。

当然，在学校制度文化育人活动中，我们并不是简单地反对或遗弃工具理性，而是反对工具理性的肆意宰割。因为制度文化的工具理性是价值理性实现的基础和前提，失却了工具理性，价值理性无异于空中楼阁、水中捞月。为充分发挥学校制度文化的育人作用，超越单一的价值理性的恣虐势在必行。

第三节　市侩主义的侵蚀

"市侩"原指一种职业。在我国纪传体通史《史记·货殖列传》中就有"子贫金钱千贯，节驵侩"的记载。"节"具有"节制""估量""权衡"的意思。"驵"即"壮马也"，是好马、骏马或良驹。"侩"是指以马匹交易为业并从中获利的人。之后，由于交易活动增加以及市场的扩大，以前以马匹教育为业的人不仅从事马匹的买卖，还进行其他牲畜或产品的交易。由此，人们逐步把"驵"和"侩"合二为一，当作同一个词使用，"驵侩"成为人们对"市场经纪人"的称呼。随着市场交易活动的发展，为了方便，人们逐渐将"市"与"侩"结合起来，"市侩"由此进入人们的视野，泛指从事交易活

---

[1] 联合国教科文组织国际教育发展委员会：《学会生存——教育世界的今天和明天》，华东师范大学比较教育研究所译，教育科学出版社1996年版，第195页。

动的商人。然而，有些商人为了在交易活动中能够获取更多的利益，因而投机倒把，隐瞒欺骗，尔虞我诈，唯利是图，造成了不良的影响。这些"市侩"为了实现自身利益最大化的行为，在人们心目中留下了阴影，将"市侩"视为专营私利、投机取巧之人，"市侩"由此被作为一个贬义词使用，一直延续至今。如按照《辞海》的解释，"市侩，即'牙侩'，旧时买卖的居间人。后泛指唯利是图的商人"。在学校制度文化育人活动中，一些学校大肆宣扬推行利己主义哲学，陷入市侩主义泥潭之中。阿伦特撰文痛斥这种不良现象，认为对市侩主义的宣传疏离了高尚恒久的道德情怀，欲念泯灭了个体的道德良知，潜伏着邪恶的倾向，势必导致失序与失衡的状态，乃至坠入恶性循环的深潭。

一 投机心态的作祟

投机心态表现为自利倾向，是指当事人更加倾向于按照能够给自己带来更大好处的思想意识而进行的行动。在学校制度文化育人活动中，被投机心态左右的学校多了一份侥幸心理，少了一份从学校和学生实际出发的求实精神，如何设计制度文化以及制度文化育人活动能否被有效落实，均取决于其究竟能给学校及参与者带来多少收益。因此，以投入周期长且见效慢的学校道德教育自是受到投机者的抵制和反对。学校一旦无法抵制善于营钻的投机思维之诱惑，在制度文化建设中功利主义就合乎逻辑地产生了。功利主义者标榜"'功利'或'最大幸福原理'是各种道德生活的根本。行为之正当，以其增进幸福的倾向为比例，行为之不正当，以其产生不幸福的倾向为比例"[①]。功利主义把学校制度文化育人的道德标准限定在"获得快乐"和"增进幸福"的个人欲望或肉体感受的层面，潜伏着将道德等同于"快乐主义"或"享乐主义"的危险，把人的欲念和偏好视为道德的目的，其对快乐与痛苦进行计算的方法背离了道德的人文特性，经不起道德实践的检验。由于担心在制度文化建设中会耗损大量的时间和

---

① 高国希：《道德哲学》，复旦大学出版社2005年版，第193页。

财物，也害怕在制度文化的废改立中走了弯路，劳而无功，因此，一些学校利用自己所掌握的行政权力或学术权力，在学校制度文化建设及其道德教育活动中进行"权力寻租"。在《论法的精神》中，启蒙思想家孟德斯鸠的睿智之处，在于精辟地指出了权力拥有和权力滥用之间难以割舍的关系。他认为，拥有权力的人都容易滥用权力，这是一个绵亘古今的基本原理。权力滥用的结果，必然以牺牲道德为代价。"在所有使人类腐化堕落和道德败坏的因素中，权力是出现频率最多和最活跃的因素。"[1] 在学校教育中，倘若缺乏限制滥用权力的制约机制，极易导致职能错位，权力拥有者形成专断的作风和顽固的心态，他们通过"人治"的手段制造投机的条件或场景，利己主义的色彩浓厚。不少人精于此道，在投机行为不断得逞的前提下，诱导了越来越多的人加入了投机行列，投机倾向日渐普遍，走向学校制度文化育人的反面。

　　贪恋功利和图谋坐享他人之利的投机心理是人类理性有限性的重要表现之一。人类社会是一部从野蛮走向文明的进步史。在学校尚未产生的原始社会，生产资料公有，人们共同劳动，平均分配劳动果实，既没有蓄意坐收渔翁之利的机关算计与钩心斗角，也不存在人与人之间的剥削和压迫，更没有肆意加害别人的现象，人们之间尚能同甘共苦，平等互助，和睦相处。在漫长的历史岁月中，一代代人都沿着前人的足迹，从同样的起点开始，毫无进益地代代延续，"许多世纪都在原始时代的极其粗野的状态中度了过去；人类已经古老了，但人始终还是幼稚的"[2]。随着人类征服自然能力的增强，这种局面最终还是被中断和打破了。原始社会末期，随着生产力的发展以及剩余产品的出现。私有制的产生刺激了人的贪婪和私欲，一些人希望掌控和奴役他人，不劳而食，为了分配到更多的物品或事物而费尽心机，为了预防和抵制他人的反抗以及巩固自己的地位，于是，具有暴力镇

---

　　[1] [英] 阿克顿：《自由与权力》，侯健等译，商务印书馆2001年版，第342页。
　　[2] [法] 卢梭：《论人类不平等的起源和基础》，李常山译，商务印书馆1962年版，第107页。

压性质的阶级和国家由此产生,人类进入了历史上第一个剥削社会——奴隶社会。从原始社会到奴隶社会,这是人类文明史上的一大进步。奴隶社会取代原始社会,为生产力的发展创造了有利的条件。它击破了原始社会以血缘为纽带结成的氏族部落关系,有助于劳动协作与扩大生产规模,促进体力劳动和脑力劳动的分工,大幅度提高生产效率,为整个人类文明的发展奠定了坚实的物质经济基础和社会政治结构。然而,伴随着经济的发展,人们的投机心理也随之萌发并得以淋漓尽致的展现。为了满足个体无限膨胀的自我私欲,不少人甚至会铤而走险。马克思在《资本论》中曾对资产阶级的贪婪自私的本性进行了抨击:"资本害怕没有利润或利润太少,就象自然界害怕真空一样。一旦有适当的利润,资本就胆大起来。如果有10%的利润,它就保证到处被使用;有20%的利润,它就活跃起来;有50%的利润,它就铤而走险;为了100%的利润,它就敢践踏一切人间法律;有300%的利润,它就敢犯任何罪行,甚至冒绞首的危险。"[1] 在前文我们多次强调,人是有精神追求的,迷恋功利性的逐利行为方式,人就蜕变为单纯利益支配物的存在。这是一种典型的"经济人"取向,忽视了人之为人的安身立命之本和高尚的精神需求。在学校教育中,如果用不惜一切代价而博取益处的自私思维做主导,制度文化的育人工作就会遭受投机行为的侵蚀而日显斑驳,道德在人们的心目中也会变得日渐模糊而弥散。丧失了精神寄托的道德,必然沦为人们逐利和恣情纵欲的外在工具,这种负面情形引发的道德危机不能不令人焦灼。

　　学校的投机行为并非空穴来风,而与不完善的社会评价和政府导向有关。政府部门对学校评价的导向,也是引发一些学校选择投机行为的重要动因。如果政府部门用打分的量化手段评价学校时,并将其与学校和教职工的收益挂钩,一些学校就会将投机行为作为一种自然选择。如2005年7月,山西榆社中学的高考成绩出现了大面积倒退,

---

[1] [德]马克思:《资本论》第1卷,中共中央马克思恩格斯列宁斯大林著作编译局译,人民出版社1975年版,第829页。

山西榆社县委书记通过当地电视台诚挚地向全县人民致歉，用以表明县委县政府坚定整改的信念与决心。仅是一次高考滑坡，县委就向全县人民道歉，而且责令榆社中学领导班子停岗待职。县委书记把一次高考成绩看得如此之重，这足以说明不少地方官员依然将高考升学率作为衡量教育发展水平的准绳，以此作为自己任职期间的政绩，投机心态跃然纸上。不难想象，这种局面倘若无法扭转，学校制度文化育人目标就难以有效推进。诚然，县委书记向全县人民公开致歉，这是敢于担当、勇于负责的体现，本该大力倡导这种勇气，但问题是，如果权力的运用超越了既定的边界，无论其动机的善恶，事物均可能走向反面。县委县政府重视教育工作无可厚非，但重在宏观领导，不应面面俱到。难怪有人认为，这既是一种小题大做的"政治秀"，也是一种政治越权行为，发出了"县委书记为高考滑坡道歉是一种滥歉"的质疑之声，随即舆论哗然。退一步讲，倘若县委书记不是亲自道歉，而是召开教育工作会议，分析原因，让教育局长提出整改措施，效果可能更佳。当然，整改计划或整改方案也不能被片面追求成绩的投机心理所禁锢，而应该是在强化人文素养的基础上提出推进素质教育的发展规划与制度安排。

地方政府以升学指标作为评价学校办学水平和教师专业发展的尺度，学校制度文化的育人活动便被笼罩上了投机的氛围，学校也就丧失了应有的尊严与意义。如2004年的"南京高考之痛"也是典型一例。由于拥有全省各市最好资源的南京在高考中表现不佳，在高考人数增加的前提下，考入本科院校的考生反而比上一年少了600多人，落在了兄弟城市之后，这使得中学校长倍感"憋屈"，也使家长怨言不断，引发了南京市民关于"要不要推进素质教育""素质教育何去何从"的热议与辩论。有人形象地比喻"升学率"是温饱，因为其关涉到学校发展的物质基础和基本条件，而素质教育是小康，在温饱问题不能保证之下，是不敢忍饥挨饿奢谈小康的。高考深深地刺痛了南京，也戳中了我国学校制度文化育人工作尤其是素质教育的软肋。

尽管社会各界均已认识到应试教育的危害性，但由于应试教育有其茁壮成长的土壤与水分，故很难扼制其成长。在我国，应试教育在一定程度上依然具有合法和合理的地位,在目前的升学就业、选拔机制、薪酬分配等方面,应试教育大显身手。这是素质教育所不可比拟的。尤其是紧揪千家万户之心的高考,更是推进素质教育的死敌。相比较而言,"素质教育缺乏实践指导,应试教育却有明确的目标(应对考试),有固定的模式(强化训练),有有效的方法(加班加点),有得力的评价(高考),学校好抓,教师好做,行政好管。因此着眼于学生未来发展,着眼于学生根本利益的素质教育,暂时还不是讲究眼前利益、解决实际问题的应试教育的对手"[1]。实际上,提高升学率与素质教育并非截然对立,实施素质教育并不是不要考试,也不是以牺牲学生的道德发展为代价,关键是我们不能陷入二元对立的窠臼中不可自拔。

二 盲从逢迎的依附情结

道德教育要培养的是道德自主或道德自律的个体。缺乏自己的主见,畏首畏尾,甚至从众跟风的行为,造成了人的道德主体地位和主体性的丧失,与道德教育初衷背道而驰。由于个体道德自主能力的培养是一个长期的过程,因此,当个体尚不具备道德自主能力的时候,按照既定的外部要求、制度规则或道德规范来调整自己的行为,从而表现出一定的依附情结也是情理之中。如在学校道德教育过程中,对师长的依附情结也是陶冶未成年人道德情操不可缺少的精神支撑。这意味着,依附并非一无是处,也并非对变革与创造的简单否定。巴西社会学家费尔南多·恩里克·卡尔多索(Fernando Henrique Cardoso)就认为,发展和依附是一种共生的关系。他指出:"发展和依附是同时发生、并存的一个过程,而不是相互对立、相互排斥的两个范畴。"[2] 然而,如果是为了获得安全感或博取赏识而揣摩别人意图,曲意逢迎,这种依附就会降低个体的道德责任感,进而产生破坏性影响。

---

[1] 原春琳:《高考刺痛南京之后》,《中国青年报》2007年6月26日。
[2] 樊勇明:《西方国际政治经济学》,上海人民出版社2001年版,第163页。

盲从逢迎是古代官场中常见的下级应对上级的传统依附行为。直至今天，这种传统思维依然活跃在东西方的政治、经济和文化教育等领域中。一如黑格尔所言，传统思想不但在过去产生过较大影响，而且会深刻地影响着现在和未来。尤其是传统思想中对上级阿谀奉承的附和和刻意逢迎等腐朽意识在新时期会迎合时代发展，或改头换面，或刻意逢迎，在苟延残喘中延续着自身的命脉，一如既往地兜售着沉疴积弊，潜移默化地羁绊着人们自主发展的步伐。

为了获得上级行政部门或事关自身利益之人的关注与认同，一些学校在制度文化育人活动中投其所好，鼓吹炫耀，矫揉造作，避难求易，报喜不报忧，沽名钓誉的沉渣泛起，看似一片"大好景象"，但实际情况却各有不同，根本谈不上长远规划与可持续发展。据相关研究表明，如果下属总是按照上司的意愿办事且很少出错，其逢迎行为便会得到上司的赏识，就更倾向于为那些"忠于自己"的下属提供更多的今后职业生涯发展的便利与条件，如薪酬的增加、业绩的提升和职位的晋升等。[①] 如一些学校在向上级教育行政部门汇报工作时，总是讲领导喜欢听的话，诸如严格贯彻执行上级的文件精神以及如何落实立德树人的进展等，以此讨好上级部门，但在实际上，所谓的学校德育首位和学生全面发展却是欺世盗名，沦为实现学校效益的工具。在一些示范学校或重点中学，有两种不同的课程表，一种是现用的，在学校实际的教育教学过程中发挥切实作用的，另一种是备用的，用于上级部门的检查和评估。这两种课程表虚实结合，你方唱罢我登场，这是教育领域典型的"两张皮"现象。我们在对学校这种造假行为进行谴责的同时，不得不进行进一步地考问，缘何二者能够并存，是上级部门督查不力，没有发现问题，还是睁一只眼闭一只眼，任其发展。固然，我们不排除学校掩饰技术高明，在考核评估中骗过了检查机构和人员，但令人不能容忍的是，不是肩负重任的督导

[①] Sandy Wayne, Robert, C. Liden, Isabel, K. Graf and Gerald, R. Ferris, "The Role of Upward Influence Tactics in Human Resource Decisions", *Personnel Psychology*, Vol. 50, No. 4, December 1997.

者没有发现问题，而是他们并没有严格履行应尽的职责，发现问题却没有揭露并及时上报，这是一种严重的渎职行为。其原因是多方面的，但歌颂上级部门领导有方的逢迎心理是一个不可忽视的因素。因为既然是政府部门认定的示范学校或重点中学，那么学校办学的整体水平与教育质量一定是不容置疑的，如果将这么严重的问题公布出来，岂不是给政府脸上抹黑！而且，一些当事人将"和为贵"进行偏狭的理解，不想得罪人，不愿得罪人，凸显"人和"的教育氛围，以此求得明哲保身。"和"成为掩盖问题和博取大家"皆大欢喜"的行为准则。事实上，"和"并不是不讲原则，也不是置法理于不顾，更不能将道德作为"替罪羊"。众所周知，上级部门的督查是一种重要的制度安排，具有诊断、导向、激励、反馈、调整和改进等功能，发现问题不处理甚至帮着学校掩盖问题，既是在骗上级部门，也是在骗学校，更是一种自我欺骗。而且，他们自认为这是一种非常高明的做法，既对上级部门有了交代，同时也没有得罪被评估的学校，因而对此种职场逢迎乐此不疲。正如一些人得了重病需要药物治疗，当医生建议服药时，由于良药苦口，他们总是怀着不满或无助的心理，诅咒或憎恨那些为他们开出良方和提出良策的人。如此一来，势必陷入相互欺骗的恶性循环之中。最终的受害者是谁，答案不言而喻，是学生，是成长与发展中可塑性极强的学生。在这种环境下成长的学生，如何能够养成他们知行合一、言行一致的行为习惯？学校制度文化育人实施机构的此种趋附行为，无法推动学校制度文化育人工作的持续开展，自是难以取得应有的实效。

而且，一些学校为了响应教育行政部门的号召，在学校道德教育中将学雷锋活动制度化，并纳入学校制度文本中，但由于仅是希望获得上级行政部门的正向评价，将之作为谋取职业利益的筹码，因而难以做到一致性和连贯性。因此，在"3·5"学雷锋纪念日中，不少学校将雷锋精神与学校制度文化创设相结合，让雷锋精神永放光芒，激励学生以雷锋为榜样，甘于奉献，助人为乐，锐意进取，以此培养学生正确的人生观与道德观。但客观地讲，不少学校为此陷入了刻意逢迎不作为的泥潭之中，催生了备受诟病的"雷锋秀"，如不少学校煞有介事地成立学雷锋活动领导小组，建立了相关的规章制度，开始紧锣密鼓地组织活动，致使敬老院的老人们苦不堪言，一些敬老院的日程被排得满满的，不少老人在一天之中被"洗澡"、被"洗脚"多达七八次，而且不少活动都是在户外进行的，致使许多老人备受寒冷和泡水的折磨，他们发出了"孩子们，你们都是好孩子，能不能不给我洗了""我的脚已经浸泡得起皮了，我不洗可以吗"的无奈之声。然而，此种自愿的制度文化活动到4月份就偃旗息鼓，鲜有人至。那么，在这个活动中，对于孩子们而言，雷锋精神是否真正内化于心、外显于行则不得而知。对此，有人曾调侃为"雷锋同志无户口，三月来了四月走"。学雷锋仅为学校逢迎上级部门不得不例行的文化活动，而非自觉的行动，这种敷衍了事、蜻蜓点水式的"一阵风"活动，并没有把学雷锋活动真正纳入学校制度文化建设与学生的道德教育之中，无法有效发挥雷锋精神的敬业、奉献和辐射作用，难以达到文化育人的目的。

此外，在学校内部，尽管是学校制度文化明文规定的事宜，在执行中由于盲从逢迎的依附也发生了偏移。如C市一位老师接受访谈时谈道：

> 学校制度文化育人工作比较复杂，在不同的学校开展起来是不一样的。它需要考虑很多东西，比如学校的办学理念、校园文化、生源质量等。所以学校制度文化不能是生搬硬套，而是要灵活运用。（访CT2161116-19）

这种想法言之有理，但如果把握不好这个尺度，超出既有的界限，便导致了偏失与错位。在C市调研过程中，一些老师私下跟笔者说：

> 这是领导吩咐做的事情，我们也只能是去执行，没有什么可以反驳的地方。（访CT4161117-20）
>
> 领导让我这么干，我就得这么干，不然就是给自己找麻烦。

我本来作为班主任,事就很多,哪里有工夫去思考领导的指令是否存在问题。(访 CT5161117-17)

我都是直接去执行(学校制度文化育人工作)。领导的话我敢不听吗?(访 CT6161117-25)

都是领导说怎么做,我们就怎么做。领导有决定权,我们能做的就是服从,难道你们敢违背校长的决定吗?(访 CT7161117-22)

这些言论充分表明学校教师习惯了通过校领导而非制度来认识和解决问题,体现出逢迎拍马的丑恶形象。此种不良情形的出现,既体现出校领导不能将"权力关进制度的笼子里",不能严格按照制度办事,也反映出教职工缺乏担当意识,逢迎领导而漠视制度。尤其是校领导带头违反制度,更是推波助澜。如 2015 年 7 月《长江商报》刊发的《武汉通报一批违反八项规定典型案例 学校违规发钱校长被撤职》的报道指出,2013—2014 年,武汉市某中学公开违反中央八项规定,违规发放加班费和福利费等 11 万余元,该校校长受到撤职处分。① 在特权面前,制度显得苍白无力。此种例子不胜枚举。如在 A 市某小学调研时,一位教师向笔者透露:

前不久我们学校在评选优秀少先队员时,评选规则明文规定的名额是 10 名,可评选结果出来后,校长却说:"再增加一个吧,这是我区一个副区长的女儿。"在征求大家的意见时,大家什么也没说,一致表示通过。(访 AT4170426-17)

试想,"十佳少先队员"变成了"十一佳少先队员",少先队辅导员在宣布时该如何向少先队员们解释,不难想象,辅导员是不敢说出真相的,必然会说谎,而一旦被少先队员知道真相,这对他们幼小心灵的毒害将是何等的残酷。对于得到"特殊照顾"的区长的

---

① 周舜尧等:《武汉通报一批违反八项规定典型案例 学校违规发钱校长被撤职》,《长江商报》2015 年 7 月 31 日。

女儿而言，凭借自己的父亲轻而易举地就获得了本不该获得的荣誉，极易滋长高傲、自负的优势心理。而对于其他少先队员来讲，也会产生怀疑与不满心理，甚至产生嫉妒心理，或是怨天尤人，或是埋怨自己的家庭出身不好，责怪父母不是领导，破罐子破摔，或是从幼小的心灵里产生了对权力和"交易"的渴望，这种无形的、强大的负面影响会导致"千里之堤，溃于蚁穴"，这对他们的道德成长极为不利。

没有原则地迎合他人是对道德原则的挑战。学校对上级教育行政部门盲目地逢迎依附，教职工按照校领导的要求做表面文章的逢迎依附，这样的劳动就成为一种单向依附的外在表现。马克思从人对人的依附性的角度指出，一些人之所以心甘情愿地顺从他人和迎合他人，是因为他的行为不是自己的内心自愿，并非代表本人的意愿而是处处体现他人的意志。"这种劳动不是他自己的，而是别人的；劳动不属于他；他在劳动中也不属于他自己，而是属于别人。"① 也就是说，当一个人不能自主地决定自己的态度思维与行为方式时，就会形成盲从，亦步亦趋，随俗浮沉，形成典型的依附性人格。这意味着人的自主性的丧失，人本身活动的异化。学校制度文化育人活动中的盲从逢迎的依附情结，贬抑或摧残个体的能动性，剥夺了师生员工道德自主或自觉的精神气质，不仅消解了道德教育的活力，而且严重地阻碍了育人质量的提升，背离了学校使人成人的育人要求。

三 潜规则的驱使

潜规则是某一群体内所遵循的所谓"行规"，是该圈子里大家私下彼此认同的行为预期或行为约束。倘若有人敢于触犯或违背潜规则，就会遭到大家的排斥，甚至受到应有的惩戒。某些消解的潜规则的存在及其作用发挥，恰恰与正式制度文化相对立，实际上构成了正式制度文化的阻碍因素，因而，必然禁锢着正式制度文化育人功能的发挥，甚至提供反面教材，导致正式制度文化育人事倍功半，甚至劳

---

① 马克思：《1844 年经济学哲学手稿》，人民出版社 2000 年版，第 55 页。

而无功。

在 A 市的一些中小学访谈中，笔者听到一些老师和学生抱怨，不少学生是靠着一些外界资源而非自身努力获得班干部任职资格或优秀学生称号的。如一个小学生说：

不就是因为有一个好老爸吗？他这样的班长当得一点儿也不光彩。（访 AS3161013 – 4）

与此不同的是，有些学生将潜规则视为一种极为正常的现象。对此，一位学生解释说：

人家就是有条件，我们是没法攀比的，要怪就只能怪我们没有出生在一个好家庭，不能拼爹拼妈。（访 AS5161013 – 8）

这种错误的想法歪曲了他们对人际关系与制度公平的正确认知。无独有偶，笔者在查阅相关文献时也发现，不少班干部的背景极为特殊，阻碍了班干部轮换或管理制度的良性发展。据南京师范大学吴康宁教授关于中小学班级组织结构的问卷调查数据显示，在 15 所小学 30 个班级 1470 多名小学生中，仅有少数学生担任过班干部，这意味着，绝大多数学生缺乏进入班委会担任班干部的经历（见图1）。然而令人不得其解的是，超过一半的班干部竟然连续任职 5—6 年（见图2），这意味着，有的小学生从一年级开始一直到毕业均担任班干部。由此形成了两个相对固定的"阶层"，即拥有班级管理权力的"干部阶层"和服从班级管理规定的"群众阶层"。[①] 对于此种陈旧的、不合理的常规，大家彼此心照不宣，没有采取有效的措施加以制止，导致不合理的潜规则仍然屡禁不止。在实际中，如果人们缺乏了现实的问题意识，往往会推崇旧习惯，形成具有习惯性的潜规则。此种习惯性的潜规则一旦形成，不仅在短时间内难以彻底根除，而且容

[①] 吴康宁：《教育社会学》，人民教育出版社1998年版，第283页。

易卷土重来,渗透在学校管理活动的方方面面,左右与规定着师生的思想和生活方式。

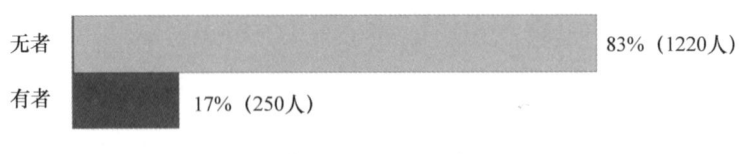

类别	比例
无者	83%(1220人)
有者	17%(250人)

* 无者:无班干部经历者
有者:有班干部经历者

图1　小学生"班干部经历"比较①

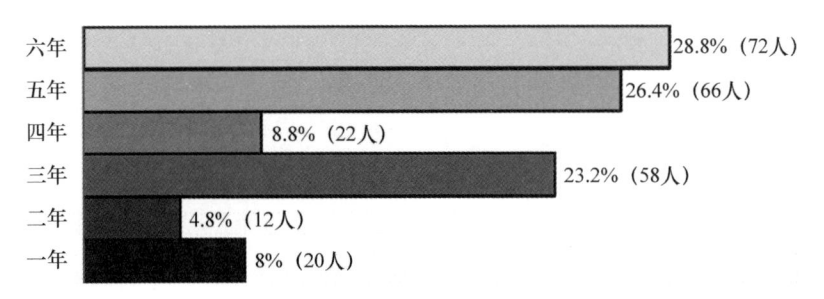

年级	比例
六年	28.8%(72人)
五年	26.4%(66人)
四年	8.8%(22人)
三年	23.2%(58人)
二年	4.8%(12人)
一年	8%(20人)

图2　有班干部经历者任职年限比较②

　　潜规则是一种处于隐蔽状态的非正式制度文化,既不成文,也不公开,但切实地存在并发挥着应有的作用,是一个部门、一个单位或一个集体的某些心照不宣的准则。一些学校的潜规则干扰或牵制了正式制度文化的执行力度,一些明文规定的制度规则不得不让位于潜规则。尽管正式的学校制度文化明文规定了学生上课要认真听讲、遵守课堂纪律等要求,但受潜规则的影响,上课可以开小差,可以做其他事情,如可以听音乐、玩手机、聊天等。而不少教师对此的"睁一只眼闭一只眼"的纵容,更是助长了不正之风的蔓延。此外,潜规则也容易导致"破窗效应"的出现,致使学校制度文化徘徊或滞留在起始阶段,

---

① 吴康宁:《教育社会学》,人民教育出版社1998年版,第284页。
② 同上。

第六章 学校制度文化育人的桎梏因素探析

无法持续有效地深入下去。破窗效应是心理学上关于人易受暗示和诱惑的一种人格特征。当一个建筑物的某个窗户玻璃被打破后，如果不及时进行维修或安装，时隔不久，其他窗户的玻璃也可能随之被打破。为什么会出现这种情况呢？按照破窗效应的提出者詹姆士·威尔逊（James Q. Wilson）和乔治·凯林（George L. Kelling）的解释，如果社会中存在的不良行为没有得以及时修正或任其发展，就会刺激人们的效仿行为，甚至任性妄为。面对窗户玻璃破损且没有得到维修的建筑物，经常路过的人可能会受到某种暗示，认为窗户玻璃是可以被打破的，进而激发了他破坏窗户的欲望，会不由自主或莫名其妙地用石块投掷窗户，而且丝毫不觉得这种不良信息就会被无限传播，诱导越来越多的人去打破更多的窗户玻璃，如此，这幢建筑的玻璃可能体无完肤，会被全部打破。这意味着，在学校制度文化育人活动中，对于一些打破制度的违规办事者，如果学校没有采用积极有效的方式应对，而是反应迟缓、纠察不力或漠然视之，就会助长更多的仿效行为和追赶行为。这对按照制度规章调整自己行为的学生而言，是一个巨大的反面例子。这会怂恿或放纵更多的学生去破坏制度，表现出众多的逃课、说谎、作弊、斗殴等不道德行为，对学生的育人工作增设了极大的障碍。殊不知，小事其实不小，小事是大业的基础，小恶是大恶的前奏，看似一些不起眼的小事或小恶却是引诱人走上歧途、违法犯罪的温床。长此以往，可能会使学校不得不承受道德的拷问与良知的谴责，品尝由潜规则引诱所导致的"失之毫厘，谬以千里"的苦果。

潜规则并不是没有规则，而是某一圈子内的规则，无以登大雅之堂，通常以"暗箱操作"的形式表现出来。由于潜规则受人情、面子、关系、权利等的支配和役使，引发了学校制度文化育人过程中的各种矛盾与纠纷，严重地摧毁人们的道德意志，玩世不恭地玷污着学校制度文化的品位，严重地腐蚀或侵害了学校制度文化的权威性，导致学校正式制度文化的界限不断地被逾越和打破，难以形成强大的育人合力，也无以将个体的善上升到集体的善，学校制度文化的育人作用自是力所不逮。

第四节 制度认同的困厄

制度认同是人们从内心产生的对制度体系在价值上的高度信任与自觉认可。制度文化认同具有道德行为定向功能，是师生员工将外在的要求逐渐内化的过程，"构成个人或群体对事物和行为评价的基本标准、价值判断的影响等"[1]，在学校制度文化育人活动中具有关键性的作用，不仅可以增强师生遵守制度文化的积极性与主动性，培养他们遵守纪律、维护道德秩序、尊重他人劳动成果、互动合作的道德品质，而且可以巩固学校制度文化的育人效果。反之，若师生员工对既存制度文化心怀不满，消极的抵制情绪由此而生，既有的制度文化便无法深入人心，制度文化便会高高悬浮于空中，育人工作便难以扎实跟进，羁绊了学校道德教育前进的步伐。制度认同的困厄，诱发师生对制度文化的猜疑、偏见或懊丧，对学校制度文化育人的攻击是强烈的、致命的，极易带来毁灭性的灾难，其严峻后果是导致制度文化失效，使得制度文化异化为道德教育的对立面，坠入失去公信力的"塔西佗陷阱"，对青少年学生的道德自主构成了严重的桎梏与侵害。交互机制的缺失、"无我"的强制约束和有规不遵的涣散，是影响师生制度认同心理的重要因素。

一　交互机制的缺失对制度认同的拘囿

制度不是自生自发的，有赖于社会大众一点一滴地推动。制度创新，人人有责。"制度要靠大家创造。"[2] 任何制度文化的落地生根，茁壮成长，是由制度的设计者、执行者和被执行者互动合作完成的。在学校制度文化创建中，要充分调动学校师生员工的积极性，让他们主动投入到制度建设中来。此外，要注意发挥社会力量的作用，充分听取家长、社区人士等人的建议或意见，调动他们积极反馈的主动

---

[1] 谷力：《现代学校制度生成与变革原理研究》，河海大学出版社2007年版，第4—5页。
[2] 夏业良：《制度是怎样炼成的》，天津人民出版社2002年版，第57页。

第六章 学校制度文化育人的桎梏因素探析

性。唯有如此，学校制度文化创建才会有取之不尽、用之不竭的助推动力。任何一个环节的脱节，都有可能导致制度难以落实下去。如果将制度的制定视为领导或行政人员的事情，将制度的推行视作师生必须遵守的活动，这样就割裂了制度运行的交互机制，即制度运作是在自上而下的单一轨道上进行。学校制度文化建设的研究成果表明，学校制度文化是学校内所有师生员工人人参与、协商制定、共同维系、多方评价的活动过程，是集体活动和集体智慧的结晶。可是，由于思维意识的偏差，不少学校认为制度文化是一种"形而上"的东西，普通教职员工或学生无法理解其中的深邃意义，因此，这是学校领导或行政人员分内的事，与其他人员无关。学校制度文化的制定沦为某些特殊人物享有的一种特权，民主因素匮乏。在此种思维的驱使下，一些校长把持着制度文化的制定权和评价权，将制度文化建设视为个人的单一行为。这种单向的制度文化设计，由于缺乏师生员工的民主参与，因而很难引起他们认可和遵守的心态。如在 A 市调研中，一初中班主任谈道：

> 班级的制度规章都非常明确，也都反复强调了，同学们也认为非常合理，可总是有那么一些学生在违反纪律后找了一大堆理由来逃避惩罚，这是为什么呢？（访 AT5170423-21）

"道德关系是由行为与规则的对比确定的，而规则是通过思考对象的道德关系确定的。"[①] 缺乏了对比与交互，则难以唤醒学生制度认同心理，学生的道德精神就被湮没了，便会以抵牾的情绪或逆反的心理消极应对来自教师的道德要求，他们不是拥护而是抵制制度文化的有效执行，甚至将学校制度文化的道德价值视作一种偏离实际的虚无缥缈的东西。

推崇经验，将道德视作知识，道德知识化也是当前学校制度文化育

---

① ［英］大卫·休谟：《道德原理探究》，王淑芹译，中国社会科学出版社1999年版，第106页。

人工作中交互机制缺失的重要表征。这种思想折射在学校制度文化育人的实践活动中，必然是过分强调学校制度文本的"知"与"不知"的注入，而忽视了个体在制度文化建设中的参与意愿与实践能力，其所获得的关于制度文化中蕴含的道德规则和信息也仅是碎片化的道德知识，难以转化为真正的道德人格。此种做法之所以是学校道德教育所排斥的，其弊端"在于将认知从情与意中剥离开来，将真从善与美中抽取出来，撇开情感与意志讲认知的发展，从而走上了唯理智主义的绝路"①。这是对苏格拉底"美德即知识"这个哲学命题的顺延与承传。按照苏格拉底的解释，做恶是对善的无知。一个人之所以表现出一些背离道德的言行，是因为他本身并不知晓这是违反道德的。在现实生活中，也的确存在一些类似的例子，如好心办坏事、良知被蒙蔽而行为失范，等等。但问题是，一些人明明知道这是不道德的，却明知故犯，甚或投机取巧，这是对"做恶是对善的无知"的否定和纠偏。退一步讲，如果将美德等同于知识，那么道德态度、道德体验、道德意志和道德行为如何体现，其在个人品德结构中的地位如何保障？这显然是一种以偏概全的错误行径。但在制度文化育人的活动过程中，学校教育却对此趋之若鹜。试图通过制度文化中所蕴含的道德知识学习而培养道德的人，不仅无法达成反而桎梏了预期目标的达成。"在传统学校里那么普遍的一种外部的灌输，不仅不能促进反而限制了儿童的智慧和道德的发展。"② 制度认同影响人的价值取向和态度思维，"认同是人们意义与经验的来源"③。缺失对学校制度文化的认同感，甚或出现认同危机，就会严重地威胁到学校制度文化的合理设计和有效实施，必然给学校的道德教育工作带来难以预料的后果。

诚如前文所述，一些学校制度文化的出台甚为仓促，不少制度条文是由相关的教育部门或组织机构制定，师生是在不知情的状态下而被迫接受，被学校所有成员所共同认可并贯彻执行的制度文化也就成

---

① 朱小蔓：《情感教育论纲》，人民出版社2008年版，第35页。
② 赵祥麟、王承绪：《杜威教育论著选》，华东师范大学出版社1981年版，第349页。
③ [英]曼纽尔·卡斯特：《认同的力量》，曹荣湘译，社会科学文献出版社2006年版，第5页。

为一句空话。欲速则不达，其结果可想而知。与此相反的是，在制度文化出台之前，尽管一些学校在制度文化建设中坚持民主、开放、公开的原则，吸收了广大教师或学生代表来参与讨论，进行了"轰轰烈烈"的调研论证，但并没有真正给师生员工应有的话语权，缺乏应有的民主氛围，成为一种走过场行为，学校领导把握着决定权，合理的建议得不到应有的采纳，所谓的民主讨论仅是一种教师服从校长、学生服从教师或班主任的一元化运作，导致学校道德教育中存在种种无序或不和谐的音符，制度文化育人活动失去了应有的交互性。这将严重地挫伤学生参与制度文化育人活动的积极性，学生对制度的信任程度日渐下降，疏远、逃离或违反制度。既然学生缺乏制度文化心理认同，那么，在实际的道德教育过程中逐渐表现出应付的态度以及各种违规行为也就顺理成章。

二 "无我"的强制约束对制度认同的钳制

在学校制度文化育人活动中，不是让青少年学生成为制度的奴隶，而是让制度成为促进其道德健康发展的有力支撑和基本保障。诚然，我们不排除秩序和纪律对个体自由活动的限制。然而，这对于正在成长和发展中还没有达到道德自主的青少年学生而言，这种规范与约束是必要的、有益的，正是在这种引导、规约和领会的过程中，学生会依据学校制度文化的具体要求与实际规定，及时调整自己不当的行为。正是在这个过程中，学生逐渐学会了负责，能够勇于承担各种责任，懂得互助合作与诚实守信，道德的种子与人文精神的力量也随之渗透到学生的思想意识中。这种感召力一旦形成，就会激励学生奋发图强，培养具有社会责任感和实践精神的一代新人。但是，如果过分拔高制度的规制功能而忽视制度文化的引领作用，就走向了事物的反面。因为尽管强制约束能使人们遵守制度，约束了他们的行为选择空间，但这种强制作用是非常有限的。古得莱得在《一个称作学校的地方》中写道："正像一所学校可能会因为忽略其教育功能——学术知识——而陷入困境一样，它也会因为忽略其监护功能中的抚育作用而遇到困难。我相信，当家长们开始担心学校是否关注孩子的个人行为时，他们所考虑的不只是'纪律'。"① 要重视规范与自由之间的不可分割的必然联系，因为"道德教育不仅要使人感受到掌握与遵循某种道德规范对自身来说是一种约束、一种限制、一种牺牲、一种奉献，而且应当使他们从内心体验到，从中可以得到愉快、幸福与满足，得到自我的充分发展与自由，得到唯独人才有的一种最高享受"②。如果断章取义，不遗余力地拔高制度文化的强制作用，一味地忽视或否定学校制度文化对于青少年学生道德自主的促进与保障作用，那么就会以偏概全，"只见树木，不见森林"，定然使制度沦落为桎梏学生道德自主成长的障碍，导致育人效果大幅度下降。这是一种非人的、"无我"的强迫，学生不再是道德的主人，反而成为制度文化以及道德名义下的奴役物。

青木昌彦将制度视为人们基于某种共识基础上的自我维持的系统。这种共识的基础是自主和自觉，如果凭借外在的强权而推行制度，便难以引发人们的制度认同心理，制度的作用自是难以充分发挥。然而，一些学校在制度文化建设中的权力强制令人触目惊心。"无我"的强制犹如一只无形的魔爪，伸向制度文化育人活动的每一个环节，紧紧扼住了道德教育的咽喉，不断摧残着师生的心灵。"在典型的传统学校的教室里，存在着课桌的固定行列和对学生的军事式管理，学生们只准在特定的固定的信号下进行活动，通过这些固定的安排，其限制都表现在外部行动上，传统学校的局限性也表现在对理智和道德的自由施加大量的限制。"③ 在这种情境下，中断了青少年学生对制度文化的认同心理，助长其负面情绪，甚至表现出极端的麻木和冷漠，被沮丧、无助或失望所带来的阴霾所腐蚀，道德教育氛围沉闷，师生关系紧张、压抑，使得正常的教育活动难以有效开展，育人效果的提升更是无法企及。在与一些中小学校长的交谈过程中，笔

---

① ［美］约翰·I. 古得莱得：《一个称作学校的地方》，苏智欣等译，华东师范大学出版社2007年版，第70页。
② 鲁洁、王逢贤：《德育新论》，江苏教育出版社1994年版，第215页。
③ ［美］约翰·杜威：《我们怎样思维·经验与教育》，姜文闵译，人民教育出版社1991年版，第281页。

者听到他们一个共同的质疑之声,就是学校制度文化很难推行下去。如 A 市一所中学的校长说道:

> 为了建设现代学校教育制度,我们去了很多所优秀的学校调研,借鉴了这些学校在制度建设上的先进做法,经过慎重的考虑后出台了相应的制度,可在执行过程中总是出现偏差,我百思不得其解的是,为什么在别的学校很有成效的制度在我校难以推行下去?(访 AP4170509-40)

答案不言而喻,因为这种制度并没有得到师生员工的高度接纳与认可,因而学校的师生员工不愿积极投身其中,其实施必然会受阻。

此外,一些学校通过制定出名目繁多的规章制度,片面追求数量而不顾及质量,并将严格执行制度视作加强管理和提高升学率的灵丹妙药。在高压的学校制度文化之下,教师职业取向的定位发生了偏移,或表现为缺乏应有的职业操守,或表现为同事之间相互排挤、人心涣散,必然导致学校道德教育工作的质量每况愈下,教育质量不断下滑。对此,A 市一中学的教师说道:

> 现代学校的教学任务那么重,老师那么忙、那么累,还搞什么制度文化建设,有什么用啊?(一脸无奈的神情)(访 AT6161013-18)

这种思想,着实令人心有余悸。这种错误的倾向,诱导着越来越多的教师将"片面追求分数"视作自己的价值与意义所在,而不是学生的全面发展,尤其是良好道德品质的塑造。在 D 市调研时,在一所具有 60 余年办学历史的示范中学召开一线教师座谈会时,不少教师纷纷表示,升学率是学校工作的重中之重。对于升学工作,学校实行目标责任制,摊派到每个年级甚至每个教师的身上,为此,他们不得不整天绞尽脑汁,思考如何提升学生的成绩。该校一名教师解释说:

尽管学校也提出制度文化建设，但我们很难理解究竟何为制度文化，也不懂得要怎样建设制度文化。（访 DT2161220-10）

以下是笔者访谈一位具有22年教龄的一线教师的部分内容，对话如下：

笔者：刚才在座谈时有老师提及学校提出打造制度文化育人的良好教育环境，您是如何理解的？

教师：尽管不少报道中都提及"学校制度文化"这个词，但对我而言，我觉得是一个新名词，理解起来较难，实施起来也无从着手。

笔者：你参加过学校组织的学校文化建设或规章制度建设的讨论会吗？

教师：学校文化建设属于学校领导的职责，一般学校会聘请一些专家去设计和论证，我更多的是去学习文件，领会精神。至于规章制度的制定，一般都是按照教育局的规定和学校的既有规定执行，日常行为规范以及相应的管理制度主要由行政人员制定，一般是不召开论证的。

笔者：你觉得你们学校道德教育工作的特色是什么？

教师：全员育人与全方位育人。

笔者：落实的效果如何？

教师：我觉得还是停留在口头上，很多理念和措施没有很好地落下去。比如说全员育人，很多老师觉得这是班主任或德育处的责任，与自身无关，推卸责任。

笔者：你认为导致这种现象的原因什么？

教师：按照我的理解，这与学校没有将道德教育工作落到实处有关，学校为了迎接上级部门检查和考评，开几次会，发几个文件，提出几个方案，之后并将其搁置。学校所有的管理活动都围绕如何提升学生成绩这个中心转，在一定程度上将道德教育工作边缘化了。有时临时抱佛脚，但效果甚微。

第六章　学校制度文化育人的桎梏因素探析

笔者：你对贵校制度文化育人活动有何预期？

教师：说实在的，我不理解什么是制度文化，因而我觉得没有资格谈，而且谈得可能不准确。

笔者：没关系，谈谈你的认识就可。

教师：我觉得如果社会重视分数的局面不改，这个活动就难逃走过场的悲剧，是难以落到实处的。其实，由于社会过分重视学生的分数，致使学校领导和老师都被这种强制绑架了，因而在道德教育工作上不愿投入更多的时间和精力，毕竟对人的培育是一个长期的过程，远远没有像提升学习成绩这么简单和容易。而且，即使是工作开展得扎实，又有什么效果呢？在 D 市乃至全国，我还没听说过哪一个中学因为道德教育工作而扬名在外呢。退一步讲，如果我们重视道德教育工作而导致学生成绩下滑，这不仅是我们不愿看到的，也是家长不能接受的。

笔者：谢谢您！（访 DT3161220-36）

在《尼各马可伦理学》中，亚里士多德考察并区分了人的三种生活方式：享乐的生活、德性的生活与沉思的生活。亚里士多德认为，沉思的生活是善的生活，是一种能够使人体验道德价值的生活。但遗憾的是，学校拔高制度的强制规范而弱化文化的人文品质，使得师生员工缺乏实践的反思与锻炼，无以使师生感受遵守制度所带来的深刻道德体验和幸福感，以致他们对制度文化的遵守和执行不是心甘情愿的行为，而是被迫的、强制的无奈之举，这势必引发制度运营过程中的诸多问题与冲突，学校道德教育工作也将受到严重阻碍。

一个在道德上"真正受过教育的人往往崇尚人的自主性（autonomy），因而他自己就富有主见，并对其他人的独立思想持同情态度，他能使自己从狭隘的目的中超脱出来，并运用想象力去理解其他人的思想"[①]。学校制度运行机制的僵化，严格的量化管理和细致的条款

---

① [英] 约翰·怀特：《再论教育目的》，李永宏等译，教育科学出版社 1997 年版，第 138 页。

限制使得制度文化失却了人文气息,在不知不觉中磨掉了人的个性特长、道德活力与创造力,自尊心受到了极大的戕害,引发种种负面心理,助推了教师职业倦怠,牺牲了教师的职业幸福,窒息了学生道德创新精神的活力,禁锢了学生道德创造能力及个性发展。在此种情境下,试图构建凝心聚力的学校制度文化只能是一种不切实际的空想。

三 有章不遵的涣散对制度认同的遮蔽

学校制度文化只有被师生员工所遵守并切实得以贯彻,才能发挥应有作用,才能引发师生员工认可与遵守制度文化的心理。"任何一个法则都必须被严格遵守,因为只有得到遵循,它才成其为法则。引力定律之所以存在,是因为所有的物体都确实被吸引。"① 在通常情况下,学校并非缺少制度,而是缺乏制度执行的力度和效果。有规不依、有章不遵的涣散,影响了制度文化在师生心目中的形象,遮蔽了他们的制度文化认同心理。

制度的运转必须凭借有力的实施机制或保障措施。在苏霍姆林斯基看来,在校接受教育的青少年学生也是劳动者,必须爱惜自己的劳动成果,同时也要尊重同学、班级、家庭和整个社会的劳动成果。"凡是被揭发有偷懒、作弊和欺骗行为的学生,都要在家长会上点名批评,并指出家长的过错。学生为了不使自己和家长难堪,都能独立去完成各项任务。"② 如对于一些违反课堂纪律、借机造谣中伤同学、偷看同学手机短信、窥探同学的隐私甚至偷窃同学财物等明显违反校规校纪的不良行为,出于多种原因,学校并没有按照既定规章处理,使得这些不道德行为并没有受到应有的惩戒,师生员工就会对制度文化的公正价值产生怀疑,进而构成育人工作的无形障碍。而且,既然违背规则也会平安无事,这使得一些青少年学生认为制度就是一种摆设,助推他们公然违反学校制度的嚣张行为,如煞有介事地编造谎言

---

① [英] 亚当·弗格森:《道德哲学原理》,孙飞宇等译,上海人民出版社2005年版,第37页。

② [苏] B. A. 苏霍姆林斯基:《帕夫雷什中学》,赵玮等译,教育科学出版社1983年版,第244页。

以取悦教师的行为、制造虚假材料以获取先优评选资格，等等，自私、懒散、庸俗、欺骗、虚伪等恶习由此养成，助推了青少年学生的道德滑坡，这在一定程度上影响了学校整体育人质量的稳步提升。

在学校制度文化育人过程中，一定要发挥教育管理者与执行者的示范作用和责任行为，用以培养青少年学生敬畏制度并内化制度中的道德意义之认同心理。孟子曾经做了一个形象的比喻，有的人任凭自己的田地荒芜，眼睛却总是盯着别人地里的杂草欲罢不能。"舍其田而芸人之田。"（《孟子·尽心下》）每个人首先要把自己的田地耕耘好，绝不能自己拘囿于私心杂念中，却谴责别人的锱铢必较，谋取私利。不难想象，一个上课经常迟到的教师却抱怨学生不遵守课堂纪律，一个总是敷衍应付的教师却痛斥学生的松垮懒散，一个时常乱扔垃圾的教师却指责学生不爱护公共环境，缺乏对自己的严格自律。只知"律人"而不知"律己"的做法，与学校制度文化的育人要求背道而驰。这就要求管理者或教师带头遵守制度，要求别人做到的，自己一定要做到。然而一些学校的制度执行者不能以身作则，对制度文化的执行往往是半途而废，视学生道德发展为儿戏，不能一以贯之。一些人还乐此不疲，对于大搞表面文章的行为视而不见，漠不关心。如若育人活动流于形式，其弊端尤甚于没有制度文化。而且，教职工代表大会也形同虚设，执行效果不尽如人意，甚至与育人的要求相互排斥或背道而驰。

此外，媒体杂志不断曝出校园霸凌现象，以大欺小、以强凌弱等本不应该多次发生在校园的事，遭到了人们的激烈批判。这促使我们不得不去反思，为什么会出现这样的情况，是我们的学校没有进行应有的教育，还是学生不明白、不懂得这样做的不良后果。不可否认，这种可能性是有的，但不容置疑的是，这种可能性仅存在于个别人或小范围内，不足以解释学校里频频发生的此类问题。为何明知故犯，为何故技重演，其主要缘由之一，是他们的行为没有受到应有的制裁，所以他们才会有恃无恐，如高年级学生对低年级学生索要钱财、收取保护费的问题已被多家媒体广泛报道，如2002年4月《南方都市报》报道的题为"上百学生被强收保护费"、2007年6月《北京城晨报》

报道的题为"学生校园里称霸 以过生日为名强收保护费"、2011年4月《海峡都市报》报道的题为"12岁学生收了3年保护费 威胁同学索取钱财"、2015年5月《京华时报》报道的题为"小学生遭班干部勒索不给钱被逼迫喝尿"、2016年3月《台州日报》报道的题为"初中生给社会青年当'小弟'向同校学生强收'保护费'",等等,但此种现象依然屡禁不止,令人震惊。究其原因是被欺负学生的自我保护意识不强,一是对被欺负学生拳脚相加,稍有反抗就拳打脚踢,武力相加。二是对被欺负学生进行精神施压,不让其告知师长,反之则变本加厉。由于担心被"报复",被欺负的学生不敢将其被勒索钱财的事情告知教师和家长,只能无助地、默默地、痛苦地忍受着一切煎熬,这对正在成长和发展中的学生尤其是小学生、初中生造成了极大的心理压力与精神负荷,长此以往会引发严重的心理障碍或精神问题。由于收保护费者每月要下缴费单,要求缴纳10—100元不等,甚或更多。这导致学生的花销不断增大,又苦于"囊中羞涩",于是逐渐学会了偷家里或他人的钱财,不少学生由此逐渐沉沦下去,为以后的违法乱纪埋下了祸根,由受害者变成了加害者,这是多么令人痛心的惨痛教训。勒索钱财的行为是一种以非法占有为目的的行为,已向我们发出了危险的信号。为什么我们的学校不能严格贯彻落实《中华人民共和国未成年人保护法》对未成年人生命、财产和人身等合法权益不受侵犯的相关规定?这种有法不依的现象在影响人们制度认同心理的同时,也使学校制度文化育人工作陷入不堪境地。

缺乏最基本的制度认同,学校制度文化的有效贯彻和落实自然就会虚无缥缈。为了有效规避风险,尽量少走或不走弯路,担心越轨与越位,致使一些师生员工无法放开手脚,只能成为单纯执行制度的单向度的人,无法实现道德自主或道德自律。而且,更为严峻的是,一些师生员工不再以违规乱纪行为为耻,丧失了应有的道德观念与做人良知,助长了单纯崇拜和逆反心理的相互交织,此种认知情结,是一种低效的劳动,本身有悖于道德及道德教育规律,其步履之艰难可想而知。如是,学校制度文化育人活动中的功利化倾向、明迎暗违、意义式微、"一叶障目"等不良情形的出现也就顺理成章。

第七章　推进学校制度文化育人的路径

　　前文从学理与事实两个层面探讨了学校制度文化育人的依据，阐释了学校制度文化育人功能的逻辑前提和必要条件，接着深入挖掘学校制度文化中蕴含着的丰富道德精神与伦理意义，指明了学校制度文化在塑造学生健全道德品质的独特意义。正是基于此种推理和判断，我们就可合乎逻辑地得出：学校制度文化与道德教育相辅相成，互相砥砺，难以割舍。学校制度文化赋予人之存在的道德意义与伦理价值，个体道德提升和社会道德进步为制度文化建设开辟了广阔的空间；学校制度文化对道德教育的影响广泛、持久而深远；对学校制度文化的误读和认识偏差已成为当前学校道德教育改革的深层矛盾与困惑。学校制度文化育人过程中的工具主义、虚无主义、怀疑主义、形式主义等严重地侵蚀着道德教育的应然追求，重结果轻动机、重物质轻精神、重外在轻内在、重规制轻体验等不良现象也异化了制度文化育人的本真，导致道德教育中"无人"现象的出现。"人学空场"以及反人的教育严重地背离了道德教育以人为本的价值诉求。"以人为本是现代德育思维的价值理想。德育是人自身发展完善需求的产物，人是德育现象发生的根据和基础。所以，以人为本理应是德育的天然规定。"[①] 因而，学校道德教育要有所发展，取得实质性的进展，就必须从制度文化层面作出深入的反思与作答，就必须建设与发展积极的、正向的或彰显人性的学校制度文化，充分发挥其育人效能，尤其是通过制度文化加以稳固以人为本已有的成果，并引领人性的发展方

---

① 张澍军：《德育哲学引论》，人民出版社2002年版，第51页。

向。通过人本化的诉求回归人性，丰盈人性，发展人性，培养有良知的人，促使师生员工将学校制度文化的育人标准和道德要求内化为自身的自觉追求，以此解决学校道德教育发展面临的诸多矛盾或问题。

由于学校制度文化是一个多向度、多层次、多结构的集合体，因此，学校制度文化育人效果的彰显需要总揽全局，整体规划，分层递进，由虚务实，加强衔接，螺旋上升。要建立健全现代学校制度文化体系，在建设以人为本的学校制度文化的价值指引下，推动多种育人因素衔接互动，确保优质的学校制度文化的生成。特别是既要发挥制度文化、非正式制度文化以及制度文化实施机构的教化功能，也要注重各项制度文化之间的协整关系与交互作用，强化道德合力。反之，如果学校各个制度文化之间缺乏相互配套，要求不一致，甚或互相矛盾乃至否定，必然导致相互推诿或扯皮，不仅浪费资源，而且增设障碍，造成学校制度文化育人效果的低下。同时，在培养学生良好道德品质的过程中，不但要发挥制度文化的规约或限制作用，还应兼顾制度文化的熏陶和引领的重要性，确保制度文化得以高效执行，唯当如此，才能发挥整体育人效应，取得良好的道德教育效果。

第一节　学校制度文化育人的基本原则

任何事物的发展都遵循一定的客观规律或基本原则。学校制度文化育人的基本原则是学校道德教育必须遵守的基本工作原理，对学校制度文化育人的各个环节起着引导、调节和改进的作用。学校制度文化的育人活动欲立足现实并指向未来，就坚持整合与互动的教育原则，为道德教育注入源源不断的动力与活力。

一　方向性和现实性相结合的原则

学校制度文化具有承载、传递并表达社会价值观与增强社会意识形态凝聚力的作用，反映着学校的整体精神面貌。我国是社会主义国家，社会主义方向性是我国学校制度文化最基本的精神。要在学校制度文化中始终坚持社会主义的办学方向，以社会主义作为引领学校制度文化育人的发展方向，这是由我国学校的社会主义性质和根本使命决定的。我们的学校是社会主义社会中的学校，因此我们培养的人才也是各级各类的社会主义建设与发展人才。邓小平同志告诫我们："我们干的是社会主义事业，最终目的是实现共产主义。这一点，我希望宣传方面任何时候都不要忽略。"[1] 在当前的学校制度文化建设中，要充分认识和领略坚持社会主义方向的战略意义，时刻保持清醒的头脑，坚决抵制封建特权思想和资产阶级的私有化对学校道德教育的侵蚀，坚定不移地执行党的基本路线和方针政策，全面贯彻落实科学发展观，弘扬社会主义核心价值观，凸显社会主流价值在学校道德教育中的地位和作用，引导青少年学生树立正确的价值观和世界观，通过道德理想和人生信念教育进行精神上的"补钙"，让学校真正成为青少年学生的精神家园，拥有健康的生活情趣和积极进取的人生态度，从而为社会主义事业的发展培养大批合格人才。

在学校制度文化育人活动中，确定社会主义方向性不仅要依据学校的性质以及道德教育发展规律，还要依据学校道德教育的实践。这就要求我们将方向性和现实性结合起来。中华人民共和国成立以来，我国学校道德教育取得了瞩目的成就，但也出现了不少挫折。在面临中国两千多年封建专制主义流毒和西方资本主义社会技术理性宰割的双重夹击下，我国学校制度文化建设一度误入歧途。如前文所述，我国古代封建社会的学校教育培养的是顺从的、听话的、奴性的"臣民"，束缚和压抑了人的道德主动性。"在个人与社会的关系上，中国传统文化所全力搭建的是个体社会一体化结构，强调个人在宗法血缘纽带及'家'、'国'同构网络中的既定位置，而不是其作为独立人格主体所具有的独特价值与需求。"[2] 特别是隋唐以来发展起来的科举制，更是禁锢了学校道德教育的育人步伐。科举制诞生之初，在打破门第身份限制、扩大人才来源、统一选才与育才的标准、凸显教育公正等方面确实发挥了积极作用。但后期在运

---

[1] 《邓小平文选》第三卷，人民出版社1993年版，第110页。
[2] 吴康宁：《教育社会学》，人民教育出版社1998年版，第96页。

作过程中暴露出种种弊端,如"万般皆下品,唯有读书高"以及"书中自有黄金屋,书中自有颜如玉"的功利化思想、学习内容的空疏无用、八股取士的盛行等,使学校沦为"声利之场",学校道德教育功能被严重扭曲了。即使是在今天,一些学校为了追求制度文化的效率,痴迷于西方资本主义社会的技术理性,在学校道德教育中实行准军事化的管理,进而形成僵化的、静态的、森严的、专权的管理制度,生硬地抽取了制度文化育人的人文特性,腐蚀了社会主义制度下学校道德教育的健康肌肤。凡此种种,均背离了社会主义的方向性,无以培养社会主义的有用人才。道德教育的对象是人,是一个有着鲜活生命的个体,以情动人、以情感人是提升社会主义觉悟的枢纽。鲁洁教授指出,道德教育是同人的心灵打交道的实践活动,必须关注人的兴趣、愿望和主观感受,只有找到开启学生心灵的钥匙,走进学生的心灵世界,才能引发师生情感的共振,朝着社会主义道德的方向昂首阔步。苏霍姆林斯基也在《少年的教育和自我教育》中写道:"教育是人和人心灵上的最微妙的相互接触。如果我们希望自己的学生成长为有义务感和责任心的、善良而坚定的、温厚而严格的、热爱美好事物而仇恨丑恶行为的真正的公民,我们就应该真诚地对待他。"① 因此,既要用社会主义方向性引导学校道德教育走出功利化、工具化和庸俗化等实践误区,也要依据学校道德教育现实中爆发出来的问题反观学校制度文化的不足并做出应有的调整,顺乎新形势下立德树人的要求,抵御外来不良信息的侵蚀,从而坚定青少年学生的共产主义信念,成为推进社会主义道德发展的勇于探索者与革新者,这也是我们在学校制度文化育人中将方向性原则和现实性原则结合起来的逻辑依据。

二 整体性与连续性相结合的原则

由正式制度文化、非正式制度文化和制度文化的实施机制构成了

---

① [苏] 瓦·阿·苏霍姆林斯基:《少年的教育和自我教育》,姜励群等译,北京出版社1984年版,第275页。

学校制度文化育人的结构体系，在培养学生良好道德品质的过程中发挥着各自不可替代的作用。三者不是制度文化体系中偶然的堆积，而是合乎规律的有机组成。在一般的意义上，相对于正式制度文化而言，非正式制度文化具有广阔的适用领域，属于"体制外"的范畴。在这方面，卢梭已经清醒地意识到，尽管法律制度在一定程度上可约束人的非法行径，促使他们的行为合乎制度设计者的预期，起到防范和纠偏的作用，但难以培养具有良好美德的人。"法律有时能约束坏人，但不能使他们变成好人。"① 因为人们遵守法律制度是迫于法律的震慑，而不是对法律的道德性的接纳与践行，所以，不少人想方设法地钻制度的空子，这也是人们在逃避制度窍门上不断推陈出新的缘由所在。于是，在这种不良的情境下迅速生长起来。当非正式制度文化与正式制度文化不相匹配和适应的时候，青少年学生的道德发展必然会出现种种问题。而且，非正式制度文化也可以转为正式制度文化，更是密切了二者在育人过程中的关系。恩格斯对此作出的解释是，"在社会发展某个很早的阶段，产生了这样的一种需要：把每天重复着的生产、分配和交换产品的行为用一个共同规则概括起来，设法使个人服从生产和交换的一般条件。这个规则首先表现为习惯，后来便成了法律"②。从风俗习惯转化为法律制度，表明非正式制度发挥作用的进一步明确化。如果不能很好地处理正式制度文化、非正式制度文化以及制度文化的实施机构之间的互动关系，导致它们各自为政，在育人方面相互掣肘，无以发挥同向作用，甚至抵消对方的力量，必然引发育人活动中的茫然或无所适从。因此，必须坚持整体性原则，用整体的思想来指导整体的育人活动，以达到育人目标的整体性以及学生道德的整体发展，增强学校制度文化的育人效应。"在每一个领域，理性通过确立规范提供了方位：它确立了目标，把那些目标组织成为一个整体以便引导或指导一个官能的使用：在理论领域的

---

① [美]凡勃伦：《有闲阶级论：关于制度的经济研究》，蔡受百译，商务印书馆1964年版，第139页。
② 《马克思恩格斯选集》第2卷，人民出版社1972年版，第538—539页。

知性，在实践领域的选择力量。"① 来自实践的经验也表明，在学校制度文化建设中坚持整体性原则，不仅可以排除道德障碍，排除道德分歧，克服道德内耗，而且在妥善处理各种道德矛盾与冲突、利益博弈和人际纠纷等方面发挥着至关重要的作用，促进青少年学生道德品质的有效生成。

由于学校制度文化的育人活动是一个长期的、复杂的、一贯的社会实践活动，因此，我们必须遵循连续性的道德发展原则。这种连续性，为我们通过道德规范或制度规章的形式固定下来的一套系统的、有机的行为体系提供了理论支撑与实践依据。因而，我们在育人工作中不能虎头蛇尾，也不能一曝十寒，或前松后紧，后紧前松。浅尝辄止、消极怠慢、不能持之以恒的育人活动必将是低效甚至无效的。整体性育人成效正是在延续、传承和创新中得以彰显的，促使其在适应中超越，在超越中创新。"制度文化以制度传统为依托，在运行中，制度文化把制度传统作为自己运行的推动力量，制度文化的产生、认同、发挥作用要经过一个长的时间跨度，昙花一现、不经过时间跨度的制度文化是没有生命力的制度文化。"② 因为这些经过时间验证、被实践检验过的有效的准则、规范或行动范型等，在"代与代之间、一个历史阶段与另一个历史阶段之间保持了某种连续性和同一性，构成了一个社会创造和再创造自己的文化密码，并且给人类生存带来了秩序和意义"③。一切道德教育活动的有序进行以及学生良好道德品质的培养都划归于稳定的教育秩序的保障之下。因此，整体性原则与连续性原则是难以分割的。唯有将二者紧密地结合起来，方可循序渐进地促使青少年学生对育人要求进行积极的内化，将制度文化蕴含的道德规范内化为指引自身行为的行为准则，促进道德的自我发展与自我完善。

---

① ［美］约翰·罗尔斯：《道德哲学讲义》，张国清译，上海三联书店2003年版，第355页。
② 王海传：《人的发展的制度安排》，华中师范大学出版社2007年版，第80页。
③ ［美］爱德华·希尔斯：《论传统》，傅铿等译，上海人民出版社1991年版，译序，第2页。

三 独特性与多样性相结合的原则

学校制度文化是独特性和普遍性、个性化和普遍化的有机统一体。学校之间是存在差异的。学校办学性质的不同、培养目标的不同、招生对象的不同等，必然使得体现学校特有价值理念和办学风格的制度文化建设不能千篇一律，这赋予学校制度文化鲜明的个性与独特性。学校制度文化是一所学校办学理念、办学经验的结晶和表征，于学校制度文化建设的有效性而言，任何移植的、借鉴的制度文化都是外来的，如果不结合实际情况进行本土化的转移，这些被其他学校证实的、行之有效的制度文化则难以切实为己所用，只能停留在苍白的、静态的制度文化的认知层面，无法转化为"活的制度文化"，自然无法转化为师生的价值认同与活动规范。我们赞同体现学校特色的内生的制度文化，因为这是凝练学校办学特色和师生员工精神动力的内驱力，是一所学校持续向前的不竭动力。可以说，打造一种有力量、有特色、有气魄的制度文化，是实现学校跨越式发展的重要保障。在实际运作过程中，每一所学校也在朝着这个方向不断地努力探索。但学校制度文化的个性并不意味着学校可以不受拘束地随意创设迎合自己需求的文化范式。这是因为，"尽管学校是不同的，但学校教育在何处都是相同的。学校在各自的管理体系和人际交往上是不同的，但学校教育在任何环节均是求同存异的"[1]。近现代以来，世界各国都加强对教育的管理，将教育纳入国家公共事业不可或缺的有机组成。尤其是在我国，为了加强宏观领导和管理，落实"科教兴国"的发展战略，党和国家制定的各项教育方针政策、制度规范以及其他文件，是学校制度文化建设的指南，决定了学校制度文化建设中的共性。加之，影响学校制度文化的因素多种多样，学校制度本身多种多样，文化类型亦是丰富多彩。美国著名未来学家阿尔温·托夫勒（Alvin Toffler）曾在其名著《第三次浪潮》中明确提出："今天世界上正飞快地发展着另外一种看法：进步再也不能以技术和生活的物质

---

[1] John I. Goodlad, *A Place Called School*, New York: McGraw-Hill, 1984, p. 264.

标准来衡量了。如果在道德、美学、政治、环境等方面日趋堕落的社会，则不能认为是一个进步的社会，不论它多么富有和具有高超的技术。"[1] 衡量的标准是"丰富多彩的文化"。从时间角度上讲，有传统文化、近代文化、现代文化等；从性质或文化品味上讲，有先进文化和落后文化之分；从空间上划分，有东方文化、欧美文化等；从地域上划分，有本土文化和外来文化之分；从类别上讲，有礼仪文化、饮食文化、企业文化等；从不同的产业划分，有农业文化、工业文化、第三产业文化等。直面多元文化，学校制度文化经过筛选，将符合国家教育方针政策、利于学校发展、助于育人目的实现的文化纳入进来，加以整合和利用，这赋予学校制度文化多样的特征。

在学校制度文化育人活动中，我们必须将独特性与多样性的原则有机地结合起来。这是因为，学校制度文化的多样性原则是独特性原则的延伸与拓展。由于各个学校在制度文化上都有不尽相同的选择与偏好，这就使得学校制度文化独具匠心、别具一格、各有所长，成为满足青少年学生不同道德需要并催人上进的精神力量。各种别开生面的学校制度文化相互配合、相辅相成，使得学校制度文化呈现出多样性的特征，丰富了学校制度文化育人的思路与良鉴。在多样性的学校制度文化中又体现出一致性，学校制度文化是统一前提下的多样。任何学校制度文化，均无法逾越其所处时代的社会意识形态、国家教育方针政策及教育法律法规等的共性要求，必然体现出同一性。辩证地把握学校制度文化的独特性与多样性相结合的原则，纵向衔接，横向贯通，有助于预防或消除顾此失彼的不良情形，推动学校制度文化育人活动的整体推进和长足发展。

四 制度规约和道德自觉相结合的原则

在学校制度文化育人活动中坚持制度规约和道德自觉相结合的原则，是遵循受教育者品德形成发展规律的应然抉择。青少年学生良好

---

[1] ［美］阿尔温·托夫勒：《第三次浪潮》，朱志焱等译，生活·读书·新知三联书店1983年版，第365页。

道德品德的塑造是一种内外兼修的过程，是外在制度规范与内在道德自觉的"合金"，绝非单方面的力量所能奏效。在学校道德教育中，制度规约的重要性在于营造了道德秩序，使青少年学生明确了何者可为，何者不可为，为他们的学习、作息、升学、考试和就业提供了依据，使学生的一言一行都有章可循。学校制度文化中激励机制和惩罚制度的有效推行，合乎制度激励的道德行为被强化，而相反的行为则受到限制。尤其是当青少年学生违反制度受到应有的惩戒后，愧疚感、自责感的产生以及良心的发现，也会促使他们改过迁善，有力地促进青少年学生的道德进步与成长。"德性是一种获得性人类品质，这种德性的拥有和践行，使我们能够获得实践的内在利益，缺乏这种德性，就无从获得这些利益。"① 但制度规约的作用是有限的，如果没有内在的自觉，青少年学生也就有可能以各种方式抵制制度，或是在制度力所不及的范围内表现出众多的不道德行为。"自觉性既是人之为人的一种内在需求，又是人的本质力量的一种鲜明体现。"② 因为道德是人设计和创设的产物，必然体现着人的情感和意愿。倘若脱离青少年学生的主观意志与情绪品质去拔高制度约束，极易引发他们的反感或抵触心理，道德教育的有效实施必然困难重重。没有了道德自觉，道德规则对于青少年而言只能是一种外在限制。"道德规则只有在拥有德性或道德品格的人的行为中起到道德规范的作用。一个自觉追求德性的人，才有能力在具体的道德境遇中信守准则、实践自己的道德价值。"③ 只有在制度规约的基础上强化青少年学生的道德自觉性，才能引导他们了解制度文化，认可制度文化，夯实学生深厚的道德发展根基，从内心深处赞同与拥戴道德。

诚然，"教是为了不教"，道德教育的最高境界是自我教育，逐步引导个体实现道德自主。但是，由于处于成长发展中的青少年学生尚

---

① ［美］A. 麦金太尔：《德性之后》，龚群等译，中国社会科学出版社1995年版，第241页。
② Бодалев Я. С. Философия для человека. — Пг., 1999. — С. 74.
③ 金生鈜：《德性与教化——从苏格拉底到尼采：西方道德教育哲学思想研究》，湖南大学出版社2003年版，第30页。

不能完全拥有自主能力，倘若缺失制度的规范和指引，道德就会被偶然的、随机的情境所操纵，出现理想缺失、纪律涣散、责任模糊以及自私自利等不良倾向，对此我们是绝不能姑息的，理应受到消极抵制，必须引导青少年学生按照学校制度文化的道德准则行事，与之进行坚决的斗争，逐渐找回他们的纪律观念与道德理智，引导他们履行应有的道德职责，承担相应的道德责任，努力促进自身道德的成长。因此，制度规约是引导青少年学生走向道德自主的基本保障。"教育的理想的目的是创造自我控制的力量。但是，单纯取消外部的控制不能保证学生自我控制。"[1] 而学生正是在遵循制度文化中蕴含的道德规则的基础上，通过外在规范和内在体认相结合的形式，逐渐体验道德的魅力，内化道德规则，进而养成良好的道德品性。"人的道德自觉的尺度之一，便是由单纯追求个体之利进而确认族类（社会整体）的利益，这种确认实质上构成了社会稳定与发展的必要前提。"[2] 在育人活动中，只有将制度规约与道德自觉有效结合起来，方可引导学生在遵守纪律的基础上走向道德自律，学校制度文化的育人工作才能由被动走向主动，从自然走向自觉，并产生良好的效果。

第二节　学校制度文化育人的基本举措

一所学校的制度文化建设的优劣程度，直接关系到学校道德教育改革与发展的力度，进而影响到学校育人的整体效果。学校制度文化的育人工作是一项复杂的系统工程，牵一发而动全身，需要整体规划，精心实施，扎实推进。前文分析了学校制度育人过程中面临的困惑、存在的缺陷或问题，并从内、外两个维度入手，进行了原因探寻，分析了造成此种不良道德格局的影响因素，指出了功利主义的作祟和技术理性的奴役及教育管理行政化、形式化运作等已经严重地桎

---

[1] [美] 约翰·杜威：《我们怎样思维·经验与教育》，姜文闵译，人民教育出版社1991年版，第284页。

[2] 杨国荣：《善的历程：儒家价值体系的历史衍化及其现代转换》，上海人民出版社1994年版，第33页。

桎了学校育人活动深入开展，痛斥了这种做法的短时性和狭隘性，也意识到了扭转这种不良局面的刻不容缓性。有了清醒的认知之后，为了使这种认知不是单纯地停留在思想意识深处，我们必须寻求突破的焦点并着力解决，通过采取切实的行动，预防或消除育人过程中的障碍，涵养制度文化育人的道德旨趣，在走出育人的困境中，逐渐将学校制度文化的育人活动纳入良性循环的发展轨道。

一 提升人文关怀的服务理念，确立完善人性的制度文化观

制度是人为的，也是为人的。教育工作者在道德教育中创设制度是为了更好地满足自身需求，服务自身发展，并非为自己的手脚戴上沉重的枷锁或设置樊笼。我们反复强调，制度文化育人的实质是"人化"，学生是道德发展的主体，无限夸大或刻意拔高制度文化的管制功能，在学校历史上的任何时期都得不到人们的敬重与推崇，反而会给师生们带来痛苦或非难的感受。康德"人是目的"的经典论断，为学校制度文化育人工作指明了努力的方向。离开了人这个道德主体，也就失去了谈论道德或不道德的资格。就其表现形式而言，制度文本是静态的，如何使其活化，产生应有的作用，是学校教育工作者必须充分考虑和斟酌的。前文我们反复强调，学校制度文化育人作用的彰显并非单纯的外部规范的过程，而是青少年学生积极认同并主动实践的建构过程。"学校制度文化的功能发挥需要经过一个内化的过程。"[1] 偏失这一过程，仅靠外部的强制力量，仅能在一段时间或小范围内起作用，行之不远。因此，无论是制度文化的制定，还是制度文化的实施，均需要青少年学生的积极参与，深化他们对制度文化的认识和理解，打造合乎他们道德需求的制度文化，这样的制度文化才能获得他们的认可和自觉遵守。反之，目中无人的或反人的制度文化，将学生置于被制度文化控制的外在存在物，急于求成，以高压或强制的方式要求学生无条件地遵守制度规则，将服从制度规则本身作为目的，其缺弊在于将目的与手段本末倒置，必然适得其反。于人的

---

[1] 鲁洁：《教育社会学》，人民教育出版社2001年版，第374页。

发展而言，制度规则本身是一种手段，之所以在学校立德树人活动中强化制度规则或纪律教育，其用意在于让制度规则或纪律服务于学生道德的成长而非相反。只有制度规则或纪律合乎促进人发展的目的性和道德性，方能产生正向意义，推进学生健全人格的塑造。倘若制度规则或纪律僭越了人性光辉和伦理道德，制度规则或纪律就成为人的发展的对立物或异化物。"任何一条规范，就其本身而言，都只是在某种约定的条件下才是必须遵守的，但却不值得给予尊重：如果它与做人的要求相背则本来就不值得尊重；如果它与做人的要求相符，那么实际上我们尊重的是人性的光辉而不是规范。可以说，规范的伦理价值永远是相对的，而人性的道德价值才是绝对的。"[1] 在制度文化育人过程中过分注重规训，用高压的、严苛的、僵硬的、死板的规章制度塑造学生，必然扼杀学生的道德探究欲望和创造兴趣，窒息了学校制度文化的人文精神与道德底蕴。因此，学校制度文化的育人活动要走出工具化、功利化的泥潭，要强化人文关怀的服务意识，将制度规约与道德关怀紧密结合起来，充盈人性，丰富人性，发展人性，实现学校制度文化"为了人""发展人""完善人"的目的价值，实现功利教育到人性完满的回归与转变，将学校营建成学生健康成长、自主发展、幸福欢欣的乐园，扎实推进学生的自由全面发展。

一方面，要树立"以人为本"的制度文化理念。学校制度文化并非商品包装上的既定规格与执行标准，我们不能将学校制度文化建设视为工厂的生产流水线，也不能将学生看作流水线上加工出来的产品。"道德教育的人本意蕴就使之与传统的种种'非人'的道德观区别开来，为我们进一步反思和批判道德和道德教育中的'无人'状况、确立人本化的教育理念奠定了基础。"[2] 如果只注重外在功利和非人的钳制而不重视人格的培养，当制度文化和学生真实道德生活发生冲突时，由于没有得到合理的解决，反而一味地对学生提出强制的道德要求，

---

[1] 赵汀阳：《论可能的生活：一种关于幸福和公正的理论》，中国人民大学出版社2004年版，第49页。

[2] 戚万学、唐汉卫：《现代道德教育专题研究》，教育科学出版社2005年版，第161页。

这种不当范式可能使学生厌恶制度文化，让他们有一种被制度文化和道德欺骗的感觉，从而产生反感甚或抛弃道德的念头，这将会对学校的道德教育工作产生破坏性的作用，导致制度文化育人活动走向异化，将会后患无穷。因此，在制度文化创建与执行过程中，应从功利取向转向人文关怀，这在休谟那里也得到了明证。在休谟看来，人并不总是高尚的，在很多情况下表现出耍滑头、尖酸刻薄、游手好闲等行为，由此提出了"无赖原则"。聚焦于制度文化领域，也要具有"人人可能是无赖的"预设。对制度创设者而言，出自功利的考虑，他们可能利用手中的权力维护不合理的但对自身有益的制度，或创设有益于自己的制度。为此，教育工作者一定要从完善人性的高度出发，克服人为的、功利因素的作祟，让制度供给充满并洋溢浓浓的人性关爱，让道德的种子在人们心目中生根、发芽并茁壮成长，趋达良好的道德教育效果。对于功利的、反人的、背离人性诉求的学校制度文化建设，我们没有任何借口与理由任其自然发展，对其采取的做法绝不是小修小补，而是进行彻底的否定和抛弃，坚决予以废止，否则，学校制度文化建设必然是隔靴搔痒，效果不佳，难以取得突破性进展。

另一方面，要强化公正的或道德的制度价值取向。"制度文化在根本上是人们长期以来形成的对制度的价值判断和对待制度的方式。"[①] 了解了制度设计者所秉持的制度文化价值取向，在一定程度上就把握了学校制度文化育人的精神意蕴，这是推进高标准育人的必然诉求。"人类生存的公正问题，既是一个严肃的伦理问题，又是一个错综复杂的政治问题，更是一个极为普遍的人本要求问题。人类生存和社会生活的普遍公正，其首要的条件是制度公正。"[②] 只有公正的或道德的制度才能生成有效的学校制度文化，才能彰显制度的伦理特质与人文管理色彩，焕发学校制度文化在育人过程中的魅力与活力。反之，如果制度本身偏离了公正的或道德的航向，由此而形成的制度文化不仅无法促进，反而可能成为学生道德发展的羁绊。因此，

[①] 季苹：《学校文化自我诊断》，教育科学出版社2004年版，第11页。
[②] 唐代兴：《公正伦理与制度道德》，人民出版社2003年版，前言，第18—19页。

学校应将求真务实的科学态度与人道关怀的人文精神有机结合起来，通过建设正义的、道德的制度文化，不断地拉近师生在现实制度文化和理想制度文化之间的差距，将其外化为自愿自觉的行为，激励他们不断道德进取，将制度文化的道德要求转化为纪律自觉，实现制度他律到道德自律的提升，从而不断推进人性的完善和超越。

二 与时俱进推动制度创新，培育制度文化认同心理

任何一项学校制度文化，均不是完美无缺的，也不会一劳永逸。社会的发展与时代的进步，科学技术蒸蒸日上，知识更新的速度不断加快，青少年的道德吁求也在不断发生变化，必然要求学校教育对此作出相应回应。由于新元素的加入，学校制度文化中的一些规章与按部就班的行为已经不能适应青少年学生道德发展的需求，不得不与变化了的社会环境相适应，进而作出应有的调整，也正是在这个意义上，凡勃伦指出："遗留下来的这些制度，这些思想习惯、精神面貌、观点、特质以及其他等等，其本身就是一个保守因素。"[1] 为此，学校教育工作者要怀有忧患意识、责任感和使命感，要紧扣时代脉搏和学生思想品德发展的实际，及时掌握知识或信息的主动权，对学校制度文化中陈腐的育人观念和实施机制进行反思性调整，在改造、批判与吸收的基础上实现新旧更替，不断进行制度建设自我的否定与超越。"作为制度化的过程，一般是指从不稳定、不严谨、非结构的形式发展为稳定的、有序的有结构的形式的过程，也就是从不明确的结构到明确的结构，从非正式的控制到正式的控制的过程。"[2] 通过制度文化创新，才能激发造血功能，不断地进行调试、自我修复与充实完善，建立积极向上、科学合理、充满人文气息的学校制度文化，吹响学校立德树人与促进青少年学生全面发展的时代号角。

在学校育人过程中生成优质的制度文化，要有"碰钉子"的精神

---

[1] ［美］凡勃伦：《有闲阶级论：关于制度的经济研究》，蔡受百译，商务印书馆1964年版，第140页。

[2] 陈桂生：《教育原理》，华东师范大学出版社2000年版，第36页。

和勇气,"人显然是为了思想而生的;这就是他全部的尊严和他全部的优异;并且他全部的义务就是要像他所应该地那样去思想。而思想的顺序则是从他自己以及从他的创造者和他的归宿而开始"[①]。为此,需要从以下两个方面做出努力,一是加强"完全缺失"的制度文化供给。完全缺失的制度文化是一种显性缺失,这是学校在育人活动完全缺乏某方面的制度供给,使得相关的工作无以开展。要解决这个问题,就需要进行顶层设计,在深入调研和广泛论证的基础上查漏补缺。要在先进教育理念的指引下,以文化育人和制度育人为航向,以强化人的道德修养和精神世界为抓手,亟待建立当前学校制度文化育人工作中缺失的《学校教育法》《教育投入法》《教育保障法》等相关的制度。二是加强"不完全缺失"的制度文化供给。不完全缺失的制度文化是一种隐性缺失,这是指学校尽管创设了相应的制度,但不全面、不完整、不健全,在实施过程中捉襟见肘,难以发挥应有之用。"在这些方面确实有一些标准,一旦违反它们,就会引起多方面的关注。这些标准是浮动的、相对的,但是大多数标准都有一些禁区,一旦被侵入,就会给警觉的教育者发出危险的信号。"[②] 为此,必须加大制度文化的规范和解释力度,使制度文化更具普遍性和实用性,便于理解,易于执行,充分调动师生员工执行制度的自觉意识,用实际行动加以诠释,动态完善与提升学校制度文化建设的水准,使制度文化育人不再仅仅成为一种口号。

任何一种学校制度文化的构建与运行,都离不开相应的思维基础和心理结构,均存在着一整套认同范式,这就是制度文化的认同心理。欲增强学校制度文化的育人效果,加强制度文化的认同便成为重中之重。"没有内心认同的制度文化,就不会有形于外的规范行为的各类有效的制度。"[③] 制度文化认同是对制度的认可、理解与接纳,是

---

① [法]帕斯卡尔:《帕斯卡尔思想录》,何兆武译,陕西师范大学出版社2003年版,第96页。
② [美]约翰·I. 古得莱得:《一个称作学校的地方》,苏智欣等译,华东师范大学出版社2007年版,第70页。
③ 车洪波、郑俊田:《中国当代制度文化建设》,中国商务出版社2004年版,第104页。

制度文化发挥育人作用的强大精神动力。在学校道德教育活动中，制度文化本身的合理性以及人们对制度文化的认同心理是不可分割的两个方面，二者缺一不可。合理的制度文化是影响学生道德生成与发展的重要条件与保障，而制度文化的认同心理是保证制度文化能够有效贯彻的内在因素。在促进青少年学生的道德成长中，制度认同尤为重要。"虽然我们可以把马引到水边，却不能迫使它饮水。"[①] 如同面对一个备受饥饿胁迫、奄奄一息的人来说，试图引导他树立远大的道德理想是不切实际的一样，如果学生本身对制度文化不感兴趣或是怀有抵触情结，制度文化的育人功能必然大打折扣。衡量学校制度文化是否有效的一个重要标准，就是学生是否产生了相应的制度认同心理。制度文化根植于人的内心，决定着人的价值取舍和认知风格，影响着人们对制度的态度以及执行制度的坚定性和持久性。"人的思维方式、言说方式都最终取决于人的生存方式。"[②] 缺乏深植于内心的制度认可与自觉执行，仅靠外在的规范和强制，制度是不能持久发挥应用功能的。加强学生对制度文化的认同，应从以下几个方面做起。

首先，要在制度文本上做文章。要实现制度认同的前提是要设计公正的或道德的制度，麦金太尔一针见血地指出："当个人深信一个制度是非正义的时候，为试图改变这种制度结构，他们有可能忽略这种对个人利益的斤斤计较。当个人深信习俗、规则和法律是正当的时候，他们也会服从于它们。"[③] 这在前文已经有所论及，这里不再赘述。此外，学校制度文化的语言文字表述应简洁明了，周密严谨，经得起反复的推敲，力戒运用模棱两可的、结构紊乱的、有分歧的用语，使师生员工能够清晰地理解制度文本所承载的知识与信息，明确可为与可不为的界限，从而使自己的言行合乎规范。忌讳模棱两可、

[①] ［美］约翰·杜威：《民主主义与教育》，王承绪译，人民教育出版社2001年版，第33页。

[②] 贺来：《现实生活世界——乌托邦精神的真实根基》，吉林教育出版社1998年版，第56页。

[③] ［美］道格拉斯·C. 诺思：《经济史中的结构与变迁》，陈郁等译，上海三联书店1991年版，第12页。

含糊其词的表述,这是一个掩盖或堵塞问题的做法,而不是一个真正证实问题和解决问题的教育手段,必然降低人们的制度认同与接纳心理,人心浮动,难以在育人过程中步调一致。

其次,加强宣传和教育工作,培育青少年学生的制度敬畏心理。师生员工的认同是学校制度文化发挥应有育人作用的基本前提。要通过学校网站、学校广播电台、校报或橱窗等多种传播形式,以及举办报告、主题沙龙或学术讲座等多种形式引导教育,普及制度文化常识和基本精神,将制度文化的价值理念、道德精神以及伦理指向等要素耳濡目染传达给每一位师生,让师生充分意识到制度文化的重要性,在耳濡目染中使制度文化根植于师生的内心之中。通过加强宣传和教育,使师生员工知晓,学校制度文化的规约仅是育人的基本前提和必要基础,而对学校制度文化的共识和自动执行才是学校制度文化育人的理想目标。学校制度文化的有效运作,让制度文化焕发应有活力,其最终的结果是形成带有某种倾向的制度共识,将学校打造成一个规则共守、彼此尊重、优势互补、合作共赢的大家庭,这将大大激发师生员工对制度文化的敬畏心理,让他们具有共同的道德理想,增强他们对制度文化的信任和亲和力。

最后,要激发青少年学生的自我认同的道德意识。自我认同意味着自尊、自信和自理,践行能够实现自我价值的事情,即拥有自己对自己负责的态度和情怀。一个自我人格分裂的人是无法认同学校制度文化的,抽掉了自我认同这个基本前提,学校制度文化认同必然难以落地。一个人如果缺乏应有的道德修养,即便是道德制度或正义的制度也难以产生应有的道德约束力。在《追寻美德:伦理理论研究》一书中,麦金太尔以睿智的语言指出:"只有那些拥有正义美德的人才有可能指导如何运用法律。"[1] 师生员工只有拥有了认同和自信,才会焕发时不我待、学习先进、创优奋进的道德进取意识和开拓精神,才能排除各种内外困难,不会因为障碍望而却步。对此,英国哲

---

[1] [美] A.麦金太尔:《追寻美德:伦理理论研究》,宋继杰译,译林出版社 2003 年版,第 192 页。

学家罗素在《教育与美好生活》一书中做了形象的比喻："当严冬的暴风雪在户外咆哮暴虐时，只有信条才能使人感受室内倚炉而坐的安谧舒心。"① 由于制度认同贯穿于学校制度文化育人的各个环节，伴随于制度文化废改立的整个动态发展过程，因此，要将认同与遵守制度文化视为一种习惯养成，深入到青少年学生的头脑，用自我认同的精神激励士气，凝聚力量，强化青少年学生的制度文化认同心理，凝聚制度目标共识，形成步调一致的目标愿景、思想境界和道德追求，增强文化自觉与道德自律。

三 民主治校，实施"引领＋参与"的治理方式

学校民主管理程度的高低直接制约着教职员工参与制度文化建设的热情。在制度文化育人活动中，要实行民主管理，要民主治校，形成民主的作风，打破传统固化的、僵硬的管理体制的束缚，为学校制度文化育人工作的有序开展排除障碍。以制度文化建设促进学校道德教育工作的长足发展，不是进行强行的压制与操纵，也不是一味地迎合，而是要进行批判性理解，用德国社会学家尤尔根·哈贝马斯（Jürgen Habermas）的社会交往行动理论来讲，就是要通过交往理性来认识事物。要实施"引领＋参与"的治理方式，学校中层领导集体在制度文化建设中要宏观引领，缜密计划，精心组织，认真运筹，党政群齐抓共管，最大限度地调动教职员工参与学校制度文化建设的主动性，加深他们对制度文化的深刻认识、领会和理解，使他们意识到自己的每一点滴进步都与学校道德教育工作休戚相关，将自己的参与和发展与学校制度文化建设紧密结合起来，增强学生、教师、教学团队，乃至整个学校不断超越的发展观念，引领学校的道德风气，促进制度规范与道德自主良性互动，优势互补，从而使师生拥有积极的情绪、健康的心态、良好的道德品质，不断提升学校制度文化的育人效果。

---

① ［英］伯特兰·罗素：《教育与美好生活》，杨汉麟译，河北人民出版社1999年版，第48页。

第一，加强学校的道德领导，打造优秀的领导文化。校长是学校制度文化改革和发展的排头兵，直接关系到学校制度文化建设的品位和风格。"一般来说，校长的知识、学识、胆识和办学理念往往决定着学校文化品位的高低；校长的精神状态、人格魅力和工作作风往往又决定着学校文化根基的深浅。"[①] 在学校制度文化建设中，校领导要不断更新管理理念，自觉地规范自身的言行，从官本位的思想中解放出来，走引领和协调发展的道路，抓内涵发展，坚持人本的、动态的发展观，树立服务的意识和理念，打造优秀的领导文化，用无形的精神力量确保优质的学校制度的生成及有效运作，这也是创办品牌学校所必需的。精诚所至，金石为开。校领导要以身作则，身先士卒，激活学校的管理活力，在学校内部形成一种积极向上的正能量，这种领导文化会逐步渗透到每一个教职员工的内心中，会对学校制度文化的贯彻执行产生巨大的推动力，推动他们自觉自愿地落实制度。此外，校长要深入到学生群体之中，就制度建设与道德问题，与学生面对面交谈与沟通，在疏通思想、消解隔阂和形成共识的过程中让他们体验到学校领导的关心或关爱，增强学生克服困难的勇气与道德责任感，不断矫正自身的缺点和错误，表现为良好的行为风范。"人不仅要思考，也要行动和关心，教育过程必须超出智力的训练，帮助青年学习如何有效地和负责任地行动。"[②] 倘若校领导能够持续地、一贯地做出表率，就会自然粉碎一些给教师关于校领导"作秀""虚情假意""卖弄"等流言蜚语，也会督促教师带头执行制度，为学生做出了良好的榜样，自然会产生"此时无声胜有声"的意境，受其鼓励与引导，学生就会"上行下效"，逐渐认可与接受制度，逐步养成自觉遵章守纪的文明行为，此种良性循环，有助于促进制度育人质量的稳步提升。

第二，创设条件，调动青少年学生参与制度文化建设的自觉意

---

① 赵中建：《学校文化》，华东师范大学出版社2004年版，第267—268页。
② ［澳］W. F. 康纳尔：《二十世纪世界教育史》，孟湘砥等译，湖南教育出版社1991年版，第30页。

识。学校制度文化建设的目标，是使制度成为青少年学生内心接纳并积极外化的切实行为。学生的参与意识是否得到充分的尊重或保障，这是影响学生参与制度文化建设的积极性的重要因素。学生之所以缺乏参与制度文化建设的热情，就在于制度文化没有深入他们的内心，无法得到他们的认同。因此，制度文化发挥作用的关键是要调动学生的积极参与，这是制度文化发挥育人作用的根本条件，也是优质制度文化形成的基本保障。"一个参与性民主制度有利于扩展参与者对他们从事的事业的理解，并鼓励他们在决策中发挥道德上的自觉性，从而达到对参与者进行教育的目的。"[1] 因此，在学校制度文化育人过程中，要赋予青少年学生在学校制度文化制定过程中应有的参与权与表达权。青少年学生良好道德品质的养成，必须落实在实践活动中。只有在实践中，才能感受到自己存在的意义，"才能体会到创造的意义和做人的意义，也只有在实践中才能实现自己的价值"[2]。《教育——财富蕴藏其中》也指出，要通过具体的事例进行道德教育，尤其是组织学生讨论一些日常生活中所面临的道德和法律的难题，听取他们的意见与看法，从而提升他们的道德判断与推理能力，提供给他们了解学校与社会的一把钥匙。学校制度文化以适应道德教育改革与发展的需要，最大限度地发挥制度文化的育人效能，回归青少年学生朴实的道德生活，不乱扔纸屑，不在公共场合中大声喧哗，引导学生学会沟通、学会协助、学会共同生活。对于班级文化制度建设，要坚持一切为了学生，一切依靠青少年学生的育人原则，贯彻"从学生中来，到学生中去"的基本形式，让青少年学生积极参与到制度制定中来。特别需要指出的是，在执行过程中，要赋予青少年学生应有的监督权。拥有了监督权，青少年学生对制度的执行就会变被动为主动，更能激发他们"我是学校的主人"的主人翁意识和责任感，他们才会真正领会到制度文化的道德蕴涵，并将其内化为自己品德结构的有

---

[1] ［英］约翰·怀特：《再论教育目的》，李永宏等译，教育科学出版社1997年版，第162页。

[2] 李连科：《价值哲学引论》，商务印书馆1999年版，第361页。

机组成部分。

第三，将制度文化设计的权利交还给教师。在实际中，学校的制度文化无法贯彻落实下去的一个重要原因，就是学校领导者在设计制度文化时剥夺了教师的参与权与知情权。这样做不可避免的后果是，学校老师尤其是班主任认为学校制度文化或是构成了对他们自由的约束，或是给他们增加了道德负担，因而，不少老师或班主任备感无助，或疲于应付，或阳奉阴违，甚至联合学生对抗学校，学校制度文化无法引起他们的积极的心理反应。在学校制度文化的育人工作中，教师的参与未必一定能达到预期效果，但如果忽视教师建设制度文化的参与权或主动权，极易引发育人效果低下的不良状态。因此，在制度文化设计中，要大胆放权，给教师或班主任应有的选择、判断或取舍的权利。苏霍姆林斯基指出，学校要对班主任充满信任。我们相信，没有一个班主任愿意把自己的班级管理得越来越差。班主任是班级工作的引导者和学生的示范者、教育者。因此，学校要为班主任提供更多的参与权利和支持条件，而不是一味地控制和压迫他们。班级管理是班级制度文化建设的重要内容，是推进学校制度文化育人的有效手段。学生的道德思维、道德选择和道德判断能力是在班级的各种制度文化的引导下逐步得到发展。因此，学校要实施民主的方式，结合学生思想道德发展的实际情况开展民意调查，调动所有教职员工参与制度文化育人的积极性，探寻让他们主动融入制度文化的策略，合理配置人、财、物，寓教于乐，打造充溢智慧与灵动的共同体，是发挥制度文化育人功能的关键环节。只有这样，教师才能感到幸福工作的成就感，向往道德生活，把先进的理念和有益的做法转化为育人的精神食粮，成为学校发展的动力系统，不断推动学校向新的台阶迈进。

四 创造条件，搭建制度文化育人的宽广平台

青少年学生道德品质的培养是在一定的环境下进行的，无法也不可能脱离一定的条件或平台。一个良好的制度环境，必须是充盈伦理气息与道德行为的环境。杜威指出："成人有意识地控制未成熟者所

受教育的唯一方法，是控制他们的环境。他们在这个环境中行动，因而也在这个环境中思考和感觉。我们从来不是直接地进行教育，而是间接地通过环境进行教育。"① 因而构筑一个宽广的文化育人平台就显得尤为重要而迫切，其不仅关系到文化育人的水平和质量，也影响到学校文化自身建设的良性有序发展。学校道德教育研究的成果也表明，通过各种物质的或精神的、有形的或无形的、内在的或外在的条件因素的综合作用，营造浓厚的育人氛围，形成一种无形的、潜移默化的精神力量。这种精神动力，润物无声，必将成为学校制度文化育人效果持续提升的活力源泉。

第一，创设精神文化建设平台，以高尚的情操塑造人。精神文化是非正式制度文化的一种表现形式，对青少年学生的道德影响是一个长期的、持续的、不断的发展过程。所谓学校的精神文化，是指学校在依据一定的社会要求以及受教育者身心发展的规律和特征，历经时间的洗涤所孕育的特有价值观念与意识形态，是一种深层表现形式的学校文化，主要包括学校师生的价值理念、意识形态、思维方式等。搭建精神文化建设平台，更好地发挥非正式制度文化的育人功能，学校要提供更多更好的精神文化产品，用精神文明来传递人文关怀，一方面，要引导全校教职员工特别是青少年学生确立"八荣八耻"的社会主义荣辱观，形成共同的道德理想和强大的凝聚力。"坚持以热爱祖国为荣、以危害祖国为耻，以服务人民为荣、以背离人民为耻，以崇尚科学为荣、以愚昧无知为耻，以辛勤劳动为荣、以好逸恶劳为耻，以团结互助为荣、以损人利己为耻，以诚实守信为荣、以见利忘义为耻，以遵纪守法为荣、以违法乱纪为耻，以艰苦奋斗为荣、以骄奢淫逸为耻。"② 另一方面，建设优良的校风、教风与学风。校风、教风与学风是一种无形的推动力，可振奋人的精神，鼓舞青少年学生的斗志，潜移默化地影响着青少年学生的精神面貌，是一种良好的育

---

① ［美］约翰·杜威：《民主主义与教育》，王承绪译，人民教育出版社2001年版，第25页。

② 胡锦涛：《牢固树立社会主义荣辱观》，《人民日报》2006年4月28日第1版。

人载体。要树立典型,改善精神环境,注重环境的熏陶作用,深入挖掘学校的资源,弘扬学校文化精神。要通过新闻媒体在校内和校外进行广泛报道,扩大覆盖的范围或区域,促使广大师生员工深刻领会校风、校训、学风中包含的道德底蕴与文化气质,形成催人奋进、积极向上、情趣高雅的精神氛围,如同精神食粮的盛宴,使师生员工受到鼓舞、感染,焕发师生员工遵守道德的责任感和使命感,增强主人翁意识,将严谨笃学、敬业爱生、诲人不倦、同心同德、乐学善思等情绪品质落实到学校教育教学的每一个环节,最大限度地推动学生良好道德品格的培养,从而取得良好的育人效果。

第二,要广辟物质文化建设平台,以优美的环境感染人。学校的物质文化以学校的物质设施为主要研究对象,是指学校的全体教职员工在长期的教育教学实践中,经过长期的探索、积淀而形成的各种物质产品及其承载的文化特征,主要包括校园建筑、教学仪器、教学设备等,是一种学校文化的表层形式。塑造良好的育人环境,才能让学生们恬逸地生活、安心地学习。然而,即使学校的硬件设施多么齐备,技术多么先进,但若疏忽物质环境的文化音符与育人元素,无以形成氛围浓厚的育人环境,使人心灰意冷。优美的环境可激发学生发现美、欣赏美和创造美的强烈愿望,将对美的体验和感悟融入思想道德修养中,陶冶道德情操,积极能动地进行道德的自主建构。檀传宝教授在《德育美学观》一书中指出,个体由于对美的享受而激发道德动机,更愿意自觉提升自己的道德境界和生活品质。物质环境的布局风格如整洁的场地、翠绿的草坪、绿树成荫、建筑错落有致,可引发学生愉悦的心理体验,厌恶或鄙视诸如随地吐痰、乱扔果皮纸屑等不文明的行为,甚至主动维护良好的环境,帮助别人改掉陋习,习得积极向上的精神动力或道德力量。因此,物质文化平台的建设要有助于学生道德修养的提升,为推进学校制度文化建设做出不懈努力。学校要加大建设的力度,进一步推进物质文化建设的平台,优化办学环境,最大限度地调动学生的内在潜能与创造愿望,为学生培植正面影响的肥沃土壤,熏染和陶冶学生的道德情操,为学校创设良好的育人氛围,收获"润物无声"的良好教育成效。要通过宣传栏、校报、墙报，打造布局合理、景色优美、优雅文明、赏心悦目、心旷神怡的学校文化环境，使学校的一花一石、一草一木、一砖一瓦、一楼一檐都承载文化信息，每个雕栏画柱或设备设施都镌刻着启发人、濡染人、勉励人的文化标记，成为育人的制度文化符号。置身于这样的制度文化环境中，怎能不令人心旷神怡，怎能不使人坦然释怀、心情愉悦？这种间接情景的暗示具有直接的道德说教所不可比拟的育人成效，传递着学校独有的文化意蕴与道德魅力。

第三，打造特色文化建设平台，以独特的氛围熏陶人。经过长期的发展积淀之后，学校的发展往往会出现踟蹰不前的"高原现象"，各项活动按部就班，育人工作难以取得突破性进展，在一定程度上窒息了学校的生机与活力。欲使学校重新焕发勃勃生机，就必须走特色化的发展道路。由于学校制度文化是一所学校独特品质和风格的表征，以此，学校要从制度文化建设上下功夫。在精心培植、积极凝练与升华精神中增强文化自信，构筑学校育人的特色。一方面，通过特色文化建设平台，凝练特色，打造学校制度文化的精品，形成学校制度文化育人的亮点。任何学校制度文化都并非"万金油"，适合别人的不见得一定是适合自己的。在其他学校行之有效的制度文化并不一定能在自己的学校发挥应有之用，不加选择地模仿其他学校建立学校制度文化，导致制度文化在文本建设上的高度雷同，或水土不服，或牵强附会，自然难以落地生根。因此，有效的做法是以兄弟学校的成功范例为镜鉴，进行本土化转移，强化动态嵌入性研究，要探寻移植的制度文化与本校已有状况的关联度，最大限度地挖掘重叠或相吻合的地方，找到相应的结合点，从而打造一种新的制度文化样式，一种新制度文化育人体系，凸显对本土制度文化进行整合与优化的发展动态，探索出适合自身发展的学校制度文化，凸显校本制度文化育人的特色。另一方面，要设计新颖别致的校服，展现育人特色。"校服"（Uniform）最早产生于欧洲的教会学校，意指学生统一的服装。世界上最早的校服是英国霍舍姆基督公学设计的蓝袍校服，其用意是为了统一要求，规范管理，引导学生行之有度。蓝袍校服制的实施在提升霍舍姆基督公学的社会声誉中起到了不可估量的作用。身着蓝袍校服制是身份的象征，会使人情不自禁地萌发对学校深厚的情怀，学生以穿着校服为荣，因为这是学校文化的积淀与标志，是庄重、优雅、自信与荣耀的表征。从校服产生至今的五百余年中，不同时期或同一时期的不同学校均对校服存在的价值进行了深入探究，反对意见有之，主要认为校服不利于学生个性的发展，但赞同声音更众，其基本观点在于，任何事物均不是完美无缺的，不能以偏概全，况且，校服具有的增强学生的礼仪观念、归属感和凝聚力的正面意义大于负面意义。笔者赞同后者，在学校中统一着装，利用整洁的校服培养学生讲究卫生、平等意识、集体精神、增强团体荣誉感等良好行为习惯，将育人工作落到了实处。如北京师范大学第二附属中学的校标是象征着"质朴、博学、笃志"的三色帆，与此相对应的蓝白运动校服较好地注解了该校以人文精神为主导，以学生自主发展为根本，注重文化环境熏陶，加强道德实践的育人特色。因此，设计穿着得体、新颖别致的校服就成为学校制度文化育人的一个有效载体。

五 健全运行机制，切实提升制度文化育人的执行力

立德树人是一项实践性很强的社会活动。这就决定了学校制度文化不应成为静态的、为了理论研究而理论研究的"学术"，一言以蔽之，不能悬而不决，必须脚踏实地，求真务实。就其呈现形式而言，制度文化本身是静态的，对人没有任何实质意义，唯有对个体的言行进行规约与引领时，方可彰显其动态性的属性。"履，德之基也。"（《周易·系辞下》）要切实提升学校制度文化的育人效果，有效避免学校制度文化成为一纸空文的一个强有力措施，就是加大学校制度文化的执行力度。执行力不仅是凝聚力和号召力的体现，也是活力和效力的表征，必须加大执行力度。前文我们反复强调，衡量一所学校制度文化育人程度的标准，并不完全在于学校制度文化本身的健全与否，还必须考虑制度文化是否落到了实处。否则，再先进的制度文化，如果束之高阁，贯彻不力，运作不当，也难以产生预期的效果。制度文化是否得到有效的落实，应以个体是否经常地、稳定地、持续地自觉执行制度为基本准绳，当个体能够始终如一地自觉执行制度时，标志着制度文化的育人功能真正得以贯彻。因此，加强制度的执行力度就被提上日程。

首先，要脚踏实地，从贯彻落实制度文化的每一个细节做起。"千丈之堤，以蝼蚁之穴溃；百尺之室，以突隙之烟焚。"（《韩非子·喻老》）刘备诫其子："勿以恶小而为之，勿以善小而不为。"小事中孕育着伟大，孕育着深刻的哲理与做人的道理，"不扫一屋，何以扫天下"道德的合理性在小事中得到淋漓尽致的体现。福柯深刻地诠释了细节在培养有道德的人的过程中的至关重要性。他认为："为了控制和使用人，经过古典时代，对细节的仔细观察和对小事的政治敏感同时出现了，与之伴随的是一整套技术，一整套办法、知识、描述、方案和数据。而且，毫无疑问，正是从这些细枝末节中产生了现代人道主义意义上的人。"[1] 因此，在学校制度文化育人活动中，对任何细节都不能掉以轻心，都不能以为这是微不足道的。关注细节应从小到每一次谈话、一次备课、一次活动等做起。一个对细节满不在乎的人是很难取得实质性突破成果的。因为小事反映着大事，小节体现着大节。在帕斯卡尔看来，一些小事，尽管小得不能再小，甚至被一些人认为是无伤大雅的，但正是这些微不足道的小事，既可以安抚我们受伤的心灵，也可像一把尖刀，深深地刺痛我们的内心。因此，如果不关注小事和细节，那么就有可能发展为大事或大节。如果青少年学生不拘小节，将迟到早退、乱扔纸屑、投机取巧视为不足挂齿的小节，那么，在他们心目中，什么都会变得无所谓。一个经常迟到早退的人，如何培养他们的纪律观念与爱岗意识；一个乱扔纸屑的人，如何能够养成良好的行为习惯；一个投机取巧的人，又怎样能培养出言行如一、诚实守信的良好品格，答案显然是否定的。

其次，要将育人工作规范化、程序化、制度化。要依托节假日开展主题鲜明、内容丰富的育人活动，通过制度化的安排，防止形式化、表面化、浅显化，不仅一以贯之，而且要注重实施成效，使之真

---

[1] ［法］米歇尔·福柯：《规训与惩罚》，刘北成等译，生活·读书·新知三联书店1999年版，第160页。

正发挥应有的育人功能。约定俗成的规范:"只有经过大量道德上的训练,儿童才能成为那种制度所计划培养的完人。"[①] 如在3月5日学雷锋纪念日组织开展"让雷锋精神落地生根""我为人人,人人为我""学雷锋、献爱心""寻找身边的雷锋"或"我与雷锋精神同行"等社会志愿服务活动,以雷锋精神为动力,充分发挥雷锋同志勤俭节约、友爱互助、勇于奉献等正能量,不断提升青少年学生的担当意识和自愿服务精神,推动学雷锋活动一贯化、规范化,让雷锋精神在校园中蔚然成风;在3月12日的植树节开展以"我为学校添抹绿""感恩自然,奉献绿色""共创一片蓝天""环境保护、人人有责"为主题的教育活动,增强学生绿化校园、关爱环境、保护环境与美化生活的生态道德意识,强化对低碳生活的认知,切实感受植树活动和劳动过程带来的愉悦;在"五一国际劳动节"开展"我劳动、我快乐""劳动光荣,奉献最美""我是劳动小能手""劳动是创造幸福"等主题活动,让学生了解劳动在弘扬中华传统美德中的意义,树立热爱劳动的观念,尊重劳动人民,爱惜劳动成果,做力所能及的事,培养良好的劳动习惯,奏响"劳动创造幸福"的主旋律;在"中华人民共和国国庆节"开展"国旗下的讲话""红领巾心向党""我骄傲,我是中国人"等活动,激发学生关心祖国前途和命运的爱国热情,树立民族自尊心和自信心,积极践行社会主义荣辱观,不断弘扬爱国主义的优良传统。在丰富多彩、趣味横生的课外活动中促进学生道德不断成长。为广大学生树立"行动的楷模""可见的榜样""十佳学生社团"等激励性的学校制度文化,能够充分发挥同学之间、同伴之间的示范作用,保证了示范激励的正确方向,行善的动机和信心的倍增,新的、更高的道德需求随之产生,在这种需求的指引下,青少年学生的道德行为得到了强化,从而激励他们朝着先进的方向奋进,提高了育人效率。正是在这种长期的、一贯的活动中,播撒美德,使青少年学生成为名副其实的反对形式主义和本本主义的坚决斗士,进而

---

① [英]伯特兰·罗素:《教育与美好生活》,杨汉麟译,河北人民出版社1999年版,第23页。

焕发道德良知，他们已经不再将遵守制度规范作为自己的追求目标，而是做一个道德高尚的人，"在我们的灵魂深处生来就有一种正义和道德的原则；尽管我们有自己的准则，但我们在判断我们和他人的行为是好或是坏的时候，都要以这个原则为依据，所以我把这个原则称为良心"①。

再次，建立健全惩戒制度，尤其是要建立健全责任追究制度。人们之所以违反道德或行为规则，是为了获得某些收益或好处。在这方面，法国启蒙思想家爱尔维修（Claude Adrien Helvtius）的分析很有见地，他针砭时弊地指出："当人们处于从恶能得到好处的制度之下，要劝人从善是徒劳的。"② 如果将违规的意识与弊大于利的思想结合在一起，就能从思想源头上消除人们违规的动机，预防、减少或消除人们的不道德行为。对于一些极为恶劣的行为，要在曝光的基础上，进行深层的检视，使之产生羞愧或悔恨之意，引导其改过迁善，矫正育人过程中制度文化实施的偏颇，这在福柯那里也得到了印证。"因为惩罚必须以极其严峻的方式将罪行暴露于众目睽睽之下，所以惩罚也必须对这种'残暴'承担责任：它必须通过忏悔、申明和铭文揭示残暴。"③ 因此，要在不断健全完善规章制度的基础上，不应投鼠忌器，而是坚定决心，要求所有成员都必须严格遵守，不打感情牌，要捍卫制度的权威，信守道德规则，而不是屈服或顺从某个具体的人，让学生心悦诚服地遵奉制度，不折不扣地将制度文化中的育人要求落实到日常学习和生活的每一个环节，学以致用。此外，在学校制度文化的贯彻与落实过程中，要强化问责制，对于执行力弱，或执行不到位的部门和人员进行问责。要规范办事程序，彻底舍弃"人治"的流弊，执行制度时应不顾情面，照章办事，一视同仁，不能以任何借口特殊对待，以此调动师生员工遵守道德规则的主动性，自觉自愿

---

① [法] 卢梭：《爱弥儿》（下卷），李平沤译，商务印书馆2016年版，第456页。
② [美] 乔治·霍兰·萨拜因：《政治学说史》（下册），刘山等译，商务印书馆1986年版，第633页。
③ [法] 米歇尔·福柯：《规训与惩罚》，刘北成等译，生活·读书·新知三联书店1999年版，第61页。

地恪守各种规章制度,将践行道德要求作为一种自觉行为,将育人行为落到实处,步入良性发展的轨道。

最后,充分发挥学校某些特定人群的示范或表率作用。一方面,要发挥学校领导或行政人员的"领路人"作用,严格按照学校制度文化规范自己的言行,求真务实,不找借口,绝不托辞,带头执行学校的管理制度和行为规范,为其他师生员工遵章办事及内化制度文化增添正能量,最终形成学校校长、班主任或行政人员带头示范、上行下效的良好教育格局。另一方面,班主任也要带头示范,为学生树立良好的榜样,在常态的教育教学工作中追寻不平凡的精彩。作为青少年学生健康成长的引导者、教育者和合作者,班主任的榜样力量是无穷的。班主任带头践行制度文化,言行一致,表里如一,以身作则,这种无声的教育会潜移默化地影响和鞭策青少年学生,激发学生天性中至善至美的意识,强化他们的效仿行为,尤其是使之能够正视自己的不足,并及时自我调整和修正,加强自主管理,久而久之,必将达成"桃李不言,下自成蹊"的美好意境,将制度文化的育人工作推向新的层次和境界。

余　　论

　　学校制度文化本身的博大精深，加之道德教育工作的艰巨复杂，要求我们不断地深入剖析与追问。尽管研究者从不同角度出发进行了穷究，提出了自己的理解与阐述，发挥了"众人拾柴火焰高"的合力，但由于其涵盖面广，内容复杂，实践性强，决定了这是一项持久而艰巨的任务。蓦然回首，不难发现，我们依然行走在探寻这条深奥玄妙的文化思想体系之路上。在这方面，诺思的分析相当公允："对于制度的严谨研究，我们才刚刚开始。前景是美好的。我们也许永远也无法确切地回答所有问题，但我们可以做得更好一些。"[1]

　　马克思在《1844年经济学哲学手稿》中指出，人与动物之间的差异，就在于动物与自己的生命活动是一体的，难以区分开来。而人的活动是自由的活动，是一种有意识的生命活动。"有意识的生命活动把人同动物的生命活动直接区别开来。正是由于这一点，人才是类存在物……就是说，他自己的生活对他来说是对象。"[2] 基于此，人通过对象化劳动，产生了合作的需求，有了不断超越与创新的精神动力，才能紧跟时代步伐，不断自我革新，锻造自我完善的能力。人要有思想的追求，搭建自己的思想骨架，不能自我放逐。在帕斯卡尔看来，没有思想的人如同行尸走肉，是不可思议的。"我很能想象一个人没有手、没有脚、没有头（因为只是经验才教导我们说，头比脚更

---

[1] ［美］道格拉斯·C.诺思：《制度、制度变迁与经济绩效》，杭行译，格致出版社、上海三联书店、上海人民出版社2014年版，第166页。
[2] 马克思：《1844年经济学哲学手稿》，人民出版社2000年版，第57页。

为必要）。然而，我不能想象人没有思想：那就成了一块顽石或者一头畜牲了。"① 恩格斯在《自然辩证法》一书中也将思维着的精神视为地球上最美丽的花朵。正是这种思维着的精神，我们不断探寻与创建优质的制度文化，汲取应对道德困境的不竭动力，使其动态性更加凸显，这是发挥学校制度文化育人效应的智力支撑和思想保障。

学校制度文化的形成是一个长期积累、持续更新的动态过程，它随着学校的不断发展和进步而"水涨船高"。因而，我们不能满足或沉醉于既有的制度文化，而要紧跟时代步伐和道德教育的发展趋势，不断解放思想，开阔视野，要结合学校的自身特点和育人的基本规律，推进制度文化的创新，提升学校的文化品位，映射高尚的道德品格，进而实现育人的教育目标，以适应社会对学校人才培养的需求。

一言以蔽之，在学校制度文化育人工作中，今后仍需依据社会的要求以及青少年学生的思想实际，紧密结合暴露出的新问题和新矛盾，不断健全与完善制度文化育人的长效机制，将青少年学生良好道德品质的培养推向新的发展阶段，切实促进他们整体道德素质的稳步提升。

---

① ［法］帕斯卡尔：《帕斯卡尔思想录》，何兆武译，陕西师范大学出版社2003年版，第189页。

参考文献

（一）著作类

经典著作

《马克思恩格斯全集》第1卷，人民出版社1956年版。
《马克思恩格斯全集》第3卷，人民出版社1960年版。
《马克思恩格斯全集》第3卷，人民出版社2002年版。
《马克思恩格斯全集》第19卷，人民出版社1963年版。
《马克思恩格斯全集》第40卷，人民出版社1982年版。
《马克思恩格斯全集》第42卷，人民出版社1979年版。
《马克思恩格斯文集》第1卷，人民出版社2009年版。
《马克思恩格斯选集》第1卷，人民出版社1972年版。
《马克思恩格斯选集》第1卷，人民出版社1995年版。
《马克思恩格斯选集》第2卷，人民出版社1972年版。
《马克思恩格斯选集》第4卷，人民出版社1972年版。
《马克思恩格斯选集》第4卷，人民出版社1995年版。
马克思：《资本论》第1卷，中共中央马克思恩格斯列宁斯大林著作编译局译，人民出版社1975年版。
《邓小平文选》第三卷，人民出版社1993年版。

中文著作

班华：《现代德育论》，安徽人民出版社2004年版。
邴正：《当代人与文化——人类自我意识与文化批判》，吉林教育出版社 1998 年版。

车洪波、郑俊田：《中国当代制度文化建设》，中国商务出版社 2004 年版。

陈纯仁：《社会主义制度文明建设论》，中国社会出版社 2006 年版。

陈嘉明等：《现代性与后现代性》，人民出版社 2001 年版。

陈耀武：《先进文化与中华民族的凝聚力》，军事科学出版社 2004 年版。

辞海编辑委员会：《辞海》，上海辞书出版社 1980 年版。

樊纲：《渐进改革的政治经济学分析》，上海远东出版社 1996 年版。

范国睿：《学校管理的理论与实务》，华东师范大学出版社 2003 年版。

高德胜：《生活德育论》，人民出版社 2005 年版。

高国希：《道德哲学》，复旦大学出版社 2005 年版。

高兆明：《制度公正论：变革时期道德失范研究》，上海文艺出版社 2001 年版。

谷力：《现代学校制度生成与变革原理研究》，河海大学出版社 2007 年版。

顾明远：《中国教育的文化基础》，山西教育出版社 2004 年版。

国际 21 世纪教育委员会：《教育——财富蕴藏其中》，联合国教科文组织总部中文科译，教育科学出版社 1996 年版。

何怀宏：《伦理学是什么》，北京大学出版社 2002 年版。

金生鈜：《德性与教化——从苏格拉底到尼采：西方道德教育哲学思想研究》，湖南大学出版社 2003 年版。

金生鈜：《规训与教化》，教育科学出版社 2004 年版。

瞿葆奎：《教育学文集·德育》，人民教育出版社 1989 年版。

梁漱溟：《东西文化及其哲学》，商务印书馆 1999 年版。

刘小枫：《沉重的肉身——现代性伦理的叙事纬语》，上海人民出版社 2000 年版。

鲁洁：《当代德育基本理论探讨》，江苏教育出版社 2003 年版。

鲁洁：《道德教育的当代论域》，人民出版社 2005 年版。

鲁洁：《德育社会学》，福建教育出版社 1998 年版。
鲁洁：《教育社会学》，人民教育出版社 2001 年版。
鲁洁、王逢贤：《德育新论》，江苏教育出版社 1994 年版。
马健生：《现代教育制度与思想》，高等教育出版社 2004 年版。
戚万学：《活动道德教育论》，南开大学出版社 1994 年版。
戚万学等：《道德教育的文化使命》，教育科学出版社 2010 年版。
戚万学等：《学校德育原理》，北京师范大学出版社 2012 年版。
钱穆：《文化与教育》，生活·读书·新知三联书店 2009 年版。
司马云杰：《文化悖论》，山东人民出版社 1992 年版。
孙明强：《制度胜于一切》，新华出版社 2007 年版。
汪洪涛：《制度经济学——制度及制度变迁性质解释》，复旦大学出版社 2003 年版。
王海传：《人的发展的制度安排》，华中师范大学出版社 2007 年版。
王坤庆：《精神与教育：一种教育哲学视角的当代教育的反思与建构》，上海教育出版社 2002 年版。
王跃生：《没有规矩不成方圆》，生活·读书·新知三联书店 2000 年版。
魏贤超：《德育课程论》，黑龙江教育出版社 2004 年版。
吴国盛：《科学的历程》，湖南科学技术出版社 1997 年版。
伍装：《非正式制度论》，上海财经大学出版社 2011 年版。
许和隆：《冲突与互动：转型社会政治发展中的制度与文化》，中山大学出版社 2007 年版。
杨祖陶、邓晓芒：《康德三大批判精粹》，人民出版社 2001 年版。
叶澜等：《全球化、信息化背景下的中国基础教育改革研究报告集》，华东师范大学出版社 2004 年版。
殷海光：《中国文化的展望》，上海三联书店 2002 年版。
袁方等：《社会学家的眼光：中国社会结构转型》，中国社会出版社 1998 年版。
袁桂林：《当代西方道德教育理论》，福建教育出版社 2005 年版。
詹万生：《整体构建德育体系总论》，教育科学出版社 2001 年版。
张岱年：《中国伦理思想研究》，江苏教育出版社 2005 年版。

张焕庭:《西方资产阶级教育论著选》,人民教育出版社1979年版。
郑金洲:《教育文化学》,人民教育出版社2000年版。
中国社会科学院语言研究所词典编辑室:《现代汉语词典》,商务印书馆1996年版。
中国社会科学院语言研究所词典编辑室:《现代汉语词典》,商务印书馆2002年版。
周辅成:《西方伦理学名著选辑》(上卷),商务印书馆1964年版。
朱小蔓:《情感教育论纲》,人民出版社2008年版。
[德] M. 兰德曼:《哲学人类学》,彭富春译,工人出版社1988年版。
[德] 埃德蒙德·胡塞尔:《欧洲科学危机和超验现象学》,张庆熊译,上海译文出版社1988年版。
[德] 弗里德里希·包尔生:《伦理学体系》,何怀宏等译,中国社会科学出版社1988年版。
[德] 弗里德里希·尼采:《看哪这人:尼采自述》,张念东、凌素心译,中央编译出版社2000年版。
[德] 黑格尔:《法哲学原理》,范扬、张企泰译,商务印书馆2016年版。
[德] 黑格尔:《美学》第1卷,朱光潜译,商务印书馆1979年版。
[德] 康德:《历史理性批判文集》,何兆武译,商务印书馆1990年版。
[德] 康德:《实用人类学》,邓晓芒译,重庆出版社1987年版。
[德] 柯武刚、史漫飞:《制度经济学——社会秩序与公共政策》,韩朝华译,商务印书馆2000年版。
[德] 马克斯·韦伯:《经济与社会》(上卷),林荣远译,商务印书馆1997年版。
[德] 马克斯·韦伯:《民族国家与经济政策》,甘阳等译,生活·读书·新知三联书店1997年版。
[德] 米夏埃尔·兰德曼:《哲学人类学》,张乐天译,上海译文出版社1988年版。

［德］雅斯贝尔斯：《什么是教育》，邹进译，生活·读书·新知三联书店1991年版。

［德］伊曼努尔·康德：《论教育学》，赵鹏等译，上海人民出版社2005年版。

［德］伊曼努尔·康德：《实践理性批判》，韩水法译，商务印书馆1999年版。

［俄］别尔嘉耶夫：《论人的使命：悖论伦理学体验》，张百春译，学林出版社2000年版。

［法］E.迪尔凯姆：《社会学方法的准则》，狄玉明译，商务印书馆2003年版。

［法］爱弥尔·涂尔干：《道德教育》，陈光金等译，上海人民出版社2006年版。

［法］卢梭：《论科学与艺术的复兴是否有助于使风俗日趋淳朴》，李平沤译，商务印书馆2011年版。

［法］米歇尔·福柯：《规训与惩罚：监狱的诞生》，刘北成等译，生活·读书·新知三联书店1999年版。

［法］帕斯卡尔：《帕斯卡尔思想录》，何兆武译，陕西师范大学出版社2003年版。

［古希腊］亚里士多德：《尼各马科伦理学》，苗力田译，中国社会科学出版社1990年版。

［古希腊］亚里士多德：《政治学》，吴寿彭译，商务印书馆1965年版。

［捷］夸美纽斯：《大教学论》，傅任敢译，教育科学出版社1999年版。

［捷］夸美纽斯：《夸美纽斯教育论著选》，任钟印选编，任宝祥等译，人民教育出版社2005年版。

［美］A.麦金太尔：《德性之后》，龚群等译，中国社会科学出版社1995年版。

［美］E.博登海默：《法理学：法律哲学与法律方法》，邓正来译，中国政法大学出版社2004年版。

[美] R. A. 巴伦、D. 伯恩：《社会心理学》，黄敏儿、王飞雪等译，华东师范大学出版社2004年版。

[美] 阿拉斯戴尔·麦金太尔：《谁之正义？何种合理性？》，万俊人等译，当代中国出版社1996年版。

[美] 艾萨克·康德尔：《教育的新时代——比较研究》，王承绪等译，人民教育出版社2001年版。

[美] 丹尼尔·W. 布罗姆利：《经济利益与经济制度——公共政策的理论基础》，陈郁等译，上海三联书店、上海人民出版社1996年版。

[美] 丹尼尔·贝尔：《资本主义文化矛盾》，赵一凡等译，生活·读书·新知三联书店1989年版。

[美] 道格拉斯·C. 诺思：《经济史中的结构与变迁》，陈郁等译，上海三联书店1991年版。

[美] 道格拉斯·C. 诺思：《制度、制度变迁与经济绩效》，杭行译，格致出版社、上海三联书店、上海人民出版社2014年版。

[美] 道格拉斯·C. 诺思：《制度、制度变迁与经济绩效》，刘守英译，上海三联书店1994年版。

[美] 凡勃伦：《有闲阶级论：关于制度的经济研究》，蔡受百译，商务印书馆1964年版。

[美] 冯·贝塔朗菲：《一般系统论：基础、发展和应用》，林康义等译，清华大学出版社1987年版。

[美] 弗莱德·R. 多尔迈：《主体性的黄昏》，万俊人等译，上海出版社1992年版。

[美] 弗兰克·梯利：《伦理学导论》，何意译，广西师范大学出版社2002年版。

[美] 汉娜·阿伦特：《过去与未来之间》，王寅丽等译，译林出版社2011年版。

[美] 赫伯特·西蒙：《现代决策理论的基石：有限理性说》，杨砾等译，北京经济学院出版社1989年版。

[美] 康芒斯：《制度经济学》，于树生译，商务印书馆1962年版。

[美] 理查德·罗蒂：《哲学和自然之镜》，李幼蒸译，商务印书馆

2003年版。

［美］列奥·施特劳斯：《自然权利与历史》，彭刚译，生活·读书·新知三联书店2003年版。

［美］马丁·L.霍夫曼：《移情与道德发展》，杨韶刚等译，黑龙江人民出版社2003年版。

［美］内尔·诺丁斯：《学会关心：教育的另一种模式》，于天龙译，教育科学出版社2014年版。

［美］伊恩·罗伯逊：《社会学》，黄育馥译，商务印书馆1990年版。

［美］约翰·I.古得莱得：《一个称作学校的地方》，苏智欣等译，华东师范大学出版社2007年版。

［美］约翰·杜威：《民主主义与教育》，王承绪译，人民教育出版社2001年版。

［美］约翰·罗尔斯：《道德哲学史讲义》，张国清译，上海三联书店2003年版。

［美］约翰·罗尔斯：《正义论》，何怀宏、何包钢、廖申白译，中国社会科学出版社1988年版。

［日］青木昌彦：《比较制度分析》，周黎安译，上海远东出版社2001年版。

［瑞士］皮亚杰：《皮亚杰教育论著选》，卢濬选译，人民教育出版社1990年版。

［苏］B.A.苏霍姆林斯基：《帕夫雷什中学》，赵玮等译，教育科学出版社1983年版。

［苏］苏霍姆林斯基：《教育的艺术》，肖勇译，湖南教育出版社1983年版。

［苏］瓦·阿·苏霍姆林斯基：《关心孩子的成长》，汪彭庚等译，北京师范大学出版社1982年版。

［苏］瓦·阿·苏霍姆林斯基：《少年的教育和自我教育》，姜励群等译，北京出版社1984年版。

［苏］瓦·亚·苏霍姆林斯基：《学生的精神世界》，吴春荫等译，教育科学出版社1981年版。

［英］B. 马林诺斯基：《科学的文化理论》，黄剑波等译，中央民族大学出版社1999年版。

［英］安东尼·吉登斯：《失控的世界》，周红云译，江西人民出版社2001年版。

［英］安东尼·吉登斯：《现代性的后果》，田禾译，译林出版社2000年版。

［英］边沁：《道德与立法原理导论》，时殷弘译，商务印书馆2000年版。

［英］伯特兰·罗素：《教育与美好生活》，杨汉麟译，河北人民出版社1999年版。

［英］弗·培根：《培根论说文集》，水天同译，商务印书馆1983年版。

［英］弗里德利希·冯·哈耶克：《自由秩序原理》（上册），邓正来译，生活·读书·新知三联书店1997年版。

［英］怀特海：《教育的目的》，徐汝舟译，生活·读书·新知三联书店2002年版。

［英］卡尔·波普尔：《历史主义贫困论》，何林等译，中国社会科学出版社1998年版。

［英］雷蒙德·威廉斯：《文化与社会》，吴松江等译，北京大学出版社1991年版。

［英］尼尔·麦考密克、［奥］奥塔·魏因贝格尔：《制度法论》，周叶谦译，中国政法大学出版社2004年版。

［英］齐格蒙特·鲍曼：《后现代伦理学》，张成岗译，江苏人民出版社2003年版。

［英］泰勒：《原始文化》，蔡江浓编译，浙江人民出版社1988年版。

［英］亚当·弗格森：《道德哲学原理》，孙飞宇等译，上海人民出版社2005年版。

［英］约翰·怀特：《再论教育目的》，李永宏等译，教育科学出版社1997年版。

（二）期刊类

杜时忠：《当前学校德育的三大认识误区及其超越》，《教育研究》2009 年第 8 期。

杜时忠：《论德育走向》，《教育研究》2012 年第 2 期。

杜时忠：《无奈的荒唐：睡好觉不跳楼就是好教育?》，《中小学德育》2011 年第 6 期。

杜时忠：《以道德的教育培养道德的人》，《教育科学研究》2014 年第 8 期。

杜时忠：《制度德性与制度德育》，《教育研究与实验》2002 年第 1 期。

冯永刚：《刍议制度文化在道德教育中的功效》，《教育研究》2012 年第 3 期。

冯永刚：《儿童道德教育中家校合作偏失及其匡正》，《中国教育学刊》2011 年第 9 期。

冯永刚：《规则教育的偏失及匡正》，《中国德育》2015 年第 7 期。

冯永刚：《学校教育制度的结构探究》，《教育理论与实践》2014 年第 2 期。

冯永刚：《学校制度文化育人的价值意蕴及其实现》，《教育科学研究》2018 年第 5 期。

冯永刚：《制度建构：儿童道德启蒙教育不可或缺的基础支撑》，《中国教育学刊》2016 年第 4 期。

顾明远：《既做经师　更做人师》，《北京师范大学学报》（社会科学版）2015 年第 1 期。

顾明远：《又该呐喊"救救孩子"了》，《中国教育学刊》2005 年第 9 期。

胡金木等：《校规的制度德性审视》，《中国教育学刊》2007 年第 10 期。

林岗、刘元春：《诺斯与马克思：关于制度的起源和本质的两种解释的比较》,《经济研究》2000 年第 6 期。

戚万学:《20 世纪西方道德教育主题的嬗变》,《教育研究》2003 年第 5 期。

戚万学:《当前中国道德教育的文化困惑与文化选择》,《教育研究》2009 年第 10 期。

戚万学:《关于建构中国现代道德教育理论的几点设想》,《教育研究》1997 年第 12 期。

戚万学:《论公共精神的培育》,《教育研究》2017 年第 11 期。

戚万学:《中国公民社会的成长和公民道德教育的使命》,《教育研究》2015 年第 11 期。

檀传宝:《德育形态的历史演进与现实价值》,《教育研究》2014 年第 6 期。

檀传宝:《合乎道德的教育与真正幸福的追寻——当代中国教育的伦理思考》,《课程·教材·教法》2015 年第 8 期。

檀传宝:《论惩罚的教育意义及其实现》,《中国教育学刊》2004 年第 2 期。

唐汉卫:《从我国公民社会的特点看学校道德教育的选择》,《教育研究》2015 年第 11 期。

唐汉卫:《论教育改革的逻辑》,《教育研究》2011 年第 10 期。

唐汉卫:《学校德育改革应该确立的四种意识》,《教育研究》2017 年第 6 期。

王夫艳:《规则抑或美德:教师专业道德建构的理论路径与现实选择》,《教育研究》2015 年第 10 期。

附录一　受访者基本情况

序号	性别	职别	工作单位	录音
AS1	男	学生	A市某普通小学	是
AS2	女	学生	A市某普通小学	是
AS3	女	学生	A市某普通小学	是
AS4	女	学生	A市某普通中学	是
AS5	女	学生	A市某普通中学	是
AS6	女	学生	A市某普通中学	是
AS7	女	学生	A市某普通中学	是
AS8	男	学生	A市某普通中学	是
AS9	男	学生	A市某普通中学	是
AS10	女	学生	A市某普通中学	是
AS11	男	学生	A市某重点中学	是
AS12	女	学生	A市某普通中学	是
AS13	女	学生	A市某普通中学	是
AS14	女	学生	A市某普通中学	是
AS15	女	学生	A市某普通中学	是
AS16	女	学生	A市某重点中学	是
AS17	男	学生	A市某重点中学	是
AS18	女	学生	A市某重点中学	是
AS19	男	学生	A市某重点中学	是
AS20	男	学生	A市某重点中学	是
AS21	女	学生	A市某普通中学	是
AS22	男	学生	A市某普通中学	是

续表

序号	性别	职别	工作单位	录音
AS23	男	学生	A市某重点中学	是
AS24	女	学生	A市某重点中学	是
BS1	女	学生	B市某普通中学	是
BS2	女	学生	B市某普通中学	是
BS3	女	学生	B市某普通中学	是
BS4	男	学生	B市某普通中学	是
BS5	男	学生	B市某普通中学	是
CS1	男	学生	C市某普通小学	是
CS2	女	学生	C市某普通小学	是
CS3	女	学生	C市某普通小学	是
CS4	女	学生	C市某普通小学	是
ES1	女	学生	E市某重点中学	是
ES2	女	学生	E市某重点中学	是
ES3	女	学生	E市某重点中学	是
ES4	女	学生	E市某普通中学	是
ES5	男	学生	E市某普通中学	是
FS1	女	学生	F市某普通小学	是
FS2	女	学生	F市某普通中学	是
FS3	女	学生	F市某普通中学	是
FS4	男	学生	F市某普通中学	是
FS5	女	学生	F市某普通中学	是
GS1	女	学生	G市某重点中学	是
GS2	女	学生	G市某重点中学	是
GS3	男	学生	G市某重点中学	是
GS4	女	学生	G市某重点中学	是
GS5	女	学生	G市某重点中学	是
GS6	女	学生	G市某重点中学	是
LS1	女	大二学生	A市某高校	是
LS2	男	大二学生	A市某高校	是
LS3	男	大三学生	A市某高校	是

续表

序号	性别	职别	工作单位	录音
LS4	女	大三学生	A市某高校	是
LS5	男	大三学生	A市某高校	是
PS1	女	大二学生	A市某高校	是
PS2	女	大二学生	A市某高校	是
PS3	女	大二学生	A市某高校	是
PS4	女	大二学生	A市某高校	是
RS1	男	大三学生	E市某高校	是
RS2	女	大三学生	E市某高校	是
RS3	男	大三学生	E市某高校	是
RS4	女	大三学生	E市某高校	是
RS5	女	大三学生	E市某高校	是
RS6	女	大三学生	E市某高校	是
AT1	女	语文教师	A市某普通小学	是
AT2	女	数学教师	A市某普通小学	是
AT3	女	数学教师	A市某重点中学	是
AT4	男	教师	A市某普通小学	否
AT5	女	班主任	A市某普通中学	是
AT6	男	数学教师	A市某普通中学	是
AT7	女	数学教师、年级组长	A市某普通中学	是
AT8	男	班主任	A市某普通中学	是
AT9	女	英语教师、家长	A市某重点中学	是
AT10	女	思想品德课教师	A市某重点中学	是
BT1	女	地理教师	A市某重点中学	否
BT2	女	教师	A市某重点中学	是
BT3	女	班主任	B市某普通中学	是
CT1	女	教师	C市某普通中学	是
CT2	女	教师	C市某重点中学	是
CT3	女	班主任	C市某重点中学	是
CT4	男	教师	C市某普通中学	是
CT5	女	语文教师	C市某普通中学	是

续表

序号	性别	职别	工作单位	录音
CT6	男	教师	C市某普通中学	是
CT7	女	数学教师	C市某普通中学	是
CT8	女	数学教师	C市某普通中学	否
DT1	女	英语教师	D市某重点中学	是
DT2	女	教师	D市某重点中学	是
DT3	女	历史教师	D市某重点中学	是
ET1	女	班主任	E市某重点中学	是
ET2	男	班主任	E市某重点中学	是
ET3	女	班主任	E市某重点中学	是
ET4	男	语文教师	E市某普通中学	是
ET5	男	思想品德课教师	E市某普通中学	是
GT1	女	思想品德课教师	G市某重点中学	是
GT2	女	英语教师	G市某重点中学	是
GT3	女	教师	G市某重点中学	是
GT4	女	教师	G市某重点中学	是
GT5	男	语文教师	G市某重点中学	是
GT6	女	数学教师	G市某重点中学	是
LT1	男	副教授	A市某高校	是
LT2	女	讲师	A市某高校	是
LT3	女	副教授	A市某高校	是
LT4	女	人事处教师	A市某高校	是
LT5	女	教授	A市某高校	是
LT6	女	人事处教师	A市某高校	是
NT1	女	讲师	A市某高校	是
NT2	女	讲师	A市某高校	否
AP1	男	副校长	A市某普通中学	是
AP2	女	副校长	A市某普通中学	是
AP3	女	校长	A市某普通中学	是
AP4	男	校长	A市某重点中学	是
BP1	男	副校长	B市某普通中学	是

续表

序号	性别	职别	工作单位	录音
CP1	女	校长	C市某普通小学	否
CP2	女	副校长	C市某普通小学	是
CP3	女	校长	C市某重点中学	是
DP1	男	副校长	D市某重点中学	是
DP2	女	副校长	D市某重点中学	是
EP1	男	副校长	E市某重点中学	是
EP2	男	校长	E市某普通中学	否
FP1	女	副校长	E市某普通中学	否
GP1	女	副校长	G市某重点中学	是

附录二　教师访谈提纲

尊敬的老师：

您好！感谢您在百忙之中抽空接受此次访谈，本次访谈的目的是了解学校制度文化育人的基本情况，探讨学校制度文化育人工作中存在的问题和影响因素，进而提出相应的发展思路和对策，促进学校立德树人工作的有序发展。请您根据自身的实际情况，公平、客观地回答问题。本次访谈采取无记名方式，所有信息都将用于学术研究，请放心回答，衷心感谢您的合作！

访谈题目

1. 您如何认识和看待"学校制度文化"？
2. 您认为贵校重视学校制度文化建设吗？为什么？
3. 您是通过哪些途径或方式了解"学校制度文化"的？
4. 您认为学校制度文化可以分为哪几类？
5. 您参加过贵校关于学校制度文化建设的活动吗？通常以何种方式参加？
6. 您如何看待学校制度文化和学生道德培养之间的关系？
7. 您认为学校制度文化促进学生道德发展的表现有哪些？
8. 贵校能够严格贯彻落实学校制度文化育人的各项活动吗？为什么？
9. 您认为通过学校制度文化培养学生良好道德品质过程中存在哪些问题？
10. 您认为阻碍学生道德发展的制度文化因素有哪些？
11. 您认为贵校的制度文化能够体现育人的特色吗？为什么？

访谈结束语

再次感谢您的配合，祝您工作顺利，事业进步！

附录三 校长访谈提纲

尊敬的校长：

您好！感谢您在百忙之中抽空接受此次访谈，本次访谈的目的是了解学校制度文化育人的基本情况，探讨学校制度文化育人工作中存在的问题和影响因素，进而提出相应的发展思路和对策，促进学校立德树人工作的有序发展。请您根据自身的实际情况，公平、客观地回答问题。本次访谈采取无记名方式，所有信息都将用于学术研究，请放心回答，衷心感谢您的合作！

访谈题目

1. 您是如何认识和看待学校制度文化建设的？
2. 贵校的制度文化建设主要通过哪些途径和方式开展？
3. 您认为贵校是否重视学校制度文化建设？
4. 贵校开展了学校制度文化建设工作，这些工作开展的依据是什么？都是如何开展的？请举例说明。
5. 您认为贵校的学校制度文化建设工作开展得如何？
6. 您如何看待学校制度文化建设与道德教育的关系？
7. 您认为阻碍学生道德发展的制度文化因素有哪些？请举例说明。
8. 您认为通过学校制度文化培养学生良好道德品质的过程中存在哪些问题？
9. 您对学校制度文化建设工作和道德教育工作有哪些期待和建议？

访谈结束语

再次感谢您的配合，祝您工作顺利，事业进步！

附录四　学生访谈提纲

亲爱的同学：

　　你好！感谢你在百忙之中抽空接受此次访谈，本次访谈的目的是了解学校制度文化育人的基本情况，探讨学校制度文化育人工作中存在的问题和影响因素，进而提出相应的发展思路和对策，促进学校立德树人工作的有序发展。请你根据自身的实际情况，公平、客观地回答问题，本次访谈采取无记名方式，所有信息都将用于学术研究，请你放心回答，衷心感谢你的配合！

访谈题目

1. 你听说过"学校制度文化"吗？请谈谈你的理解。
2. 你认为学校制定规章制度的意义表现在哪些方面？
3. 你认为学校道德教育是否重要？为什么？
4. 你认为学校制度文化（比如学校规章制度）对你们的道德发展有什么益处？请举例谈谈。
5. 你认为学校制度文化在哪些方面阻碍了学生道德的发展？为什么？
6. 学校或老师在制定规章制度时，征求过你的意见吗？
7. 你如何看待学校的校规校纪以及班级规章制度？为什么？
8. 你认为通过学校和教师能够严格贯彻落实学校的各项道德教育规章制度吗？
9. 你认为影响学校制度文化育人效果的原因是什么？

访谈结束语

　　再次感谢你的配合，祝你学习进步，生活愉快！

后　　记

　　本书是作者承担的国家社会科学基金"十二五"规划教育学青年课题"学校制度文化的育人机制研究"的一个主要成果，也是作者长期酝酿、多年探索所形成的对学校制度文化和道德教育之间关联的研究成果。

　　学校制度文化与育人活动密切相关。学校制度文化的特质、学校道德教育的使命与当前道德教育的客观现状，均彰显和印证了学校制度文化对道德的深切观照以及将制度文化用于学校道德教育的合理及必需。

　　由于我本科的专业是教育管理，因而大学时期我就较多地阅读了制度哲学、学校管理、教育制度等方面的专业书籍，此阶段对制度的认识，我初窥其门径，主要停留在识记阶段，面对困惑、煎熬与迷茫，自己也尝试着在彷徨中进行反思、解答与追问，但因学识与能力所限，也仅是皮毛而已。好在我读研时硕士和博士的专业都是教育学原理，这为我进一步洞悉制度的含蕴提供了便利条件。在长期的摸索过程中，我更加深刻地感悟到"学校是制度化的产物"这句话的深邃含义。学校的产生是非形式化教育转向形式化教育的重要标志。失却了制度，失序和混乱就成为学校的常态。正是在这个意义上，夸美纽斯一语中的，将制度视为学校的灵魂。可以说，制度既是学校存继的条件保障，也是学校持续发展的价值引领。任何一种学校制度，均蕴含着一定的价值观或价值体系。没有不体现价值预设的制度安排。文化是价值的载体，学校是文化保存、传播、交流和创新的重要场所，也是道德的存在，以立德树人为己任。制度、价值、文化、道德之间的这种难以割舍的关系，是探寻制度文化育人问题的逻辑要旨和基本前提。学校制度文化蕴含着滋养立德树人的巨大潜力和精神力量。考究学校教育发展史，不难发现，学校制度文化在促进个体良好道德品质生成中的教育功效是毋庸讳言的。学校制度文化通过价值引导、情感激励、组织调控及反馈评价等，在学生基础文明素养和良好道德品格塑造中发挥着重要的意义与作用。

为此，洞悉学校制度文化育人的基本原理与方法，将学校制度文化与道德教育整合起来，深入探寻学校制度文化育人的内在机制、基本原则和发展策略，通过塑造优秀的学校制度文化，凸显人的尊严与价值，涵养"立人"与"成人"的品性，以扎实的作风真抓实干，拓宽育人的新天地，凝聚各方力量协同育人，在做实上出成效，提升学校制度文化育人的实效，不仅可从制度文化的视域更加全面地把握道德教育以及文化育人的特性，将制度文化育人落到实处，推动学校立德树人工作的持续深化发展，也可为学校文化改革提供必要的理论支撑和实践方案，不断丰富和发展与时俱进的学校文化尤其是学校制度文化建设体系，这也是撰写本书的初衷所在。

本书得以顺利完成，浸润着诸多人的心血。特别要感谢我的博士/硕士指导教师戚万学教授，在跟随戚老师读研的七年间（攻读硕士期间赴俄罗斯访学一年），戚老师的睿智、博学与严谨，以及他对我的点拨、提携与鞭策，使我受益匪浅，不仅为我树立了学习的榜样，增加了我的学术自信，也强化了我在制度道德领域持续深入研究的决心。没有戚老师鼓励和支持我在制度道德领域的深耕密植，此书恐难以与读者见面，感激之情无以言表，对此致以崇高的敬意和诚挚的谢意。

北京师范大学公民道德教育研究中心檀传宝教授、北京师范大学教育学部袁桂林教授、辽宁师范大学教育学院傅维利教授、华中师范大学教育学院杜时忠教授、上海师范大学教育学院陈建华教授、华东师范大学教育学部唐汉卫教授、曲阜师范大学教育学院唐爱民教授等，以及山东师范大学社科处、教育学部等单位的多位老师，从不同角度对本书的顺利出版给予各种支持和帮助，在此表示由衷的感谢。

感谢我的博士研究生和硕士研究生臧琰琰、高斐、彭兰香、师欢欢、魏敏敏、侯延荣、李伟、王汝菁、陈颖、武佳萌等，她们帮我进行了书稿校对，尤其是为查找和修正注释付出了大量劳动。

另外，感谢中国社会科学出版社责任编辑刘艳女士对本书的顺利出版所付出的辛劳，正是她的精心校对、润色和专业性加工，使得本书增色不少。

最后，感谢我的家人在我学术道路上给予的充分理解、支持与包容，这是我最大的精神慰藉，也是我不断前进的动力源泉。

末了，需要指出的是，这本著作从 2012 年的初步构思算起，从框架搭建、思路廓清和立论行文，几经修改，数易其稿，到现在付梓面世，虽历经七余载，但难免会有很多有待充实和完善的空间，希望能够起到抛砖引玉之用。

冯永刚

2018 年 12 月于泉城济南